Das Dritte Energiepaket für den Gasbereich

Veröffentlichungen des Instituts für deutsches und europäisches Wirtschafts-, Wettbewerbs- und Regulierungsrecht der Freien Universität Berlin

Herausgegeben von Franz Jürgen Säcker

Band 15

PETER LANG
Frankfurt am Main · Berlin · Bern · Bruxelles · New York · Oxford · Wien

Franz Jürgen Säcker (Hrsg.)

Das Dritte Energiepaket für den Gasbereich

Deutsch-Englische Textausgabe mit einer Einführung

PETER LANG
Internationaler Verlag der Wissenschaften

Bibliografische Information der Deutschen Nationalbibliothek
Die Deutsche Nationalbibliothek verzeichnet diese Publikation in der Deutschen Nationalbibliografie; detaillierte bibliografische Daten sind im Internet über http://dnb.d-nb.de abrufbar.

Gedruckt auf alterungsbeständigem,
säurefreiem Papier.

ISSN 1863-494X
ISBN 978-3-631-59840-5

www.peterlang.de

INHALTSVERZEICHNIS

EINFÜHRUNG

von Professor Dr. Dr. Franz Jürgen Säcker

I. Leitideen des „Dritten Energiepakets" vom 13.07.2009

Mit der Richtlinie 2009/73/EG vom 13. Juli 2009 haben das Europäische Parlament und der Rat der Europäischen Union unter Aushebung der bislang geltenden Gas-Richtlinie 2003/54/EG, der sog. Beschleunigungsrichtlinie Gas (im Folgenden „Zweite GasRL" genannt), neue gemeinsame Vorschriften für den Gasbinnenmarkt (im Folgenden „Dritte GasRL" genannt) geschaffen und ergänzend eine neue Verordnung über den Zugang zu den Erdgasfernleitungsnetzen erlassen, die an die Stelle der bisherigen Verordnung (EG) Nr. 1775/2005 tritt.

Die Schritte zur Reform des Energierechts mit dem Ziel einer wettbewerblichen Öffnung der Märkte und der Herstellung eines europäischen Binnenmarktes für Energie haben sich seit 1998 immer mehr beschleunigt. Die erst mit großer Verspätung erfolgte Anpassung des deutschen Energiewirtschaftsrechts an die erste Generation der Binnenmarktrichtlinien Strom und Gas im Jahre 2002 wurde nach kurzer Zeit überholt durch die Verabschiedung der zweiten Richtliniengeneration, der sog. Beschleunigungsrichtlinien Strom und Gas im Jahre 2005. Das Energiewirtschaftsgesetz nebst seinen zahlreichen Rechtsverordnungen befindet sich seitdem in einem permanenten Reformprozess. Die Anreizregulierungsverordnung, die § 21a EnWG vollzieht, ist erst zum 1. Januar 2009 in Kraft getreten und harrt noch ihrer praktischen Bewährung. Die Gasnetzzugangsverordnung steht vor einer grundlegenden Reform. Das Gesetz zur Beschleunigung des Baus von Höchstspannungsleitungen ist erst am 3. September 2009 in Kraft getreten und ändert das Energiewirtschaftsrecht nicht nur im Bereich des Planungsrechts. Nicht unerwähnt bleiben dürfen hier vor allem die vielen Änderungen, die im Interesse eines verbesserten Klimaschutzes zu Gunsten eines stärkeren Einsatzes von CO_2-freien erneuerbaren Energien vorgenommen worden sind. Das EEG und das KWK- Gesetz haben bis in das Jahr 2009 hinein viele Änderungen erfahren; weitere Änderungen sind in der nächsten Legislaturperiode zu erwarten. Nunmehr liegt die Dritte Richtliniengeneration für den Strom- und Gasbereich vor und bringt erneut gravierende Änderungen mit sich. Das Dritte Energiepaket enthält vor allem folgende neue Regelungen:

- eine Stromrichtlinie, die die Richtlinie 2003/54/EG vollständig ersetzt,
- eine Gasrichtlinie, die die Richtlinie 2003/55/EG ablöst,

- eine Stromverordnung, die die Verordnung (EG) Nr. 1228/2003 ersetzt,
- eine Gasverordnung, die an die Stelle der Verordnung (EG) Nr. 1775/2005 tritt sowie
- eine Verordnung zur Gründung einer neuen EU-Agentur für die Zusammenarbeit der einzelstaatlichen Energieregulierungsbehörden.

Besonders hervorzuheben ist die Verschärfung der Vorschriften über die Unabhängigkeit und Neutralität der Netzbetreiber, die als Folge der minimalistischen Umsetzung der Unbundlingvorschriften des Zweiten Richtlinienpakets durch zahlreiche Unternehmen erforderlich geworden sind. Das Dritte Richtlinienpaket wird allerdings keine grundlegende Erneuerung des nationalen Energiewirtschaftsrechts zur Folge haben, da viele Bestimmungen des geltenden Rechts bereits dem neuen europäischen Rechtsrahmen entsprechen.

Die nachfolgende synoptische Gegenüberstellung der Richtlinientexte und der Rechtsverordnungen in englischer und deutscher Sprache trägt dem Umstand Rechnung, dass der englische Text die Arbeitsgrundlage für die zahlreichen Diskussionen war, die zu der heutigen Textfassung geführt haben. Die deutsche Übersetzung birgt an zahlreichen Stellen Unklarheiten, die die Gefahr von interpretativen Missverständnissen hervorrufen. Da für die Auslegung der Richtlinien grundsätzlich alle Textfassungen in gleicher Weise maßgeblich sind, ist bei Unklarheiten der Texte der Richtlinien in den anderen wichtigen Arbeitssprachen der EG mit heranzuziehen, wie dies auch der Praxis der Gerichte bei der Auslegung von Richtlinien entspricht. Das nationale Recht, das Richtlinien umsetzt, kann daher nicht in der Tradition des nationalen Rechts, sondern muss aus dem hermeneutischen Zirkel des gemeinsamen Verständnisses der EG-Mitgliedsstaaten richtlinienkonform ausgelegt werden. Dem englischen Text kommt daher eine große verständnisleitende Wirkung zu.

Die nachfolgenden Bemerkungen geben Hinweise darauf, inwieweit die neuen Richtlinien eine Änderung des nationalen Energierechts gebieten. Dabei ist darauf hinzuweisen, dass eine richtlinienkonforme Umsetzung keine wörtliche Übernahme der EG-rechtlichen Vorschriften verlangt, sondern eine in das nationale Gesetzessystem adäquat eingepasste Umsetzung geboten ist.

Der vorliegende Band bezieht sich ausschließlich auf die Umsetzung der neuen Gas-Binnenmarktrichtlinie und die Rechtsverordnung über den Zugang zu den Erdgasfernleitungsnetzen. Die Publikation der auf den Elektrizitätssektor bezogenen Richtlinie erfolgt parallel in einem gesonderten Band. Auch im Lichte der neuen Richtlinien gilt, dass das europäische Energierecht, trotz erheblicher Zunahme bürokratischer Regulierungselemente auf nationaler und europäischer Ebene, deren Notwendigkeit in den Erwägungsgründen nicht ausreichend dargelegt wird, an einer wettbewerbspolitischen Orientierung im Sinne der Schaffung eines Systems unverfälschten Wettbewerbs in Europa festhält. Neben der Zielsetzung eines gesicherten Netzzugangs und angemessener Nutzungsentgelte und einem ausgeweiteten Vertrauensschutzrechts verfolgt das Dritte Energiepaket die Verstärkung der europäischen Zusammenarbeit der Übertragungsnetzbetreiber zur Verbesserung der Energieversorgungssicherheit in Europa, und zwar in ihren beiden Komponenten der Netzzuverlässigkeit und der Versorgungssicherheit auch in Krisenzeiten. Die Klimaschutzziele, die sich die Mitgliedsstaaten der EG gesetzt haben, werden durch gesonderte Rechtsakte geregelt und bleiben hier außer Betrachtung.

Das von den EG-Richtlinien initiierte, geprägte und vorangetriebene nationale Energierecht hat heute, wie ich bereits im Vorwort zur ersten Richtliniengeneration (Neues Energierecht, 2. Auflage 2003, S. VI) geschrieben habe, die Chance, die traditionelle Isolierung vom allgemeinen Privatrecht und der zivilistischen Dogmatik zu überwinden, wie sie für die Periode bis 1998 durch das bis dahin geltende Energiewirtschaftsgesetz des Jahres 1935 und die Freistellung vom Kartellrecht in § 103a GWB bedingt war. Das Energierecht ist heute nicht mehr ein in sich abgeschlossenes autonomes Territorium, sondern ein Teil des europäischen Privat- und Wirtschaftsrechts, das als Teil dieses Ganzen ausgelegt werden muss. Aus der Perspektive einer solchen europäisch orientierten Rechtsentwicklung sollte in Zukunft der Energierechtsvergleichung in Europa eine größere Bedeutung beigemessen werden.

Das Energierecht ist heute nicht mehr ein in sich abgeschlossenes autonomes Territorium, sondern ein wichtiger Teil des europäischen Wirtschafts- und Verbraucherschutzrechts, das als Teil dieses Ganzen ausgelegt werden muss. Nationale Sonderwege muten in einer Phase, in der es „auf Überblick, Verständnis grundlegender Zusammenhänge und die Besinnung auf den europäischen Charakter unserer Rechtskultur" (*Zimmermann*, AcP 202 [2002], S. 247) ankommt, anachronistisch an. Es ist zu hoffen, dass der deutsche Gesetzgeber bei den notwendigen Umsetzungsakten den privatrechtlichen Charakter des Energiewirtschaftsrechts und seiner Rechtssubjekte im Auge behält. Nur dann wird es gelingen, auf die stärker etatistisch geprägten Energierechtssysteme einiger Nachbarstaaten einzuwirken, um diese längerfristig aus ihrer staatlichen Umklammerung zu lösen. So bleibt es völlig unbefriedigend, dass das dritte Richtlinienpaket den in staatlichem Eigentum befindlichen Energieversorgungsunternehmen bei der Umsetzung der Unbundlingvorschriften nicht die gleichen Prinzipien auferlegt wie den privatwirtschaftlichen Energieversorgungsunternehmen. Ebenso sind die Spielräume, die die Mitgliedsstaaten bei der Freistellung geschlossener Verteilnetze für sich in Anspruch nehmen, höchst intransparent, ohne dass sich hier bereits gleiche Maßstäbe abzeichnen. Es ist zu hoffen, dass die verstärkte europäische Kooperation, die in dieser Richtlinie vorgesehen wird, zu einer baldigen Angleichung führen wird.

II. Aufbau der Dritten Gas-RL

Die Dritte Gas-Richtlinie folgt in ihrem Aufbau der Zweiten Richtlinie, die sie vollständig ablöst.

1) Das Kapitel I (Art. 1 und 2) regelt in Übereinstimmung mit der Zweiten GasRL den Anwendungsbereich sowie die Begriffsbestimmung.

2) Das Kapitel II (Art. 3 - 8) enthält allgemeine Organisationsvorschriften und den Art. 1 ergänzende gemeinwirtschaftliche Zielbestimmungen. Die Absätze 1, 2, 3 (teilweise), 7, 10 und 11 der neuen Gasrichtlinie entsprechen den Bestimmungen des Art. 3 der Zweiten Richtlinie, in den Absätzen 4, 5, 6, 8, 9 und 12 hingegen werden die Rechte der Kunden und Energieverbraucher und einige Aspekte zur Verbesserung der Energieeffizienz genauer erläutert als dies in der Zweiten GasRL der Fall war. So werden u.a. die Mitgliedstaaten dazu verpflichtet, die Energiearmut zu bekämpfen, die Versorgung aller an das Erdgasnetz angeschlossenen Kunden durch einen Lieferanten sicherzustellen, zentrale Anlaufstellen für Verbraucher einzurichten, unabhängige Mechanismen zur Beilegung von Differenzen im Energiesektor zu schaffen und den Verbrauchern Zugang zu einer Checkliste ihrer Rechte als Energieverbraucher zu verschaffen.

Die Bekämpfung von Armut kann aber nicht Aufgabe privater Energieversorgungsunternehmen sein. Die Hilfestellung bei „Energiearmut“ ist vielmehr eine Schutzaufgabe des Sozialstaats, die dieser im Rahmen des allgemeinen Systems der sozialen Sicherheit übernehmen und finanzieren muss. Eine Diskriminierung der Verbraucher durch unterschiedliche Energiepreise ist mit Art. 82 EG unvereinbar. Art. 86 Abs. 2 EG erlaubt zwar unter den dort genannten Voraussetzungen Einschränkungen des Wettbewerbs zwischen den Unternehmen, aber keine Diskriminierung der Marktgegenseite. Marktbeherrschende Unternehmen können bei ihren Verkaufspreisen nicht wie der Staat bei der Einkommensteuer zwischen „arm“ und „reich“ unterscheiden und an die Armen auf Kosten der Reichen umverteilen. Dies wäre das Ende der Trennung von Staat und Gesellschaft und das Ende einer marktwirtschaftlichen Organisation der Wirtschaft.

Auch Art. 86 Abs. 2 EG erlaubt zwar unter den dort genannten Voraussetzungen Einschränkungen des Wettbewerbs zwischen den Unternehmen, aber legitimiere keine Diskriminierung.

Art. 4 und 5 der Dritten GasRL wiederum entsprechen inhaltlich den Artikeln 4 und 5 der Zweiten Richtlinie.

Art. 6 und 7 dagegen sind neu hinzugekommen; sie nehmen Bezug auf die regionale Solidarität innerhalb des Erdgasbinnenmarkts. So soll für Notsituationen, die zu gravierenden Unterbrechungen der Versorgung eines Mitgliedsstaates führen könnten eine stärkere regionale Zusammenarbeit gesichert werden; in Bezug auf diese Kooperation kann die Kommission Leitlinien erlassen. Dazu kommt nach Art. 7 die neue Verpflichtung der Mitgliedstaaten, die Integration der nationalen Märkte „auf einer oder mehreren **regionalen** Ebenen" als weiteren Schritt hin zu einem vollständig liberalisierten Binnenmarkt zu fördern.

Die technischen Vorschriften in Art. 8 entsprechen denjenigen des Art. 6 der Zweiten Gasrichtlinie.

3) Kapitel III (Art. 9 – 16) beschäftigt sich unter dem Titel „Fernleitung, Speicherung und LNG" mit der Entflechtung der Fernleitungsnetze und Fernleitungsnetzbetreiber. Art. 10 führt erstmals ein Zertifizierungsverfahren ein für diese Betreiber. Neu hinzugekommen ist in diesem Kapitel die Benennung der Betreiber von Speichern und LNG-Anlagen (Art. 12), deren Aufgaben gemeinsam mit den Aufgaben der Fernleitungsnetzbetreiber in Art. 13 genannt werden. Art. 14 führt das gegenüber der Zweiten GasRL neue Konzept des **I**ndependent **S**ystem **O**perator (ISO) ein. Dieses neue Leitbild eines staatlich zugelassenen unabhängigen Netzbetreibers zielt darauf ab, dass bislang vertikal integrierte Gasversorgungsunternehmen ihre ohnehin bereits rechtlich und organisatorisch (funktional) getrennten Betreiber der Gasfernleitungen dem Management eines unabhängigen Netzbetreibers unterstellen, der dann die Netzgesellschaft eigenverantwortlich leitet. Die Rolle des Netzeigentümers reduziert sich beim ISO-Modell damit im Wesentlichen auf die Rolle eines partiarischen Darlehensgebers.[1] In den verbleibenden zwei Artikeln dieses Kapitels werden die genauen Entflechtungsanforderungen an Fernleitungsnetzeigentümer und Speicheranlagenbetreiber und die Vertraulichkeitsanforderungen für Betreiber und Eigentümer von Fernleitungsnetzen geklärt.

[1] Näher dazu *Säcker*, Der Independent System Operator, 2007.

4) Kapitel IV (Art. 17 – 23) ist neu eingefügt worden. Diese Artikel legen die Rechtsstellung des Unabhängigen Fernleitungsnetzbetreibers (ITO) fest. Es wird bestimmt, über welche Vermögenswerte, Anlagen und Personal ein ITO verfügen muss. Seine zusätzlichen Aufgaben werden beschrieben; die Unternehmensidentität des ITO muss eine Verwechslung mit dem vertikal integrierten Unternehmen oder Teilen davon ausschließen, und es werden verschiedene Bereiche genannt (IT, Rechnungslegung), in denen es keine gemeinsame Nutzung geben darf (Art. 17). Art. 18 und 19 regeln die personelle Unabhängigkeit des Fernleitungsnetzbetreibers. Dann werden die wesentlichen Punkte in Bezug auf das Aufsichtsorgan des ITO, und das vom Fernleitungsnetzbetreiber aufzustellende Gleichbehandlungsprogramm festgelegt (Art. 20 und 21). Art. 22 regelt Aspekte des Netzausbaus und die Befugnis zum Erlass von Investitionsentscheidungen. Es ist ein zehnjähriger Netzentwicklungsplan aufzustellen, der von der Regulierungsbehörde geprüft und dessen Einhaltung überwacht wird. Abschließend werden die Entscheidungsbefugnisse des ITO in Bezug auf den Anschluss von Speicheranlagen, LNG-Wiederverdampfungsanlagen und Industriekunden an das Fernleitungsnetz behandelt.

Die neuartige Rechtsfigur eines unabhängigen Übertragungsnetzbetreibers (ITO) ist eine Alternative zum Ownership Unbundling und zum ISO. Art. 20 Abs. 3 gewährt den Anteilseignern des ITO im Aufsichtsorgan eine „casting vote“ bzw. eine Mehrheit von einem Mitglied, gibt aber der Regulierungsbehörde ein Mitwirkungsrecht bei den in die oberste Unternehmensleitung gewählten Personen (Art. 19 Abs. 2 der Dritten GasRL). Erhebt die Behörde binnen drei Wochen nach der Mitteilung von der Bestellung Einwände gegen die berufliche Unabhängigkeit des Gewählten, so wird die Bestellung nicht verbindlich. Die Bestellung steht damit unter einer aufschiebenden Bedingung. Um Unsicherheit und persönliche Beschädigung des Betroffenen zu vermeiden, wird der Fernleitungsnetzbetreiber sich daher im Vorfeld mit der Behörde ins Benehmen setzen.

Der Fernleitungsnetzbetreiber muss im Gegensatz zur bisherigen Regelung nicht nur über eine eigene Managementebene verfügen, die seine kaufmännische und netztechnische Unabhängigkeit und Handlungsfähigkeit sichert, sondern in Zukunft auch über alle personellen, technischen, materiellen und finanziellen Ressourcen, die zur Erfüllung seiner Pflichten erforderlich sind (Art. 17).

Als Rechtsform für den ITO sieht Art. 17 Abs. 3 der Dritten GasRL vor, dass der Übertragungsnetzbetreiber eine der in Art. 1 der Ersten gesellschaftsrechtlichen Richtlinie 68/151/EWG vorgesehenen Rechtsformen haben muss; d.h. es muss sich um eine Kapitalgesellschaft mit beschränkter Haftung handeln. M.E. ist die deutsche GmbH keine für den ITO geeignete Rechtsform. Bei der GmbH ist die Gesellschafterversammlung – anders als bei der AG die Hauptversammlung – das oberste Organ der Gesellschaft. Der Abschwächung der Kompetenzen der GmbH-Gesellschafterversammlung setzen, wie *Zöllner*[2] zutreffend schreibt, ungeschriebene Prinzipien des GmbH-Rechts Grenzen: „Zu ihnen gehört, dass die Stellung der Gesellschafterversammlung als oberstes Organ der Gesellschaft nicht beseitigt werden darf.“[3] Die Gesellschafterversammlung hat insbesondere jederzeit das Recht, durch Änderungen des Gesellschaftsvertrages alle wichtigen Kompetenzen wieder an sich zu ziehen. Auch die weitreichenden Rechte von Minderheitsgesellschaftern (insbesondere § 51a GmbHG) lassen sich nicht beseitigen (§ 51a Abs. 3 GmbHG) und stehen dem effektiven Schutz von netzbezogenen Geschäftsgeheimnissen vor der Muttergesellschaft entgegen.[4] Dies spricht m.E. dagegen zu versuchen, die GmbH im Wege der Satzungsgestaltung zur „AG“ zu machen, um ihre Tauglichkeit als ITO herbeizuführen. Die AG ist im Hinblick auf §§ 76, 119 Abs. 2 AktG strukturell für die ITO-Rolle geeignet, da die Aktionäre keine Möglichkeit haben, die gesetzliche Kompetenzverteilung in der AG zu ihren Gunsten abzuändern (§23 Abs.5 AktG).

Da die ITO-Vorschriften eine Zusammenfassung des ÜNB und des vertikal integrierten EVU unter einheitlicher Leitung i.S. von § 18 Abs. 1 AktG nicht zulassen, ist eine gesetzliche Sondervorschrift im künftigen EnWG (analog § 6 Abs. 2 EnWG) geboten, die auch in Zukunft die körperschaftssteuerrechtliche Konsolidierung ermöglicht.

5) Kapitel V (Art. 24 – 29) mit seinen Bestimmungen über Verteilung und Versorgung entspricht im Großen und Ganzen inhaltlich den Regelungen in Kapitel IV der Zweiten Gasrichtlinie. Neu hinzugekommen ist in Art. 28 eine Sonderregelung für geschlossene Verteilernetze. So können ab Inkrafttreten der Dritten GasRL die Mitgliedstaaten unter bestimmten in Art. 28 genauer detaillierten Bedingungen ein Netz als geschlossenes Verteilernetz einstufen lassen und dem Betreiber eine Freistellung von den Verpflichtungen aus Art. 32 er-

---

[2] *Zöllner*, in: Baumbach/Hueck, GmbH-Gesetz, 16. Aufl. 2006, § 45 RdNr. 6 und § 46 RdNr. 6.; *Koppensteiner*, in: Rowedder/Schmidt-Leithoff, GmbHG-Kommentar, 4. Aufl. 2002, § 45 RdNr.14; *Lutter/Hommelhoff*, GmbHG, 16. Aufl. 2004, § 45 RdNr.2; *K.Schmidt*, in: Scholz, GmbHG-Kommentar, 10. Aufl. 2007, § 45 RdNr. 10; *Hüffer*, in: Ulmer/Habersack/Winter, GmbH-Groß-Kommentar, 2006, § 45 RdNr.15

[3] Ähnlich *Reuter*, in: Festschrift für GmbHG, 1992, S. 635ff.; *Schubel*, Verbandssouveränität und Binnenorganisation der Handelsgesellschaften, 2003, S. 653ff. m.w.N.

[4] Vgl. dazu näher *Säcker*, DB 2004, S. 691, 693; *Stamati*, Die Anforderungen der operationellen Entflechtung nach den Beschleunigungsrichtlinien der EG, 2007, S. 123 ff.

möglichen. Art. 29 ermöglicht weiterhin die Existenz von Kombinationsnetzbetreibern, sofern diese den neuen Regelungen zur Entflechtung Rechnung tragen.

Die den Betreiberbegriff in Art. 17 Abs. 1 und 2 der Richtlinie präzisierenden Begriffsmerkmale müssen, da es sich um allgemeine Merkmale eines rechtlich und organisatorisch selbständigen Anlagenbetreibers i.S. des Wirtschaftsverwaltungsrechts handelt, sinngemäß auch für den Betreiberbegriff in den Art. 24ff. gelten und prägen die Auslegung des Art. 26 Abs. 2 der Richtlinie. Damit verbleibt es auch in Zukunft bei §§ 7, 8 EnWG und der zutreffenden Interpretation dieser Vorschrift in der Bekanntmachung der BNetzA vom 21.10.2008 und der Praxis der zuständigen Beschlusskammer 6.[5] Das EG-Recht will „den inhärenten Interessenkonflikt“ durch die „tatsächliche Trennung der Netzaktivitäten von der Versorgungs- und Erzeugungsaktivität (Erwägungsgründe 8, 21 und 25) lösen; es will keine Scheinlösung.

Die Unbundlingvorschriften für Verteilernetze überlagern als leges speciales und leges posteriores das Konzernrecht, schließen aber – anders als beim ITO – dessen Anwendbarkeit nicht aus (vgl. Art. 26 Abs. 2 lit. c der Dritten GasRL). Sie schränken lediglich die konzernrechtlichen Leitungsbefugnisse der Obergesellschaft ein, soweit netzbezogene Entscheidungen betroffen sind oder die faktische Unabhängigkeit des Managements der Netzgesellschaft dadurch beeinträchtigt wird. Die Vorschriften tangieren nicht die sich auf Rentabilitätsinteressen beschränkende Leitung der Infrastrukturgesellschaft durch die Gesellschafter. Die Reduktion der umfassenden Leitungsbefugnis der Konzernobergesellschaft durch die gesetzliche Begrenzung des Weisungsrechts bzgl. der technisch-kaufmännisch eigenverantwortlichen Netzführung und der Netzpreise sowie bzgl. der Entscheidungen über die gesetzlich gebotenen Erweiterungs- und Umstrukturierungsinvestitionen lässt den finanziellen Kern der konzernrechtlichen Leitungsbefugnis i.S. von § 18 AktG unberührt.

6) Kapitel VI (Art. 30 und 31) beschäftigt sich mit dem Thema Entflechtung und Transparenz der Rechnungslegung und entspricht inhaltlich dem Kapitel V der Zweiten Gasrichtlinie. §10 EnWG kann daher fortgeführt werden.

7) Kapitel VII (Art. 32 – 38) ist der Organisation des Netzzugangs gewidmet. Während im Bereich des Zugangs Dritter (Art. 32), des Zugangs zu Speicheranlagen (Art. 33), des Zugangs zu den vorgelagerten Rohrleitungsnetzen (Art. 34), die Verweigerung des Zugangs (Art. 35), Marktöffnung und Gegenseitigkeit (Art. 37) und die Direktleitungen (Art. 38) inhaltliche Übereinstimmung zwi-

[5] Vgl. etwa BK6-07-044.

schen der Zweiten und der Dritten GasRL besteht, ist Art. 36, der sich mit den neuen Infrastrukturen beschäftigt, im Vergleich zur Zweiten Gasrichtlinie erweitert worden. So behandelt Abs. 4 Ausnahmen nach Abs. 1 und 2, bei denen die Infrastruktur sich auf das Hoheitsgebiet mehrerer betroffener Mitgliedstaaten erstreckt. In diesem Fall hat die Agentur die Möglichkeit, den Regulierungsbehörden der betroffenen weiteren Mitgliedstaaten mit einer Frist von zwei Monaten nach Erhalt des Antrags auf Ausnahme eine Stellungnahme zu übermitteln, die als Grundlage für die Entscheidung der Behörde dienen kann. Die Behörden haben sechs Monate Zeit (verlängerbar um weitere drei Monate), um sich in Bezug auf die Ausnahmegenehmigung /-verweigerung zu einigen und die Agentur davon in Kenntnis zu setzen. Vor der Entscheidung erfolgt gemäß Abs. 5 eine Anhörung der Regulierungsbehörden und des Antragsstellers durch die Agentur. Eine weitere Neuerung findet sich in Abs. 9, HS 5. Die Vorschrift sieht in Bezug auf die Entscheidung der Kommission eine Ausnahme für den Fall vor, dass mit dem Bau der Infrastruktur aus Gründen außerhalb des Einflussbereichs der betroffenen Person noch nicht begonnen wurde.

Das EG-Recht verzichtet dabei nach wie vor darauf, inhaltliche Vorgaben bezüglich der Methodologie und des Einzelgenehmigungsverfahrens für „gerechte“ (vgl. Erwägungsgrund Nr. 16) oder „faire“ (vgl. Erwägungsgrund Nr. 54) wettbewerbsanaloge Netznutzungsentgelte zu machen. Auch wird die Einführung einer eigenständigen Anreizregulierung nicht zwingend vorgeschrieben (vgl. aber immerhin Art. 41 Abs. 8 der Dritten Gasrichtlinie). Das geltende Recht bedarf daher insoweit keiner Änderung.

8) Kapitel VIII (Art. 39 – 44) beschäftigt sich mit den nationalen Regulierungsbehörden. Während diesem Thema in der Zweiten GasRL nur ein einzelner Artikel (Art. 25) gewidmet war und dieser im Kapitel zur Organisation des Netzzugangs zu finden war, wurden nun die Bestimmungen bedeutend erweitert. Es handelt sich hierbei um Behörden, die rechtlich getrennt und funktional unabhängig von anderen öffentlichen (politischen) und privaten Einrichtungen selbständige Entscheidungen treffen müssen.

So liegt in der Dritten Gasrichtlinie der Schwerpunkt zunächst auf der Struktur und Unabhängigkeit der nationalen Regulierungsbehörde (Art. 39). Ihre Aufgaben und Befugnisse beinhalten u.a. Festlegung von Tarifen, verschiedene Überwachungstätigkeiten, die Berichterstattung an Kommission und Agentur und den Verbraucherschutz. Agiert ein ISO, so überwacht die Behörde die Erfüllung der Verpflichtungen des ISO und des Eigentümers des Fernleitungsnetzes und die funktionierende Kommunikation zwischen. Im vierten Absatz geht es um die

Befugnisse der Behörde, die ihr eine schnelle und effiziente Ausübung ihrer Tätigkeit ermöglichen sollen. Sie kann u.a. Maßnahmen zur Förderung des Wettbewerbs durchführen, maßgebliche Informationen bei den betroffenen Unternehmen des Sektors anfordern und Sanktionen gegen Unternehmen verhängen, die ihren Pflichten nicht nachkommen. Nach Abs. 5 ist die Behörde im Fall der Bestimmung eines ITO ermächtigt, die Erfüllung der Verpflichtungen und die geschäftlichen Beziehungen zwischen ITO und vertikal integrierten Unternehmen zu kontrollieren und ggf. bei Verstößen des Fernleitungsnetzbetreibers Maßnahmen zu ergreifen. Ebenso ist die Behörde für die Festlegung der Methoden zur Festlegung der Bedingungen des Netzzugangs und Netzanschlusses und für Ausgleichsleistungen zuständig.

Art. 42 beschäftigt sich mit der Kooperation unter den Regulierungsbehörden der Mitgliedstaaten und mit der Agentur. So wird eine verpflichtende regionale Zusammenarbeit festgeschrieben; hierbei haben die Behörden die Möglichkeit, eine verstärkte Zusammenarbeit anzuordnen. Art. 43 behandelt die Einhaltung der Leitlinien. So können Stellungnahmen der Agentur bezüglich der Einhaltung der Richtlinien oder Verordnungen angefordert werden. Die Kommission kann den Fall prüfen und innerhalb von vier Monaten eine Entscheidung über Gültigkeit oder Widerruf der Entscheidung treffen.

Diese Normen weiten die Kompetenzen der mitgliedstaatlichen Regulierungsbehörden i.S. verstärkter Planungs-, Regulierungs- und Überwachungszuständigkeiten im Vergleich zu Art. 25 der Zweiten GasRL deutlich aus, ohne dass die Notwendigkeit dazu in den Erwägungsgründen ausreichend begründet wird. Nicht plausibel ist auch die Zuständigkeit der Regulierungsbehörden zusätzlich zur Tätigkeit der Kartellbehörden (vgl. Art. 40 lit. g und Art. 41 Abs. 1 lit. j und k). Die Gefahr einer Abflachung der Eigeninitiative der Fernleitungsnetzbetreiber zugunsten eines Abwartens auf staatliche Vorgaben zur Herstellung einer EG-weiten Marktintegration lässt sich angesichts der Ausweitung der Regulierung und Kontrollkompetenzen nicht von der Hand weisen.

9) Das Kapitel IX (Art. 46) enthält eine Sondervorschrift für mehr Transparenz auf den Endkundenmärkten, die gegenüber der Zweiten GasRL neu ist und die im Rahmen der verbraucherschutzrechtlichen Regelungen des EnWG umgesetzt werden muss.

10) Kapitel X (Art. 46 -56) beinhaltet die Schlussbestimmungen und Regelungen (Art. 49) zum Thema der entstehenden und isolierten Märkte. Der einzige weitere Unterschied zu den früheren Schlussbestimmungen im Kapitel VII der

Zweiten GasRL ist Art. 47 mit einer Vorschrift über die gleichen Ausgangsbedingungen. Hier wird festgelegt, dass die Mitgliedstaaten im Rahmen der Dritten GasRL nur Maßnahmen ergreifen dürfen, die mit dem EG-Vertrag vereinbar.

Der Dritten GasRL ist ein Anhang mit im Großen und Ganzen selbstverständlichen und in Deutschland bereits verwirklichten Maßnahmen zum Kundenschutz beigefügt, die von den Mitgliedstaaten umzusetzen sind, soweit dies noch nicht geschehen ist.

III. Die Verordnung über Zugang zu den Erdgasfernleitungsnetzen

Abgedruckt in Deutsch und Englisch ist auch die unmittelbar, d.h. ohne Umsetzung geltende Rechtsverordnung über die Bedingungen für den Zugang zu den Erdgasfernleitungsnetzen. Diese Verordnung hebt die VO(EG) 1775/2005 auf. Sie soll nichtdiskriminierende Regeln für den Zugang zu Erdgasfernleitungsnetzen, LNG-Anlagen und Speicheranlagen festlegen und das Entstehen eines transparenten Großhandelsmarkts fördern (Art. 1). Die EG-Beschlüsse sehen nicht nur die Gründung einer Agentur für die Zusammenarbeit der Energieregulierungsbehörden vor (vgl. dazu Erwägungsgrund 15 der ErdgasfernleitungsnetzVO), sondern auch einen Zwang zur Zusammenarbeit der Gasnetzbetreiber zum Zweck der optimalen Verwaltung, des koordinierten Betriebs und der sachgerechten Weiterentwicklung der europäischen Stromübertragungsnetze. Um die Vollendung des Binnenmarkts zu fördern, wird der ENTSO Gas (Europäischer Verbund der Fernleitungsnetzbetreiber für Gas) gegründet (Art. 5). Instrument zur Erreichung dieses Ziels sieht Art. 6 die Festlegung von Netzkodizes durch den ENTSO vor, die der von der Agentur zuvor gestellten, insoweit zu Unrecht als unverbindlich gekennzeichneten Richtlinien zu entsprechen haben. Eine relevante Mitwirkung im ENTSO wird den deutschen Übertragungsnetzbetreibern nur gelingen, wenn sie sich zuvor zu einer realen oder virtuellen Netzgesellschaft zusammenfinden.[6]

Bemerkenswert ist neben der Intensivierung sowohl der horizontalen Zusammenarbeitsverpflichtungen der Gasnetzbetreiber in der ENTSO (Gas) und der parallelen Verstärkung der Horizontalkooperation der nationalen Regulierungsbehörden in einer neu zu bildenden europäischen Agentur das vertikalverschränkte Zusammenwirken von Agentur und ENTSO bei der Entwicklung und Planung des europäischen Gasnetzes und die Organisation eines bislang fehlen-

[6] Vgl. näher dazu *Säcker*, Netzausbau- und der Kooperationsverpflichtungen der Übertragungsnetzbetreiber nach Inkrafttreten des EnLAG und der Dritten StromRL 2009/72 EG vom 13.7.2009, RdE 2009 (demnächst).

den europäischen Engpassmanagements. Ob diese die nationalen Behörden ergänzende europäische Regulierungsbürokratie in der Lage ist, divergierende mitgliedsstaatliche Interessen zu integrieren sowie staatseigene und private Gasnetzbetreiber zu einer virtuellen Funktionseinheit mit fairer Lastenteilung zusammenzuführen, wird erst die Zukunft zeigen.

RICHTLINIE 2009/73/EG

über gemeinsame Vorschriften für den Erdgasbinnenmarkt
und zur Aufhebung der Richtlinie 2003/55/EG

englisch/deutsch

DIRECTIVE 2009/73/EC OF THE EUROPEAN PARLIAMENT AND OF THE COUNCIL

of 13 July 2009

concerning common rules for the internal market in natural gas and repealing Directive 2003/55/EC

THE EUROPEAN PARLIAMENT AND THE COUNCIL OF THE EUROPEAN UNION,

(Text with EEA relevance)

Having regard to the Treaty establishing the European Community, and in particular Article 47(2) and Articles 55 and 95 thereof,

Having regard to the proposal from the Commission,

Having regard to the opinion of the European Economic and Social Committee[7]

Having regard to the opinion of the Committee of the Regions[8]

[7] OJ C 211, 19.8.2008, p. 23.
[8] OJ C 172, 5.7.2008, p. 55.

RICHTLINIE 2009/73/EG DES EUROPÄISCHEN PARLAMENTS UND DES RATES

vom 13. Juli 2009

über gemeinsame Vorschriften für den Erdgasbinnenmarkt und zur Aufhebung der Richtlinie 2003/55/EG

DAS EUROPÄISCHE PARLAMENT UND DER RAT DER EUROPÄISCHEN UNION –

(Text von Bedeutung für den EWR)

gestützt auf den Vertrag zur Gründung der Europäischen Gemeinschaft, insbesondere auf Artikel 47 Absatz 2 und die Artikel 55 und 95,

auf Vorschlag der Kommission,

nach Stellungnahme des Europäischen Wirtschafts- und Sozialausschusses,[7]

nach Stellungnahme des Ausschusses der Regionen,[8]

[7] ABl. C 211 vom 19.8.2008, S. 23.
[8] ABl. C 172 vom 5.7.2008, S. 55.

Acting in accordance with the procedure laid down in Article 251 of the Treaty[9]

gemäß dem Verfahren des Artikels 251 des Vertrags,[9]

Whereas:

in Erwägung nachstehender Gründe:

(1) The internal market in natural gas, which has been progressively implemented throughout the Community since 1999, aims to deliver real choice for all consumers of the European Union, be they citizens or businesses, new business opportunities and more cross-border trade, so as to achieve efficiency gains, competitive prices, and higher standards of service, and to contribute to security of supply and sustainability.

(1) Der Erdgasbinnenmarkt, der seit 1999 in der Gemeinschaft schrittweise geschaffen wird, soll allen privaten und gewerblichen Verbrauchern in der Europäischen Union eine echte Wahl ermöglichen, neue Geschäftschancen für die Unternehmen eröffnen sowie den grenzüberschreitenden Handel fördern und auf diese Weise Effizienzgewinne, wettbewerbsfähige Preise und höhere Dienstleistungsstandards bewirken und zu mehr Versorgungssicherheit und Nachhaltigkeit beitragen.

(2) Directive 2003/55/EC of the European Parliament and of the Council of 26 June 2003 concerning common rules for the internal market in natural gas[10] has made a significant contribution towards the creation of such an internal market in natural gas.

(2) Die Richtlinie 2003/55/EG des Europäischen Parlaments und des Rates vom 26. Juni 2003 über gemeinsame Vorschriften für den Erdgasbinnenmarkt[10] war ein wichtiger Beitrag zur Schaffung des Erdgasbinnenmarktes.

---

[9] Opinion of the European Parliament of 9 July 2008 (not yet published in the Official Journal), Council Common Position of 9 January 2009 (OJ C 70E, 24.3.2009, p. 37) and Position of the European Parliament of 22 April 2009 (not yet published in the Official Journal). Council Decision of 25 June 2009.

[10] OJ L 176, 15.7.2003, p. 57.

[9] Stellungnahme des Europäischen Parlaments vom 9. Juli 2008 (noch nicht im Amtsblatt veröffentlicht), Gemeinsamer Standpunkt des Rates vom 9. Januar 2009 (ABl. C 70E vom 24.3.2009, S. 37) und Standpunkt des Europäischen Parlaments vom 22. April 2009 (noch nicht im Amtsblatt veröffentlicht). Beschluss des Rates vom 25. Juni 2009.

[10] ABl. L 176 vom 15.7.2003, S. 57.

(3) The freedoms which the Treaty guarantees the citizens of the Union – inter alia, the free movement of goods, the freedom of establishment and the freedom to provide services – are achievable only in a fully open market, which enables all consumers freely to choose their suppliers and all suppliers freely to deliver to their customers.

(3) Die Freiheiten, die der Vertrag den Bürgern der Union garantiert unter anderem der freie Warenverkehr, die Niederlassungsfreiheit und der freie Dienstleistungsverkehr, sind nur in einem vollständig geöffneten Markt erreichbar, der allen Verbrauchern die freie Wahl ihrer Lieferanten und allen Anbietern die freie Belieferung ihrer Kunden gestattet.

(4) However, at present, there are obstacles to the sale of gas on equal terms and without discrimination or disadvantages in the Community. In particular, non-discriminatory network access and an equally effective level of regulatory supervision in each Member State do not yet exist.

(4) Derzeit gibt es jedoch Hindernisse für den Verkauf von Erdgas in der Gemeinschaft zu gleichen Bedingungen und ohne Diskriminierung oder Benachteiligung. Insbesondere gibt es noch nicht in allen Mitgliedstaaten einen nichtdiskriminierenden Netzzugang und eine gleichermaßen wirksame Regulierungsaufsicht.

(5) The Communication of the Commission of 10 January 2007 entitled 'An Energy Policy for Europe' highlighted the importance of completing the internal market in natural gas and of creating a level playing field for all natural gas undertakings established in the Community. The Communications of the Commission of 10 January 2007 entitled 'Prospects for the internal gas and electricity market' and 'Inquiry pursuant to Article 17 of Regulation (EC) No 1/2003 into the European gas and electricity sectors (Final Report)' showed that the present rules and measures do not provide the necessary framework for achieving the objective of a well-functioning internal market.

(5) In der Mitteilung der Kommission vom 10. Januar 2007 mit dem Titel „Eine Energiepolitik für Europa" wurde dargelegt, wie wichtig es ist, den Erdgasbinnenmarkt zu vollenden und für alle in der Gemeinschaft niedergelassenen Erdgasunternehmen gleiche Bedingungen zu schaffen. Die Mitteilungen der Kommission vom 10. Januar 2007 mit den Titeln „Aussichten für den Erdgas- und den Elektrizitätsbinnenmarkt" und „Untersuchung der europäischen Gas- und Elektrizitätssektoren gemäß Artikel 17 der Verordnung (EG) Nr. 1/2003 (Abschlussbericht)" haben deutlich gemacht, dass der durch die derzeit bestehenden Vorschriften und Maßnahmen vorgegebe-

ne Rahmen nicht ausreicht, um das Ziel eines gut funktionierenden Binnenmarktes zu verwirklichen.

(6) Without effective separation of networks from activities of production and supply (effective unbundling), there is a risk of discrimination not only in the operation of the network but also in the incentives for vertically integrated undertakings to invest adequately in their networks.

(6) Ohne eine wirksame Trennung des Netzbetriebs von der Gewinnung und Versorgung („wirksame Entflechtung") besteht die Gefahr einer Diskriminierung nicht nur in der Ausübung des Netzgeschäfts, sondern auch in Bezug auf die Schaffung von Anreizen für vertikal integrierte Unternehmen, ausreichend in ihre Netze zu investieren.

(7) The rules on legal and functional unbundling as provided for in Directive 2003/55/EC have not, however, led to effective unbundling of the transmission system operators. At its meeting on 8 and 9 March 2007, the European Council therefore invited the Commission to develop legislative proposals for the 'effective separation of supply and production activities from network operations'.

(7) Die Vorschriften für eine rechtliche und funktionale Entflechtung gemäß der Richtlinie 2003/55/EG haben jedoch nicht zu einer tatsächlichen Entflechtung der Fernleitungsnetzbetreiber geführt. Daher hat der Europäische Rat die Kommission auf seiner Tagung vom 8. und 9. März 2007 aufgefordert, Legislativvorschläge für die „wirksame Trennung der Versorgung und Erzeugung vom Betrieb der Netze" auszuarbeiten.

(8) Only the removal of the incentive for vertically integrated undertakings to discriminate against competitors as regards network access and investment can ensure effective unbundling. Ownership unbundling, which implies the appointment of the network owner as the system operator and its independence from any supply and production interests, is clearly an effective and stable way to solve the inherent con-

(8) Nur durch die Beseitigung der für vertikal integrierte Unternehmen bestehenden Anreize, Wettbewerber in Bezug auf den Netzzugang und auf Investitionen zu diskriminieren, kann eine wirksame Entflechtung gewährleistet werden. Eine eigentumsrechtliche Entflechtung, die darin besteht, dass der Netzeigentümer als Netzbetreiber benannt wird und von Versorgungs- und Erzeugungsinteressen unabhängig

flict of interests and to ensure security of supply. For that reason, the European Parliament, in its resolution of 10 July 2007 on prospects for the internal gas and electricity market[11] referred to ownership unbundling at transmission level as the most effective tool by which to promote investments in infrastructure in a non-discriminatory way, fair access to the network for new entrants and transparency in the market. Under ownership unbundling, Member States should therefore be required to ensure that the same person or persons are not entitled to exercise control over a production or supply undertaking and, at the same time, exercise control or any right over a transmission system operator or transmission system. Conversely, control over a transmission system or transmission system operator should preclude the possibility of exercising control or any right over a production or supply undertaking. Within those limits, a production or supply undertaking should be able to have a minority shareholding in a transmission system operator or transmission system.

[11] OJ C 175 E, 10.7.2008, p. 206.

ist, ist zweifellos ein einfacher und stabiler Weg, um den inhärenten Interessenkonflikt zu lösen und die Versorgungssicherheit zu gewährleisten. Daher bezeichnete auch das Europäische Parlament in seiner Entschließung vom 10. Juli 2007 zu den Aussichten für den Erdgas- und den Elektrizitätsbinnenmarkt[11] eine eigentumsrechtliche Entflechtung der Übertragungs- und Fernleitungsnetze als das wirksamste Instrument, um nichtdiskriminierend Investitionen in die Infrastrukturen, einen fairen Netzzugang für neue Anbieter und die Transparenz des Marktes zu fördern. Im Rahmen der eigentumsrechtlichen Entflechtung sollten die Mitgliedstaaten daher dazu verpflichtet werden, zu gewährleisten, dass nicht ein und dieselbe(n) Person(en) die Kontrolle über ein Erzeugungs- bzw. Gewinnungs- oder Versorgungsunternehmen ausüben kann (können) und gleichzeitig die Kontrolle über oder Rechte an einem Fernleitungsnetzbetreiber oder einem Fernleitungsnetz ausübt (ausüben). Umgekehrt sollte die Kontrolle über ein Fernleitungsnetz oder einen Fernleitungsnetzbetreiber die Möglichkeit ausschließen, die Kontrolle über ein Gewinnungs- oder Versorgungsunternehmen oder Rechte an einem Gewinnungs- oder Versorgungsunternehmen auszuüben. Im Rahmen dieser Beschränkungen sollte ein Gewinnungs- oder Versorgungsunternehmen einen

[11] ABl. C 175 E vom 10.7.2008, S. 206.

Minderheitsanteil an einem Fernleitungsnetzbetreiber oder Fernleitungsnetz halten dürfen.

(9) Any system for unbundling should be effective in removing any conflict of interests between producers, suppliers and transmission system operators, in order to create incentives for the necessary investments and guarantee the access of new market entrants under a transparent and efficient regulatory regime and should not create an overly onerous regulatory regime for national regulatory authorities.

(9) Jedes Entflechtungssystem sollte die Interessenkonflikte zwischen Erzeugern, Lieferanten und Fernleitungsnetzbetreibern wirksam lösen, um Anreize für die notwendigen Investitionen zu schaffen und den Zugang von Markteinsteigern durch einen transparenten und wirksamen Rechtsrahmen zu gewährleisten, und den nationalen Regulierungsbehörden keine zu schwerfälligen Regulierungsvorschriften auferlegen.

(10) The definition of the term 'control' is taken from Council Regulation (EC) No 139/2004 of 20 January 2004 on the control of concentrations between undertakings (the EC Merger Regulation)[12].

(10) Die Definition des Begriffs „Kontrolle“ wurde aus der Verordnung (EG) Nr. 139/2004 des Rates vom 20. Januar 2004 über die Kontrolle von Unternehmenszusammenschlüssen („EG-Fusionskontrollverordnung“)[12] übernommen.

(11) Since ownership unbundling requires, in some instances, the restructuring of undertakings, Member States that decide to implement ownership unbundling should be granted additional time to apply the relevant provisions. In view of the vertical links between the electricity and gas sectors, the unbundling provisions should apply across the two sectors.

(11) Da die eigentumsrechtliche Entflechtung in einigen Fällen die Umstrukturierung von Unternehmen voraussetzt, sollte den Mitgliedstaaten, die sich für eine eigentumsrechtliche Entflechtung entscheiden, für die Umsetzung dieser Bestimmungen der Richtlinie mehr Zeit eingeräumt werden. Wegen der vertikalen Verbindungen zwischen dem Elektrizitätssektor und dem Erdgassektor sollten die Ent-

[12] OJ L 24, 29.1.2004, p. 1.

[12] ABl. L 24 vom 29.1.2004, S. 1.

flechtungsvorschriften für beide Sektoren gelten.

(12) Under ownership unbundling, to ensure full independence of network operation from supply and production interests and to prevent exchanges of any confidential information, the same person should not be a member of the managing boards of both a transmission system operator or a transmission system and an undertaking performing any of the functions of production or supply. For the same reason, the same person should not be entitled to appoint members of the managing boards of a transmission system operator or a transmission system and to exercise control or any right over a production or supply undertaking.

(12) Im Rahmen der eigentumsrechtlichen Entflechtung sollte, um die vollständige Unabhängigkeit des Netzbetriebs von Versorgungs- und Gewinnungsinteressen zu gewährleisten und den Austausch vertraulicher Informationen zu verhindern, ein und dieselbe Person nicht gleichzeitig Mitglied des Leitungsgremiums eines Fernleitungsnetzbetreibers oder eines Fernleitungsnetzes und eines Unternehmens sein, das eine der beiden Funktionen der Gewinnung oder der Versorgung wahrnimmt. Aus demselben Grund sollte es nicht gestattet sein, dass ein und dieselbe Person Mitglieder des Leitungsgremiums eines Fernleitungsnetzbetreibers oder eines Fernleitungsnetzes bestellt und die Kontrolle über ein Gewinnungs- oder Versorgungsunternehmen oder Rechte daran ausübt.

(13) The setting up of a system operator or a transmission operator that is independent from supply and production interests should enable a vertically integrated undertaking to maintain its ownership of network assets whilst ensuring an effective separation of interests, provided that such independent system operator or such independent transmission operator performs all the functions of a system operator and detailed regulation and extensive regulatory control mechanisms are put in place.

(13) Die Einrichtung eines Netzbetreibers (ISO) oder eines Fernleitungsnetzbetreibers (ITO), der unabhängig von Versorgungs- und Gewinnungsinteressen ist, sollte es vertikal integrierten Unternehmen ermöglichen, Eigentümer der Vermögenswerte des Netzes zu bleiben und gleichzeitig eine wirksame Trennung der Interessen sicherzustellen, sofern der unabhängige Netzbetreiber oder der unabhängige Fernleitungsnetzbetreiber sämtliche Funktionen eines Netzbetreibers wahrnimmt und sofern eine detaillierte Re-

gulierung und umfassende Regulierungskontrollmechanismen gewährleistet sind.

(14) Where, on 3 September 2009, an undertaking owning a transmission system is part of a vertically integrated undertaking, Member States should therefore be given a choice between ownership unbundling and setting up a system operator or transmission operator which is independent from supply and production interests.

(14) Ist das Unternehmen, das Eigentümer eines Fernleitungsnetzes ist, am 3. September Teil eines vertikal integrierten Unternehmens, sollten die Mitgliedstaaten daher die Möglichkeit haben, zwischen einer eigentumsrechtlichen Entflechtung und der Einrichtung eines Netzbetreibers- oder eines Fernleitungsnetzbetreibern, der unabhängig von Versorgungs- und Gewinnungsinteressen ist, zu wählen.

(15) To preserve fully the interests of the shareholders of vertically integrated undertakings, Member States should have the choice of implementing ownership unbundling either by direct divestiture or by splitting the shares of the integrated undertaking into shares of the network undertaking and shares of the remaining supply and production undertaking, provided that the requirements resulting from ownership unbundling are complied with.

(15) Damit die Interessen der Anteilseigner von vertikal integrierten Unternehmen in vollem Umfang gewahrt bleiben, sollten die Mitgliedstaaten wählen können zwischen einer eigentumsrechtlichen Entflechtung durch direkte Veräußerung und einer eigentumsrechtlichen Entflechtung durch Aufteilung der Anteile des integrierten Unternehmens in Anteile des Netzunternehmens und Anteile des verbleibenden Gasversorgungs- und Gasgewinnungsunternehmens, sofern die sich aus der eigentumsrechtlichen Entflechtung ergebenden Anforderungen erfüllt werden.

(16) The full effectiveness of the independent system operator or independent transmission operator solutions should be ensured by way of specific additional rules. The rules on the independent transmission operator provide

(16) Dabei sollte die Effektivität der Lösung in Form des unabhängigen Netzbetreibers oder des unabhängigen Fernleitungsnetzbetreibers durch besondere zusätzliche Vorschriften sichergestellt werden. Die Vorschriften

an appropriate regulatory framework to guarantee fair competition, sufficient investment, access for new market entrants and the integration of gas markets. Effective unbundling through the independent transmission operator provisions should be based on a pillar of organisational measures and measures relating to the governance of transmission system operators and on a pillar of measures relating to investment, connecting new production capacities to the network and market integration through regional cooperation. The independence of the transmission operator should also, inter alia, be ensured through certain "cooling-off" periods during which no management or other relevant activity giving access to the same information as could have been obtained in a managerial position is exercised in the vertically integrated undertaking. The independent transmission operator model of effective unbundling is in line with the requirements laid down by the European Council at its meeting on 8 and 9 March 2007.

(17) In order to develop competition in the internal market in gas, large non-household customers should be able to choose their suppliers and enter into contracts with several suppliers to se-

für den unabhängigen Fernleitungsnetzbetreiber bieten einen geeigneten Regelungsrahmen, der für einen gerechten Wettbewerb, hinreichende Investitionen, den Zugang neuer Marktteilnehmer und die Integration der Erdgasmärkte sorgt. Eine wirksame Entflechtung mittels der Vorschriften für die unabhängigen Fernleitungsnetzbetreiber sollte sich auf den Pfeiler der Maßnahmen zur Organisation und Verwaltung der Fernleitungsnetzbetreiber und den Pfeiler der Maßnahmen im Bereich der Investitionen, des Netzanschlusses zusätzlicher Erzeugungskapazitäten und der Integration der Märkte durch regionale Zusammenarbeit stützen. Die Unabhängigkeit des Fernleitungsnetzbetreibers sollte unter anderem auch durch bestimmte „Karenzzeiten" sichergestellt werden, in denen in dem vertikal integrierten Unternehmen keine Leitungsfunktion ausgeübt wird oder keine sonstige wichtige Funktion wahrgenommen wird, die Zugang zu den gleichen Informationen wie eine leitende Position eröffnen. Das Modell der tatsächlichen Entflechtung unabhängiger Fernleitungsnetzbetreiber entspricht den Vorgaben, die der Europäische Rat auf seiner Tagung vom 8. und 9. März 2007 festgelegt hat.

(17) Damit mehr Wettbewerb auf dem Erdgasbinnenmarkt entsteht, sollten große Nichthaushaltskunden ihre Gasversorger wählen und sich zur Deckung ihres Gasbedarfs von mehreren

cure their gas requirements. Such customers should be protected against exclusivity clauses, the effect of which is to exclude competing or complementary offers.

Gasversorgern beliefern lassen können. Die Kunden sollten vor vertraglichen Exklusivitätsklauseln geschützt werden, die bewirken, dass Angebote von Mitbewerbern oder ergänzende Angebote ausgeschlossen werden.

(18) A Member State has the right to opt for full ownership unbundling in its territory. Where a Member State has exercised that right, an undertaking does not have the right to set up an independent system operator or an independent transmission operator. Furthermore, an undertaking performing any of the functions of production or supply cannot directly or indirectly exercise control or any right over a transmission system operator from a Member State that has opted for full ownership unbundling.

(18) Ein Mitgliedstaat hat das Recht, sich für eine vollständige eigentumsrechtliche Entflechtung in seinem Hoheitsgebiet zu entscheiden. Hat ein Mitgliedstaat dieses Recht ausgeübt, so ist ein Unternehmen nicht berechtigt, einen unabhängigen Netzbetreibers oder einen unabhängigen Fernleitungsnetzbetreibers zu errichten. Außerdem sollte es einem Unternehmen, das eine der Funktionen der Gewinnung oder der Versorgung wahrnimmt, nicht gestattet sein, direkt oder indirekt die Kontrolle über einen Fernleitungsnetzbetreiber aus einem Mitgliedstaat, der sich für die vollständige eigentumsrechtliche Entflechtung entschieden hat, oder Rechte an einem solchen Fernleitungsnetzbetreiber auszuüben.

(19) Under this Directive different types of market organisation will exist in the internal market in natural gas. The measures that Member States could take in order to ensure a level playing field should be based on overriding requirements of general interest. The Commission should be consulted on the compatibility of the measures with the Treaty and Community law.

(19) Gemäß der vorliegenden Richtlinie gibt es verschiedene Arten der Marktorganisation für den Erdgasbinnenmarkt. Die Maßnahmen, die die Mitgliedstaaten gemäß dieser Richtlinie treffen könnten, um gleiche Ausgangsbedingungen zu gewährleisten, sollten auf zwingenden Gründen des Allgemeininteresses beruhen. Die Kommission sollte zur Frage der Vereinbarkeit der Maßnahmen mit dem

(20) The implementation of effective unbundling should respect the principle of non-discrimination between the public and private sectors. To that end, the same person should not be able to exercise control or any right, in violation of the rules of ownership unbundling or the independent system operator option, solely or jointly, over the composition, voting or decision of the bodies of both the transmission system operators or the transmission systems and the production or supply undertakings. With regard to ownership unbundling and the independent system operator solution, provided that the Member State in question is able to demonstrate that the requirement is complied with, two separate public bodies should be able to control production and supply activities on the one hand and transmission activities on the other.

(21) Fully effective separation of network activities from supply and production activities should apply throughout the Community to both Community and non-Community undertakings. To ensure that network activities and supply and production ac-

Vertrag und dem Gemeinschaftsrecht gehört werden.

(20) Bei der Entflechtung sollte dem Grundsatz der Nichtdiskriminierung zwischen öffentlichem und privatem Sektor Rechnung getragen werden. Daher sollte nicht ein und dieselbe Person die Möglichkeit haben, allein oder zusammen mit anderen Personen unter Verletzung der Regeln der eigentumsrechtlichen Entflechtung oder der Lösung des unabhängigen Netzbetreibers die Kontrolle oder Rechte in Bezug auf die Zusammensetzung, das Abstimmungsverhalten oder die Beschlussfassung der Organe sowohl der Fernleitungsnetzbetreiber oder Fernleitungsnetze als auch der Gewinnungs- oder Versorgungsunternehmen auszuüben. Hinsichtlich der eigentumsrechtlichen Entflechtung und der Unabhängigkeit des Netzbetreibers sollte es, sofern der betreffende Mitgliedstaat nachweisen kann, dass diese Anforderung erfüllt ist, zulässig sein, dass zwei voneinander getrennte öffentliche Einrichtungen die Kontrolle über die Gewinnungs- und Versorgungsaktivitäten einerseits und die Fernleitungsaktivitäten andererseits ausüben.

(21) Der Grundsatz der tatsächlichen Trennung der Netzaktivitäten von den Versorgungs- und Gewinnungsaktivitäten sollte in der gesamten Gemeinschaft sowohl für Gemeinschaftsunternehmen als auch für Nichtgemeinschaftsunternehmen gelten. Um si-

tivities throughout the Community remain independent from each other, regulatory authorities should be empowered to refuse certification to transmission system operators that do not comply with the unbundling rules. To ensure the consistent application of those rules across the Community, the regulatory authorities should take utmost account of the Commission's opinion when the former take decisions on certification. To ensure, in addition, respect for the international obligations of the Community and solidarity and energy security within the Community, the Commission should have the right to give an opinion on certification in relation to a transmission system owner or a transmission system operator which is controlled by a person or persons from a third country or third countries.

cherzustellen, dass die Netzaktivitäten und die Versorgungs- und Gewinnungsaktivitäten in der gesamten Gemeinschaft unabhängig voneinander sind, sollten die Regulierungsbehörden die Befugnis erhalten, Fernleitungsnetzbetreibern, die die Entflechtungsvorschriften nicht erfüllen, die Zertifizierung zu verweigern. Um eine kohärente, gemeinschaftsweite Anwendung der Entflechtungsvorschriften sicherzustellen, sollten die Regulierungsbehörden bei Entscheidungen über die Zertifizierung der Stellungnahme der Kommission so weit wie möglich Rechnung tragen. Um ferner die Einhaltung der internationalen Verpflichtungen der Gemeinschaft sowie die Solidarität und Energieversorgungssicherheit in der Gemeinschaft zu gewährleisten, sollte die Kommission die Befugnis haben, eine Stellungnahme zur Zertifizierung in Bezug auf einen Fernleitungsnetzeigentümer oder -betreiber, der von einer oder mehreren Personen aus einem oder mehreren Drittländern kontrolliert wird, abzugeben.

(22) The security of energy supply is an essential element of public security and is therefore inherently connected to the efficient functioning of the internal market in gas and the integration of the isolated gas markets of Member States. Gas can reach the citizens of the Union only through the network. Functioning open gas markets and, in particular, the networks and other as-

(22) Die Sicherheit der Energieversorgung ist ein Kernelement der öffentlichen Sicherheit und daher bereits von Natur aus direkt verbunden mit dem effizienten Funktionieren des Erdgasbinnenmarktes und der Integration der isolierten Gasmärkte der Mitgliedstaaten. Die Versorgung der Bürger der Union mit Erdgas kann nur über Netze erfolgen. Funktionsfähige offene Er-

sets associated with gas supply are essential for public security, for the competitiveness of the economy and for the well-being of the citizens of the Union. Persons from third countries should therefore only be allowed to control a transmission system or a transmission system operator if they comply with the requirements of effective separation that apply inside the Community. Without prejudice to the international obligations of the Community, the Community considers that the gas transmission system sector is of high importance to the Community and therefore additional safeguards are necessary regarding the preservation of the security of supply of energy to the Community to avoid any threats to public order and public security in the Community and the welfare of the citizens of the Union. The security of supply of energy to the Community requires, in particular, an assessment of the independence of network operation, the level of the Community's and individual Member States' dependence on energy supply from third countries, and the treatment of both domestic and foreign trade and investment in energy in a particular third country. Security of supply should therefore be assessed in the light of the factual circumstances of each case as well as the rights and obligations arising under international law, in particular the international agreements between the Community and the third country concerned. Where appropriate the Com-

dgasmärkte und im Besonderen die Netze und andere mit der Erdgasversorgung verbundene Anlagen sind von wesentlicher Bedeutung für die öffentliche Sicherheit, die Wettbewerbsfähigkeit der Wirtschaft und das Wohl der Bürger der Union. Personen aus Drittländern sollte es daher nur dann gestattet sein, die Kontrolle über ein Fernleitungsnetz oder einen Fernleitungsnetzbetreiber auszuüben, wenn sie die innerhalb der Gemeinschaft geltenden Anforderungen einer tatsächlichen Trennung erfüllen. Unbeschadet der internationalen Verpflichtungen der Gemeinschaft ist die Gemeinschaft der Ansicht, dass der Erdgas-Fernleitungsnetzsektor für die Gemeinschaft von großer Bedeutung ist und daher zusätzliche Schutzmaßnahmen hinsichtlich der Aufrechterhaltung der Energieversorgungssicherheit in der Gemeinschaft erforderlich sind, um eine Bedrohung der öffentlichen Ordnung und der öffentlichen Sicherheit in der Gemeinschaft und des Wohlergehens der Bürger der Union zu vermeiden. Die Energieversorgungssicherheit in der Gemeinschaft erfordert insbesondere eine Bewertung der Unabhängigkeit des Netzbetriebs, des Grades der Abhängigkeit der Gemeinschaft und einzelner Mitgliedstaaten von Energielieferungen aus Drittländern und der Frage, wie inländischer und ausländischer Energiehandel sowie inländische und ausländische Energieinvestitionen in einem bestimmten Drittland behandelt werden.

mission is encouraged to submit recommendations to negotiate relevant agreements with third countries addressing the security of supply of energy to the Community or to include the necessary issues in other negotiations with those third countries.

Die Versorgungssicherheit sollte daher unter Berücksichtigung der besonderen Umstände jedes Einzelfalls sowie der aus dem Völkerrecht – insbesondere aus den internationalen Abkommen zwischen der Gemeinschaft und dem betreffenden Drittland – erwachsenden Rechte und Pflichte bewertet werden. Soweit angezeigt, wird die Kommission aufgefordert, Empfehlungen zur Aushandlung einschlägiger Abkommen mit Drittländern vorzulegen, in denen die Sicherheit der Energieversorgung der Gemeinschaft behandelt wird, oder zur Aufnahme der erforderlichen Aspekte in andere Verhandlungen mit diesen Drittländern.

(23) Further measures should be taken in order to ensure transparent and non-discriminatory tariffs for access to transport. Those tariffs should be applicable to all users on a non-discriminatory basis. Where a storage facility, linepack or ancillary service operates in a sufficiently competitive market, access could be allowed on the basis of transparent and non-discriminatory market-based mechanisms.

(23) Es sollten weitere Maßnahmen ergriffen werden, um sicherzustellen, dass die Tarife für den Zugang zu Fernleitungen transparent und nichtdiskriminierend sind. Diese Tarife sollten auf alle Benutzer in nichtdiskriminierender Weise angewandt werden. Werden Speicheranlagen, Netzpufferung oder Hilfsdienste in einem bestimmten Gebiet auf einem ausreichend wettbewerbsoffenen Markt betrieben, so könnte der Zugang nach transparenten, nichtdiskriminierenden und marktorientierten Verfahren zugelassen werden.

(24) It is necessary to ensure the independence of storage system operators in order to improve third-party access to storage facilities that are technically and/or economically necessary for

(24) Es ist erforderlich, die Unabhängigkeit der Speicheranlagenbetreiber zu gewährleisten, damit der Zugang Dritter zu Speicheranlagen verbessert wird, die technisch und/oder wirt-

providing efficient access to the system for the supply of customers. It is therefore appropriate that storage facilities are operated through legally separate entities that have effective decision-making rights with respect to assets necessary to maintain, operate and develop storage facilities. It is also necessary to increase transparency in respect of the storage capacity that is offered to third parties, by obliging Member States to define and publish a non-discriminatory, clear framework that determines the appropriate regulatory regime applicable to storage facilities. That obligation should not require a new decision on access regimes but should improve the transparency regarding the access regime to storage. Confidentiality requirements for commercially sensitive information are particularly important where data of a strategic nature are concerned or where there is only a single user of a storage facility.

schaftlich notwendig sind, um einen effizienten Zugang zum System für die Versorgung der Verbraucher zu ermöglichen. Daher ist es zweckdienlich, dass Speicheranlagen von eigenständigen Rechtspersonen betrieben werden, die tatsächliche Entscheidungsbefugnisse in Bezug auf die für Betrieb, Wartung und Ausbau der Speicheranlagen notwendigen Vermögenswerte besitzen. Auch ist es erforderlich, die Transparenz in Bezug auf die Dritten angebotenen Speicherkapazitäten zu verbessern, indem die Mitgliedstaaten verpflichtet werden, einen nichtdiskriminierenden, klaren Rahmen zu definieren und zu veröffentlichen, der ein geeignetes Regulierungssystem für Speicheranlagen festlegt. Diese Verpflichtung sollte keine neue Entscheidung über Zugangsregelungen erforderlich machen, sondern die Transparenz der Zugangsregelungen für Speicheranlagen verbessern. Bestimmungen über die Vertraulichkeit wirtschaftlich sensibler Informationen sind besonders wichtig, wenn strategische Daten betroffen sind oder wenn eine Speicheranlage nur einen einzigen Nutzer hat.

(25) Non-discriminatory access to the distribution network determines downstream access to customers at retail level. The scope for discrimination as regards third party access and investment, however, is less significant at distribution level than at transmission level where congestion and the influ-

(25) Ein nichtdiskriminierender Zugang zum Verteilernetz ist Voraussetzung für den nachgelagerten Zugang zu den Endkunden. In Bezug auf den Netzzugang Dritter und Investitionen stellt sich die Diskriminierungsproblematik dagegen weniger auf der Ebene der Verteilung als vielmehr auf der

ence of production interests are generally greater than at distribution level. Moreover, legal and functional unbundling of distribution system operators was required, pursuant to Directive 2003/55/EC, only from 1 July 2007 and its effects on the internal market in natural gas still need to be evaluated. The rules on legal and functional unbundling currently in place can lead to effective unbundling provided they are more clearly defined, properly implemented and closely monitored. To create a level playing field at retail level, the activities of distribution system operators should therefore be monitored so that they are prevented from taking advantage of their vertical integration as regards their competitive position on the market, in particular in relation to household and small non-household customers.

Ebene der Fernleitung, wo Engpässe und der Einfluss von Gewinnungsinteressen im Allgemeinen ausgeprägter sind als auf der Verteilerebene. Überdies wurde die rechtliche und funktionale Entflechtung der Verteilernetzbetreiber gemäß der Richtlinie 2003/55/EG erst am 1. Juli 2007 verpflichtend und ihre Auswirkungen auf den Gasbinnenmarkt müssen erst noch bewertet werden. Die geltenden Vorschriften für die rechtliche und funktionale Entflechtung können zu einer wirksamen Entflechtung führen, wenn sie klarer formuliert, ordnungsgemäß umgesetzt und genauestens überwacht werden. Zur Schaffung gleicher Bedingungen auf der Ebene der Endkunden sollten die Aktivitäten der Verteilernetzbetreiber daher überwacht werden, um zu verhindern, dass diese ihre vertikale Integration dazu nutzen, ihre Wettbewerbsposition auf dem Markt, insbesondere bei Haushalts- und kleinen Nichthaushaltskunden, zu stärken.

(26) Member States should take concrete measures to assist the wider use of biogas and gas from biomass, the producers of which should be granted non-discriminatory access to the gas system, provided that such access is compatible with the relevant technical rules and safety standards on an ongoing basis.

(26) Die Mitgliedstaaten sollten konkrete Maßnahmen zur umfassenderen Nutzung von Biogas und Gas aus Biomasse ergreifen und deren Erzeugern gleichberechtigten Zugang zum Gasnetz gewährleisten, sofern ein solcher Zugang mit den geltenden technischen Vorschriften und Sicherheitsstandards dauerhaft vereinbar ist.

(27) To avoid imposing a disproportionate financial and administrative burden on small distribution system

(27) Damit kleine Verteilernetzbetreiber finanziell und administrativ nicht unverhältnismäßig stark belastet wer-

operators, Member States should be able, where necessary, to exempt the undertakings concerned from the legal distribution unbundling requirements.

den, sollten die Mitgliedstaaten die Möglichkeit haben, die betroffenen Unternehmen erforderlichenfalls von den Vorschriften für die rechtliche Entflechtung der Verteilung auszunehmen.

(28) Where a closed distribution system is used to ensure the optimal efficiency of an integrated energy supply requiring specific operational standards, or a closed distribution system is maintained primarily for the use of the owner of the system, it should be possible to exempt the distribution system operator from obligations which would constitute an unnecessary administrative burden because of the particular nature of the relationship between the distribution system operator and the users of the system. Industrial, commercial or shared services sites such as train station buildings, airports, hospitals, large camping sites with integrated facilities or chemical industry sites can include closed distribution systems because of the specialised nature of their operations.

(28) Wo im Interesse der optimalen Effizienz integrierter Energieversorgung ein geschlossenes Verteilernetz betrieben wird und besondere Betriebsnormen erforderlich sind oder ein geschlossenes Verteilernetz in erster Linie für die Zwecke des Netzeigentümers betrieben wird, sollte die Möglichkeit bestehen, den Verteilernetzbetreiber von Verpflichtungen zu befreien, die bei ihm – aufgrund der besonderen Art der Beziehung zwischen dem Verteilernetzbetreiber und den Netzbenutzern – einen unnötigen Verwaltungsaufwand verursachen würden. Bei Industrie- oder Gewerbegebieten oder Gebieten, in denen Leistungen gemeinsam genutzt werden, wie Bahnhofsgebäuden, Flughäfen, Krankenhäusern, großen Campingplätzen mit integrierten Anlagen oder Standorten der Chemieindustrie können aufgrund der besonderen Art der Betriebsabläufe geschlossene Verteilernetze bestehen.

(29) Directive 2003/55/EC introduced a requirement for Member States to establish regulators with specific competences. However, experience shows that the effectiveness of regulation is frequently hampered through a lack of

(29) Die Richtlinie 2003/55/EG verpflichtet die Mitgliedstaaten zur Einrichtung von Regulierungsbehörden mit spezifischen Zuständigkeiten. Die Erfahrung zeigt allerdings, dass die Effektivität der Regulierung vielfach

independence of regulators from government, and insufficient powers and discretion. For that reason, at its meeting on 8 and 9 March 2007, the European Council invited the Commission to develop legislative proposals providing for further harmonisation of the powers and strengthening of the independence of national energy regulators. It should be possible for those national regulatory authorities to cover both the electricity and the gas sectors.

aufgrund mangelnder Unabhängigkeit der Regulierungsbehörden von der Regierung sowie unzureichender Befugnisse und Ermessensfreiheit eingeschränkt wird. Daher forderte der Europäische Rat die Kommission auf seiner Tagung vom 8. und 9. März 2007 auf, Legislativvorschläge auszuarbeiten, die eine weitere Harmonisierung der Befugnisse und eine Stärkung der Unabhängigkeit der nationalen Regulierungsstellen für den Energiebereich vorsehen. Diese nationalen Regulierungsbehörden sollten sowohl den Elektrizitäts- als auch den Gassektor abdecken können.

(30) Energy regulators need to be able to take decisions in relation to all relevant regulatory issues if the internal market in natural gas is to function properly, and to be fully independent from any other public or private interests. This precludes neither judicial review nor parliamentary supervision in accordance with the constitutional law of the Member States. In addition, approval of the budget of the regulator by the national legislator does not constitute an obstacle to budgetary autonomy. The provisions relating to autonomy in the implementation of the allocated budget of the regulatory authority should be implemented within the framework defined by national budgetary law and rules. While contributing to the independence of the national regulatory authority from any political or economic interest through an ap-

(30) Damit der Erdgasbinnenmarkt ordnungsgemäß funktionieren kann, müssen die Energieregulierungsbehörden Entscheidungen in allen relevanten Regulierungsangelegenheiten treffen können und völlig unabhängig von anderen öffentlichen oder privaten Interessen sein. Dies steht weder einer gerichtlichen Überprüfung, noch einer parlamentarischen Kontrolle nach dem Verfassungsrecht der Mitgliedstaaten entgegen. Außerdem sollte die Zustimmung des nationalen Gesetzgebers zum Haushaltsplan der Regulierungsbehörde die Haushaltsautonomie nicht beeinträchtigen. Die Bestimmungen bezüglich der Autonomie bei der Ausführung des der Regulierungsbehörde zugewiesenen Haushalts sollten in den Rechtsrahmen der einzelstaatlichen Haushaltsvorschriften und -regeln aufgenommen werden. Die Bestimmun-

propriate rotation scheme, it should be possible for Member States to take due account of the availability of human resources and of the size of the board.

gen über die Autonomie bei der Durchführung des der Regulierungsbehörde zugewiesenen Haushalts sollten in den Rechtsrahmen der einzelstaatlichen Haushaltsvorschriften und -regeln aufgenommen werden. Die Mitgliedstaaten tragen zur Unabhängigkeit der nationalen Regulierungsbehörde von jeglicher Einflussnahme aus Politik oder Wirtschaft durch ein geeignetes Rotationsverfahren bei, sollten aber die Möglichkeit haben, der Verfügbarkeit personeller Ressourcen und der Größe des Gremiums gebührend Rechnung zu tragen.

(31) In order to ensure effective market access for all market players, including new entrants, non-discriminatory and cost-reflective balanceing mechanisms are necessary. This should be achieved through the setting up of transparent market-based mechanisms for the supply and purchase of gas, needed in the framework of balancing requirements. National regulatory authorities should play an active role to ensure that balancing tariffs are non-discriminatory and cost-reflective. At the same time, appropriate incentives should be provided to balance the in-put and off-take of gas and not to endanger the system.

(31) Zur Sicherstellung eines effektiven Marktzugangs für alle Marktteilnehmer, einschließlich neuer Marktteilnehmer, bedarf es nichtdiskriminierender und kostenorientierter Ausgleichsmechanismen. Dies sollte durch den Aufbau transparenter Marktmechanismen für die Lieferung und den Bezug von Erdgas zur Deckung des Ausgleichsbedarfs realisiert werden. Die nationalen Regulierungsbehörden sollten aktiv darauf hinwirken, dass die Tarife für Ausgleichsleistungen nichtdiskriminierend und kostenorientiert sind. Gleichzeitig sollten geeignete Anreize gegeben werden, um die Einspeisung und Abnahme von Gas auszugleichen und das System nicht zu gefährden.

(32) National regulatory authorities should be able to fix or approve tariffs, or the methodologies underlying the

(32) Die nationalen Regulierungsbehörden sollten die Möglichkeit haben, die Tarife oder die Tarifberechnungs-

calculation of the tariffs, on the basis of a proposal by the transmission system operator or distribution system operator(s) or liquefied natural gas (LNG) system operator, or on the basis of a proposal agreed between those operator(s) and the users of the network. In carrying out those tasks, national regulatory authorities should ensure that transmission and distribution tariffs are non-discriminatory and cost-reflective, and should take account of the long-term, marginal, avoided network costs from demand-side management measures.

methoden auf der Grundlage eines Vorschlags des Fernleitungsnetzbetreibers, des oder der Verteilernetzbetreiber oder des Betreibers einer Flüssiggas-(LNG)-Anlage oder auf der Grundlage eines zwischen diesen Betreibern und den Netzbenutzern abgestimmten Vorschlags festzusetzen oder zu genehmigen. Dabei sollten die nationalen Regulierungsbehörden sicherstellen, dass die Tarife für die Fernleitung und Verteilung nichtdiskriminierend und kostenorientiert sind und die langfristig durch Nachfragesteuerung vermiedenen Netzgrenzkosten berücksichtigen.

(33) Energy regulators should have the power to issue binding decisions in relation to natural gas undertakings and to impose effective, proportionate and dissuasive penalties on natural gas undertakings which fail to comply with their obligations or to propose that a competent court impose such penalties on them. Energy regulators should also be granted the power to decide, irrespective of the application of competition rules, on appropriate measures ensuring customer benefits through the promotion of effective competition necessary for the proper functioning of the internal market in natural gas. The establishment of gas-release programmes is one of the possible measures that can be used to promote effective competition and ensure the proper functioning of the market. Energy regulators should also be granted the

(33) Die Energieregulierungsbehörden sollten über die Befugnis verfügen, Entscheidungen zu erlassen, die für die Erdgasunternehmen bindend sind, und wirksame, verhältnismäßige und abschreckende Sanktionen gegen Gasunternehmen, die ihren Verpflichtungen nicht nachkommen, entweder selbst zu verhängen, oder einem zuständigen Gericht die Verhängung solcher Sanktionen gegen diese vorzuschlagen. Auch sollte den Energieregulierungsbehörden die Befugnis zuerkannt werden, unabhängig von der Anwendung der Wettbewerbsregeln über geeignete Maßnahmen zur Förderung eines wirksamen Wettbewerbs als Voraussetzung für einen ordnungsgemäß funktionierenden Erdgasbinnenmarkt zu entscheiden, um Vorteile für die Kunden herbeizuführen. Die Einrichtung von Programmen zur Freigabe von Gaska-

powers to contribute to ensuring high standards of public service in compliance with market opening, to the protection of vulnerable customers, and to the full effectiveness of consumer protection measures. Those provisions should be without prejudice to both the Commission's powers concerning the application of competition rules including the examination of mergers with a Community dimension, and the rules on the internal market such as the free movement of capital. The independent body to which a party affected by the decision of a national regulator has a right to appeal could be a court or other tribunal empowered to conduct a judicial review.

pazitäten ist eine der möglichen Maßnahmen zur Förderung eines wirksamen Wettbewerbs und zur Gewährleistung des ordnungsgemäßen Funktionierens des Marktes. Die Energieregulierungsbehörden sollten ferner über die Befugnis verfügen, dazu beizutragen, hohe Standards bei der Erfüllung gemeinwirtschaftlicher Verpflichtungen in Übereinstimmung mit den Erfordernissen der Marktöffnung, den Schutz benachteiligter Kunden und die volle Wirksamkeit der zum Schutz der Kunden ergriffenen Maßnahmen zu gewährleisten. Diese Vorschriften sollten weder die Befugnisse der Kommission bezüglich der Anwendung der Wettbewerbsregeln, einschließlich der Prüfung von Unternehmenszusammenschlüssen, die eine gemeinschaftliche Dimension aufweisen, noch die Binnenmarktregeln, etwa der Vorschriften zum freien Kapitalverkehr, berühren. Die unabhängige Stelle, bei der eine von einer Entscheidung einer nationalen Regulierungsbehörde betroffene Partei Rechtsbehelfe einlegen kann, kann ein Gericht oder eine andere gerichtliche Stelle sein, die ermächtigt ist, eine gerichtliche Überprüfung durchzuführen.

(34) Any harmonisation of the powers of national regulatory authorities should include the powers to provide incentives to natural gas undertakings and to impose effective, proportionate and dissuasive penalties on natural gas undertakings or to propose that a

(34) Bei einer Harmonisierung der Befugnisse der nationalen Regulierungsbehörden sollte auch die Möglichkeit vorgesehen sein, Erdgasunternehmen Anreize zu bieten sowie wirksame, verhältnismäßige und abschreckende Sanktionen gegen sie zu verhängen

competent court impose such penalties. Moreover, regulatory authorities should have the power to request relevant information from natural gas undertakings, make appropriate and sufficient investigations and settle disputes.

oder einem zuständigen Gericht die Verhängung solcher Sanktionen vorzuschlagen. Darüber hinaus sollten die Regulierungsbehörden befugt sein, alle relevanten Daten von Erdgasunternehmen anzufordern, angemessene und ausreichende Untersuchungen vorzunehmen und Streitigkeiten zu schlichten.

(35) Investments in major new infrastructure should be strongly promoted while ensuring the proper functioning of the internal market in natural gas. In order to enhance the positive effect of exempted infrastructure projects on competition and security of supply, market interest during the project planning phase should be tested and congestion management rules should be implemented. Where an infrastructure is located in the territory of more than one Member State, the Agency for the Cooperation of Energy Regulators established by Regulation (EC) No 713/2009 of the European Parliament and of the Council of 13 July 2009 establishing an Agency for the Cooperation of Energy Regulators (the 'Agency') should handle as a last resort the exemption request in order to take better account of its cross-border implications and to facilitate its administrative handling. Moreover, given the exceptional risk profile of constructing those exempt major infrastructure projects, it should be possible temporarily to grant partial derogations to undertakings with supply and

(35) Investitionen in neue Großinfrastrukturen sollten stark gefördert werden, wobei es gleichzeitig das ordnungsgemäße Funktionieren des Erdgasbinnenmarktes sicherzustellen gilt. Zur Verstärkung der positiven Auswirkungen von Infrastrukturvorhaben, für die eine Ausnahme gilt, auf Wettbewerb und Versorgungssicherheit sollten in der Projektplanungsphase das Marktinteresse geprüft und Regeln für das Engpassmanagement festgelegt werden. Erstreckt sich eine Infrastruktur über das Gebiet mehr als eines Mitgliedstaats, so sollte die mit der Verordnung (EG) Nr. 713/2009 des Europäischen Parlaments und des Rates vom 13. Juli 2009 zur Gründung einer Agentur für die Zusammenarbeit der Energieregulierungsbehörden errichtete Agentur für die Zusammenarbeit der Energieregulierungsbehörden („Agentur") als letztes Mittel den Antrag auf Gewährung einer Ausnahme bearbeiten, damit den grenzübergreifenden Implikationen besser Rechnung getragen werden kann und die administrative Abwicklung erleichtert wird. Wegen des besonderen Risikoprofils

production interests in respect of the unbundling rules for the projects concerned. The possibility of temporary derogations should apply, for security of supply reasons, in particular, to new pipelines within the Community transporting gas from third countries into the Community. Exemptions granted under Directive 2003/55/EC continue to apply until the scheduled expiry date as decided in the granted exemption decision.

solcher Großinfrastrukturvorhaben, für die eine Ausnahme gilt, sollte es möglich sein, Unternehmen, die Versorgungs- und Gewinnungsinteressen haben, vorübergehend für die betreffenden Vorhaben teilweise Ausnahmen von den Entflechtungsvorschriften zu gewähren. Die Möglichkeit einer vorübergehenden Ausnahme sollte, insbesondere aus Gründen der Versorgungssicherheit, für neue Rohrleitungen in der Gemeinschaft gelten, über die Gas aus Drittländern in die Gemeinschaft befördert wird. Die gemäß der Richtlinie 2003/55/EG gewährten Ausnahmen gelten bis zu dem Ablaufdatum weiter, das in der Entscheidung über die Gewährung einer Ausnahme festgelegt wurde.

(36) The internal market in natural gas suffers from a lack of liquidity and transparency hindering the efficient allocation of resources, risk hedging and new entry. Trust in the market, its liquidity and the number of market participants needs to increase, and, therefore, regulatory oversight of undertakings active in the supply of gas needs to be increased. Such requirements should be without prejudice to, and compatible with, existing Community law in relation to the financial markets. Energy regulators and financial market regulators need to cooperate in order to enable each other to have an overview of the markets concerned.

(36) Dem Erdgasbinnenmarkt mangelt es an Liquidität und Transparenz, was eine effiziente Ressourcenallokation, Risikoabsicherung und neue Markteintritte behindert. Das Vertrauen in den Markt und in seine Liquidität und die Zahl der Marktteilnehmer müssen zunehmen, weshalb die Regulierungsaufsicht über Unternehmen, die in der Gasversorgung tätig sind, ausgebaut werden muss. Anforderungen dieser Art sollten die bestehenden Rechtsvorschriften der Gemeinschaft auf dem Gebiet der Finanzmärkte nicht berühren und sie sollten mit diesen vereinbar sein. Die Energieregulierungsbehörden und die Finanzmarktregulierungsbehörden müssen kooperieren, um einen Überblick über die betref-

fenden Märkte zu bekommen.

(37) Natural gas is mainly, and increasingly, imported into the Community from third countries. Community law should take account of the characteristics of natural gas, such as certain structural rigidities arising from the concentration of suppliers, the long-term contracts or the lack of downstream liquidity. Therefore, more transparency is needed, including in regard to the formation of prices.

(37) Erdgas wird überwiegend und in zunehmendem Maße aus Drittstaaten in die Gemeinschaft importiert. Im Gemeinschaftsrecht sollte den Besonderheiten des Erdgasmarkts, beispielsweise bestimmten strukturellen Verkrustungen aufgrund der Konzentration der Versorger, langfristiger Lieferverträge oder der mangelnden Liquidität nachgelagerter Strukturen, Rechnung getragen werden. Deshalb ist mehr Transparenz erforderlich, und zwar auch bei der Preisbildung.

(38) Prior to the adoption by the Commission of Guidelines defining further the record-keeping requirements, the Agency and the Committee of European Securities Regulators (the 'CESR'), established by Commission Decision 2009/77/EG[13], should confer and advise the Commission in regard to their content. The Agency and the CESR should also cooperate to investigate further and advise on whether transactions in gas supply contracts and gas derivatives should be subject to pre- and/or post-trade transparency requirements and, if so, what the content of those requirements should be.

(38) Bevor die Kommission Leitlinien zur Präzisierung der Aufbewahrungsanforderungen erlässt, sollten die Agentur und der durch den Beschluss der Kommission 2009/77/EG[13] eingerichtete Ausschuss der europäischen Wertpapierregulierungsbehörden (CESR) den Inhalt der Leitlinien gemeinsam prüfen und die Kommission dazu beraten. Die Agentur und der Ausschuss der europäischen Wertpapierregulierungsbehörden sollten ferner zusammenarbeiten, um weiter zu untersuchen, ob Transaktionen mit Gasversorgungsverträgen und Gasderivaten Gegenstand von vor- und/oder nachbörslichen Transparenzanforderungen sein sollten und, wenn ja, welchen Inhalt diese Anforderungen haben sollten, und um diesbezüglich beratend tätig zu sein.

[13] OJ L25, 29.1.2009, p. 18.

[13] ABl. L 25 vom 29.1.2009, S. 18.

(39) Member States or, where a Member State has so provided, the regulatory authority, should encourage the development of interruptible supply contracts.

(39) Die Mitgliedstaaten oder, sofern ein Mitgliedstaat dies vorsieht, die Regulierungsbehörde sollten die Ausarbeitung unterbrechbarer Lieferverträge fördern.

(40) In the interests of security of supply, the balance between supply and demand in individual Member States should be monitored, and such monitoring should be followed by a report on the situation at Community level, taking account of interconnection capacity between areas. Such monitoring should be carried out sufficiently early to enable appropriate measures to be taken if security of supply is compromised. The construction and maintenance of the necessary network infrastructure, including interconnection capacity, should contribute to ensuring a stable gas supply.

(40) Im Interesse der Versorgungssicherheit sollte das Gleichgewicht zwischen Angebot und Nachfrage in den einzelnen Mitgliedstaaten beobachtet und anschließend ein Gesamtbericht über die Versorgungssicherheit in der Gemeinschaft angefertigt werden, in dem die zwischen verschiedenen Gebieten bestehende Verbindungskapazität berücksichtigt wird. Die Beobachtung sollte so frühzeitig erfolgen, dass die geeigneten Maßnahmen getroffen werden können, wenn die Versorgungssicherheit gefährdet sein sollte. Der Aufbau und der Erhalt der erforderlichen Netzinfrastruktur einschließlich der Verbundmöglichkeiten sollten zu einer stabilen Erdgasversorgung beitragen.

(41) Member States should ensure that, taking into account the necessary quality requirements, biogas and gas from biomass or other types of gas are granted non-discriminatory access to the gas system, provided such access is permanently compatible with the relevant technical rules and safety standards. Those rules and standards should ensure that those gases can technically and safely be injected into, and transported through the natural gas system and should also address their

(41) Die Mitgliedstaaten sollten unter Berücksichtigung der erforderlichen Qualitätsanforderungen sicherstellen, dass Biogas, Gas aus Biomasse und andere Gasarten einen nichtdiskriminierenden Zugang zum Gasnetz erhalten, vorausgesetzt, dieser Zugang ist dauerhaft mit den einschlägigen technischen Vorschriften und Sicherheitsnormen vereinbar. Diese Vorschriften und Normen sollten gewährleisten, dass es technisch machbar ist, diese Gase sicher in das Erdgasnetz einzu-

chemical characteristics.

speisen und durch dieses Netz zu transportieren, und sollten sich auch auf die chemischen Eigenschaften dieser Gase erstrecken.

(42) Long-term contracts will continue to be an important part of the gas supply of Member States and should be maintained as an option for gas supply undertakings in so far as they do not undermine the objective of this Directive and are compatible with the Treaty, including the competition rules. It is therefore necessary to take into account long-term contracts in the planning of supply and transport capacity of natural gas undertakings.

(42) Ein großer Teil der Gasversorgung der Mitgliedstaaten wird nach wie vor durch langfristige Verträge gesichert werden, weshalb diese als Möglichkeit für die Gasversorgungsunternehmen erhalten bleiben sollten, sofern sie die Ziele dieser Richtlinie nicht unterlaufen und mit dem Vertrag, einschließlich der darin festgelegten Wettbewerbsregeln, vereinbar sind. Die langfristigen Verträge müssen deshalb bei der Planung der Versorgungs- und Transportkapazitäten von Erdgasunternehmen berücksichtigt werden.

(43) In order to ensure the maintenance of high standards of public service in the Community, all measures taken by Member States to achieve the objectives of this Directive should be regularly notified to the Commission. The Commission should regularly publish a report analysing measures taken at national level to achieve public service objectives and comparing their effectiveness, with a view to making recommendations as regards measures to be taken at national level to achieve high public service standards. Member States should ensure that when they are connected to the gas system customers are informed about their rights to be supplied with

(43) Damit gewährleistet ist, dass die Qualität gemeinwirtschaftlicher Leistungen in der Gemeinschaft weiterhin hohen Standards entspricht, sollten die Mitgliedstaaten die Kommission regelmäßig über alle zur Erreichung der Ziele dieser Richtlinie getroffenen Maßnahmen unterrichten. Die Kommission sollte regelmäßig einen Bericht veröffentlichen, in dem die Maßnahmen der Mitgliedstaaten zur Erreichung gemeinwirtschaftlicher Ziele untersucht und in ihrer Wirksamkeit verglichen werden, um Empfehlungen für Maßnahmen auszusprechen, die auf einzelstaatlicher Ebene zur Gewährleistung einer hohen Qualität der gemeinwirtschaftlichen Leistungen zu

natural gas of a specified quality at reasonable prices. Measures taken by Member States to protect final customers may differ according to whether they are aimed at household customers or small and medium-sized enterprises.

ergreifen sind. Die Mitgliedstaaten sollten gewährleisten, dass die Kunden, wenn sie an das Gasnetz angeschlossen werden, über ihr Recht auf Versorgung mit Erdgas einer bestimmten Qualität zu angemessenen Preisen unterrichtet werden. Die von den Mitgliedstaaten zum Schutz der Endkunden ergriffenen Maßnahmen können unterschiedlich ausfallen, je nachdem, ob sie für Haushaltskunden oder kleine und mittlere Unternehmen gedacht sind.

(44) Respect for the public service requirements is a fundamental requirement of this Directive, and it is important that common minimum standards, respected by all Member States, are specified in this Directive, which take into account the objectives of common protection, security of supply, environmental protection and equivalent levels of competition in all Member States. It is important that the public service requirements can be interpreted on a national basis, taking into account national circumstances and subject to the respect of Community law.

(44) Die Erfüllung gemeinwirtschaftlicher Verpflichtungen ist eine grundlegende Anforderung dieser Richtlinie, und es ist wichtig, dass in dieser Richtlinie von allen Mitgliedstaaten einzuhaltende gemeinsame Mindestnormen festgelegt werden, die den Zielen des Verbraucherschutzes, der Versorgungssicherheit, des Umweltschutzes und einer gleichwertigen Wettbewerbsintensität in allen Mitgliedstaaten Rechnung tragen. Gemeinwirtschaftliche Verpflichtungen müssen unter Berücksichtigung der einzelstaatlichen Gegebenheiten aus nationaler Sicht ausgelegt werden können, wobei das Gemeinschaftsrecht einzuhalten ist.

(45) It should be possible for measures implemented by Member States to achieve the objectives of social and economic cohesion to include, in particular, the provision of adequate economic incentives, using, where appro-

(45) Die von den Mitgliedstaaten zur Erreichung der Ziele des sozialen und wirtschaftlichen Zusammenhalts ergriffenen Maßnahmen können insbesondere die Schaffung geeigneter wirtschaftlicher Anreize, gegebenenfalls

priate, all existing national and Community tools. It should be possible for such tools to include liability mechanisms to guarantee the necessary investment.

unter Einsatz aller auf nationaler Ebene oder Gemeinschaftsebene vorhandenen Instrumente, umfassen. Zu diesen Instrumenten können auch Haftungsregelungen zur Absicherung der erforderlichen Investitionen zählen.

(46) To the extent to which measures taken by Member States to fulfil public service obligations constitute State aid under Article 87(1) of the Treaty, there is an obligation under Article 88(3) of the Treaty to notify them to the Commission.

(46) Soweit die von den Mitgliedstaaten zur Erfüllung gemeinwirtschaftlicher Verpflichtungen getroffenen Maßnahmen staatliche Beihilfen nach Artikel 87 Absatz 1 des Vertrags darstellen, sind sie der Kommission gemäß Artikel 88 Absatz 3 des Vertrags mitzuteilen.

(47) The public service requirements and the common minimum standards that follow from them need to be further strengthened to make sure that all consumers, especially vulnerable ones, can benefit from competition and fair prices. The public service requirements should be defined at national level, taking into account national circumstances; Community law should, however, be respected by the Member States. The citizens of the Union and, where Member States deem it to be appropriate, small enterprises, should be able to enjoy public service obligations, in particular with regard to security of supply and reasonable tariffs. A key aspect in supplying customers is access to objective and transparent consumption data. Thus, consumers should have access to their consumption data and associated prices and services costs so that they can invite

(47) Die gemeinwirtschaftlichen Verpflichtungen und die sich daraus ergebenden gemeinsamen Mindeststandards müssen weiter gestärkt werden, damit sichergestellt werden kann, dass die Vorteile des Wettbewerbs und gerechter Preise allen Verbrauchern, und insbesondere schutzbedürftigen Verbrauchern, zugute kommen. Die gemeinwirtschaftlichen Verpflichtungen sollten auf nationaler Ebene, unter Berücksichtigung der nationalen Bedingungen, festgelegt werden; das Gemeinschaftsrecht sollte jedoch von den Mitgliedstaaten beachtet werden. Die Bürger der Union und, soweit die Mitgliedstaaten dies für angezeigt halten, die Kleinunternehmen sollten sich gerade hinsichtlich der Versorgungssicherheit und der Angemessenheit der Tarifsätze darauf verlassen können, dass die gemeinwirtschaftlichen Verpflichtungen erfüllt werden. Ein zen-

competitors to make an offer based on those data. Consumers should also have the right to be properly informed about their energy consumption. Prepayments should reflect the likely consumption of natural gas and different payment systems should be non-discriminatory. Information on energy costs provided to consumers frequently enough will create incentives for energy savings because it will give customers direct feedback on the effects of investment in energy efficiency and change of behaviour.

traler Aspekt in der Versorgung der Verbraucher ist der Zugang zu objektiven und transparenten Verbrauchsdaten. Deshalb sollten die Verbraucher Zugang zu ihren Verbrauchsdaten und den damit verbundenen Preisen und Dienstleistungskosten haben, so dass sie die Wettbewerber auffordern können, ein Angebot auf der Grundlage dieser Daten zu unterbreiten. Auch sollten die Verbraucher Anspruch darauf haben, in angemessener Form über ihren Energieverbrauch informiert zu werden. Vorauszahlungen sollten sich nach dem wahrscheinlichen Erdgasverbrauch richten, und die unterschiedlichen Zahlungssysteme sollten nichtdiskriminierend sein. Sofern die Verbraucher ausreichend häufig über die Energiekosten informiert werden, schafft dies Anreize für Energieeinsparungen, da die Kunden auf diese Weise eine direkte Rückmeldung über die Auswirkungen der Investitionen in die Energieeffizienz und der Verhaltensänderungen erhalten.

(48) Consumer interests should be at the heart of this Directive and quality of service should be a central responsibility of natural gas undertakings. Existing rights of consumers need to be strengthened and guaranteed, and should include greater transparency. Consumer protection should ensure that all consumers in the wider remit of the Community benefit from a competitive market. Consumer rights should be enforced by Member States

(48) Im Mittelpunkt dieser Richtlinie sollten die Belange der Verbraucher stehen, und die Gewährleistung der Dienstleistungsqualität sollte zentraler Bestandteil der Aufgaben von Erdgasunternehmen sein. Die bestehenden Verbraucherrechte müssen gestärkt und abgesichert werden und sollten auch auf mehr Transparenz ausgerichtet sein. Durch den Verbraucherschutz sollte sichergestellt werden, dass allen Kunden im größeren Kontext der Ge-

or, where a Member State has so provided, the regulatory authorities.

meinschaft die Vorzüge eines Wettbewerbsmarktes zugute kommen. Die Rechte der Verbraucher sollten von den Mitgliedstaaten oder, sofern ein Mitgliedstaat dies vorgesehen hat, von den Regulierungsbehörden durchgesetzt werden.

(49) Clear and comprehensible information should be made available to consumers concerning their rights in relation to the energy sector. The Commission should establish, after consulting relevant stakeholders including Member States, national regulatory authorities, consumer organisations and natural gas undertakings, an accessible, user-friendly energy consumer checklist providing consumers with practical information about their rights. That energy consumer checklist should be provided to all consumers and should be made publicly available.

(49) Die Verbraucher sollten klar und verständlich über ihre Rechte gegenüber dem Energiesektor informiert werden. Die Kommission sollte nach Absprache mit den relevanten Interessenträgern, einschließlich der Mitgliedstaaten, der nationalen Regulierungsbehörden, der Verbraucherorganisationen und der Erdgasunternehmen, eine verständliche, benutzerfreundliche Checkliste für Energieverbraucher erstellen, die praktische Informationen für die Verbraucher über ihre Rechte enthält. Diese Checkliste für Energieverbraucher sollte allen Verbrauchern zur Verfügung gestellt und öffentlich zugänglich gemacht werden.

(50) Energy poverty is a growing problem in the Community. Member States which are affected and which have not yet done so should, therefore, develop national action plans or other appropriate frameworks to tackle energy poverty, aiming at decreasing the number of people suffering such situation. In any event, Member States should ensure the necessary energy supply for vulnerable customers. In doing so, an integrated approach, such as in the framework of social policy,

(50) Die Energiearmut wird in der Gemeinschaft zu einem immer größeren Problem. Mitgliedstaaten, die davon betroffen sind, sollten deshalb, falls dies noch nicht geschehen ist, nationale Aktionspläne oder einen anderen geeigneten Rahmen zur Bekämpfung der Energiearmut schaffen, die zum Ziel haben, die Zahl der darunter leidenden Menschen zu verringern. Die Mitgliedstaaten sollten in jedem Fall eine ausreichende Energieversorgung für schutzbedürftige Kunden ge-

could be used and measures could include social policies or energy efficiency improvements for housing. At the very least, this Directive should allow national policies in favour of vulnerable customers.

währleisten. Dazu könnte auf ein umfassendes Gesamtkonzept, beispielsweise im Rahmen der Sozialpolitik, zurückgegriffen werden, und es könnten sozialpolitische Maßnahmen oder Maßnahmen zur Verbesserung der Energieeffizienz von Wohngebäuden getroffen werden. Zuallermindest sollte mit dieser Richtlinie die Möglichkeit dafür geschaffen werden, dass schutzbedürftige Kunden durch politische Maßnahmen auf nationaler Ebene begünstigt werden.

(51) Greater consumer protection is guaranteed by the availability of effective means of dispute settlement for all consumers. Member States should introduce speedy and effective complaint handling procedures.

(51) Ein besserer Verbraucherschutz ist gewährleistet, wenn für alle Verbraucher ein Zugang zu wirksamen Streitbeilegungsverfahren besteht. Die Mitgliedstaaten sollten Verfahren zur schnellen und wirksamen Behandlung von Beschwerden einrichten.

(52) It should be possible to base the introduction of intelligent metering systems on an economic assessment. Should that assessment conclude that the introduction of such metering systems is economically reasonable and cost-effective only for consumers with a certain amount of gas consumption, Member States should be able to take this into account when implementing intelligent metering systems.

(52) Die Einführung intelligenter Messsysteme sollte nach wirtschaftlichen Erwägungen erfolgen können. Führen diese Erwägungen zu dem Schluss, dass die Einführung solcher Messsysteme nur im Fall von Verbrauchern mit einem bestimmten Mindestverbrauch an Erdgas wirtschaftlich vernünftig und kostengünstig ist, sollten die Mitgliedstaaten die Möglichkeit haben, dies bei der Einführung intelligenter Messsysteme zu berücksichtigen.

(53) Market prices should give the right incentives for the development of the network.

(53) Mit den Marktpreisen sollten die richtigen Impulse für den Ausbau des Netzes gesetzt werden.

(54) Promoting fair competition and easy access for different suppliers should be of the utmost importance for Member States in order to allow consumers to take full advantage of the opportunities of a liberalised internal market in natural gas.

(54) Für die Mitgliedstaaten sollte es oberste Priorität haben, den fairen Wettbewerb und einen freien Marktzugang für die einzelnen Versorger zu fördern, damit die Verbraucher die Vorzüge eines liberalisierten Erdgasbinnenmarkts im vollen Umfang nutzen können.

(55) In order to contribute to security of supply whilst maintaining a spirit of solidarity between Member States, notably in the event of an energy supply crisis, it is important to provide a framework for regional cooperation in a spirit of solidarity. Such cooperation may rely, if Member States so decide, first and foremost on market-based mechanisms. Cooperation for the promotion of regional and bilateral solidarity should not impose a disproportionate burden on or discriminate between market participants.

(55) Zur Erhöhung der Versorgungssicherheit und im Geiste der Solidarität zwischen den Mitgliedstaaten, insbesondere im Fall einer Energieversorgungskrise, ist es wichtig, im Geiste der Solidarität einen Rahmen für eine regionale Kooperation zu schaffen. Bei dieser Kooperation kann, falls die Mitgliedstaaten dies beschließen, in allererster Linie auf marktbasierte Mechanismen zurückgegriffen werden. mit dem Ziel, die regionale und bilaterale Solidarität zu fördern. Durch die Kooperation mit dem Ziel, die regionale und bilaterale Solidarität zu fördern sollte den Marktteilnehmern kein unverhältnismäßig hoher Verwaltungsaufwand auferlegt werden, und sie sollten nicht diskriminiert werden.

(56) With a view to creating an internal market in natural gas, Member States should foster the integration of their national markets and the cooperation of system operators at Community and regional level, also incorporating the isolated systems forming gas islands that persist in the Community.

(56) Zur Schaffung des Erdgasbinnenmarktes sollten die Mitgliedstaaten die Integration ihrer nationalen Märkte und die Zusammenarbeit der Netzbetreiber auf Gemeinschafts- und regionaler Ebene fördern, die auch die nach wie vor in der Gemeinschaft bestehenden, isolierte „Erdgasinseln“ bildenden Netze umfasst.

(57) The development of a true internal market in natural gas, through a network connected across the Community, should be one of the main goals of this Directive and regulatory issues on cross border interconnections and regional markets should, therefore, be one of the main tasks of the regulatory authorities, in close cooperation with the Agency where relevant.

(57) Eines der Hauptziele dieser Richtlinie sollte der Aufbau eines wirklichen Erdgasbinnenmarktes durch ein in der ganzen Gemeinschaft verbundenes Netz sein, und demnach sollten Regulierungsangelegenheiten, die grenzüberschreitende Verbindungsleitungen oder regionale Märkte betreffen, eine der Hauptaufgaben der Regulierungsbehörden sein, die sie gegebenenfalls in enger Zusammenarbeit mit der zuständigen Agentur wahrnehmen.

(58) Securing common rules for a true internal market and a broad supply of gas should also be one of the main goals of this Directive. To that end, undistorted market prices would provide an incentive for cross-border interconnections while leading, in the long term, to price convergence.

(58) Auch die Sicherstellung gemeinsamer Regeln für einen wirklichen Binnenmarkt und eine umfassende Gasversorgung sollten zu den zentralen Zielen dieser Richtlinie gehören. Unverzerrte Marktpreise bieten in diesem Zusammenhang einen Anreiz für den Aufbau grenzüberschreitender Verbindungsleitungen, und sie werden langfristig konvergierende Preise bewirken.

(59) The regulatory authorities should also provide information on the market to permit the Commission to exercise its role of observing and monitoring the internal market in natural gas and its short, medium and long-term evolution, including aspects such as supply and demand, transmission and distribution infrastructure, quality of service, cross-border trade, congestion management, investments, wholesale and consumer prices, market liquidity and environmental and efficiency improvements. National regulatory au-

(59) Die Regulierungsbehörden sollten dem Markt Informationen zur Verfügung stellen, auch um es der Kommission zu ermöglichen, ihre Funk tion der Beobachtung und Überwachung des Gasbinnenmarktes und seiner kurz-, mittel- und langfristigen Entwicklung – einschließlich solcher Aspekte wie Angebot und Nachfrage, Fernleitungs- und Verteilungsinfrastrukturen, Dienstleistungsqualität, grenzüberschreitender Handel, Engpassmanagement, Investitionen, Großhandels- und Verbraucherpreise,

thorities should report to the competition authorities and the Commission those Member States in which prices impair competition and proper functioning of the market.

Marktliquidität, ökologische Verbesserungen und Effizienzsteigerungen – wahrzunehmen. Die nationalen Regulierungsbehörden sollten den Wettbewerbsbehörden und der Kommission melden, in welchen Mitgliedstaaten die Preise den Wettbewerb und das ordnungsgemäße Funktionieren des Marktes beeinträchtigen.

(60) Since the objective of this Directive, namely the creation of a fully operational internal market in natural gas, cannot be sufficiently achieved by the Member States and can therefore be better achieved at Community level, the Community may adopt measures, in accordance with the principle of subsidiarity as set out in Article 5 of the Treaty. In accordance with the principle of proportionality, as set out in that Article, this Directive does not go beyond what is necessary in order to achieve that objective.

(60) Da das Ziel dieser Richtlinie, nämlich die Schaffung eines voll funktionierenden Erdgasbinnenmarktes, auf Ebene der Mitgliedstaaten nicht ausreichend verwirklicht werden kann und daher besser auf Gemeinschaftsebene zu verwirklichen ist, kann die Gemeinschaft im Einklang mit dem in Artikel 5 des Vertrags niedergelegten Subsidiaritätsprinzip tätig werden. Entsprechend dem in demselben Artikel genannten Grundsatz der Verhältnismäßigkeit geht diese Richtlinie nicht über das für die Erreichung dieses Ziels erforderliche Maß hinaus.

(61) Under Regulation (EC) No 715/2009 of the European Parliament and of the Council of 13 July 2009 on conditions for access to the natural gas transmission networks, the Commission may adopt Guidelines to achieve the necessary degree of harmonisation. Such Guidelines, which constitute binding implementing measures, are, also with regard to certain provisions of this Directive, a useful tool which can be adapted quickly where necessary.

(61) Gemäß der Verordnung (EG) Nr. 715/2009 des Europäischen Parlaments und des Rates vom 13. Juli 2009 über die Bedingungen für den Zugang zu den Erdgasfernleitungsnetzen kann die Kommission Leitlinien erlassen, um das erforderliche Maß an Harmonisierung zu bewirken. Solche Leitlinien, bei denen es sich um bindende Durchführungsmaßnahmen handelt, sind, auch im Hinblick auf bestimmte Bestimmungen der Richtlinie, ein nützliches Instrument, das im Bedarfs-

fall rasch angepasst werden kann.

(62) The measures necessary for the implementation of this Directive should be adopted in accordance with Council Decision 1999/468/EC of 28 June 1999 laying down the procedures for the exercise of implementing powers conferred on the Commission.[14]

(62) Die zur Durchführung dieser Richtlinie erforderlichen Maßnahmen sollten gemäß dem Beschluss 1999/468/EG des Rates vom 28. Juni 1999 zur Festlegung der Modalitäten für die Ausübung der der Kommission[14] übertragenen Durchführungsbefugnisse erlassen werden.

(63) In particular, the Commission should be empowered to adopt the Guidelines necessary for providing the minimum degree of harmonisation required to achieve the aim of this Directive. Since those measures are of general scope and are designed to amend non-essential elements of this Directive, by supplementing it with new non-essential elements, they must be adopted in accordance with the regulatory procedure with scrutiny provided for in Article 5a of Decision 1999/468/EC.

(63) Insbesondere sollte die Kommission die Befugnis erhalten, die Leitlinien zu erlassen, die notwendig sind, um das zur Verwirklichung des Ziels dieser Richtlinie erforderliche Mindestmaß an Harmonisierung zu gewährleisten. Da es sich hierbei um Maßnahmen von allgemeiner Tragweite handelt, die eine Änderung nicht wesentlicher Bestimmungen dieser Richtlinie durch Ergänzung um neue nicht wesentliche Bestimmungen bewirken, sind diese Maßnahmen nach dem Regelungsverfahren mit Kontrolle des Artikels 5a des Beschlusses 1999/468/EG zu erlassen.

(64) In accordance with point 34 of the Interinstitutional Agreement on better law-making,[15] Member States are encouraged to draw up, for themselves and in the interest of the Community, their own tables, illustrating, as far as possible, the correlation between this Directive and the transposition meas-

(64) Nach Nummer 34 der Interinstitutionellen Vereinbarung über bessere Rechtsetzung[15] sind die Mitgliedstaaten aufgefordert, für ihre eigenen Zwecke und im Interesse der Gemeinschaft eigene Tabellen aufzustellen, aus denen im Rahmen des Möglichen die Entsprechungen zwischen dieser

[14] OJ L 184, 17.7.1999, p. 23.
[15] OJ C 321, 31.12.2003, p. 1.

[14] ABl. L 184 vom 17.7.1999, S. 23.
[15] ABl. C 321 vom 31.12.2003, S. 1.

ures, and to make them public.

Richtlinie und den Umsetzungsmaßnahmen zu entnehmen sind, und diese zu veröffentlichen.

(65) Given the scope of the amendments made to Directive 2003/55/EC herein, it is desirable, for reasons of clarity and rationalisation, that the provisions in question should be recast by bringing them all together in a single text in a new Directive.

(65) Wegen des Umfangs der durch den vorliegenden Rechtsakt an der Richtlinie 2003/55/EG vorgenommenen Änderungen sollten die betreffenden Bestimmungen aus Gründen der Klarheit und der Vereinfachung in einem einzigen Text in einer neuen Richtlinie neu gefasst werden.

(66) This Directive respects the fundamental rights, and observes the principles, recognised in particular by the Charter of Fundamental Rights of the European Union,

(66) Die vorliegende Richtlinie respektiert die grundlegenden Rechte und beachtet die insbesondere in der Charta der Grundrechte der Europäischen Union verankerten Grundsätze –

HAVE ADOPTED THIS DIRECTIVE:

HABEN FOLGENDE RICHTLINIE ERLASSEN:

CHAPTER I
Subject matter, scope and definitions

KAPITEL I
Gegenstand, Anwendungsbereich und Begriffsbestimmungen

Article 1
Subject matter and scope

Artikel 1
Gegenstand und Anwendungsbereich

1. This Directive establishes common rules for the transmission, distribution, supply and storage of natural gas. It lays down the rules relating to the organisation and functioning of the natural gas sector, access to the market, the criteria and procedures applicable to the granting of authorisations for transmission, distribution, supply and storage of natural gas and the opera-

(1) Mit dieser Richtlinie werden gemeinsame Vorschriften für die Fernleitung, die Verteilung, die Lieferung und die Speicherung von Erdgas erlassen. Die Richtlinie regelt die Organisation und Funktionsweise des Erdgassektors, den Marktzugang, die Kriterien und Verfahren für die Erteilung von Fernleitungs-, Verteilungs-, Liefer- und Speichergenehmigungen für

tion of systems.

Erdgas sowie den Betrieb der Netze.

2. The rules established by this Directive for natural gas, including LNG, shall also apply in a non-discriminatory way to biogas and gas from biomass or other types of gas in so far as such gases can technically and safely be injected into, and transported through, the natural gas system.

(2) Die mit dieser Richtlinie erlassenen Vorschriften für Erdgas, einschließlich verflüssigtem Erdgas (LNG), gelten auch in nichtdiskriminierender Weise für Biogas und Gas aus Biomasse oder anderen Gasarten, soweit es technisch und ohne Beeinträchtigung der Sicherheit möglich ist, diese Gase in das Erdgasnetz einzuspeisen und durch dieses Netz zu transportieren.

Article 2
Definitions

Artikel 2
Begriffsbestimmungen

For the purposes of this Directive, the following definitions apply:

Im Sinne dieser Richtlinie bezeichnet der Ausdruck

(1) 'natural gas undertaking' means a natural or legal person carrying out at least one of the following functions: production, transmission, distribution, supply, purchase or storage of natural gas, including LNG, which is responsible for the commercial, technical and/or maintenance tasks related to those functions, but shall not include final customers;

1. „Erdgasunternehmen" eine natürliche oder juristische Person, die mindestens eine der Funktionen Gewinnung, Fernleitung, Verteilung, Lieferung, Kauf oder Speicherung von Erdgas, einschließlich verflüssigtem Erdgas, wahrnimmt und die kommerzielle, technische und/oder wartungsbezogene Aufgaben im Zusammenhang mit diesen Funktionen erfüllt, mit Ausnahme der Endkunden;

(2) 'upstream pipeline network' means any pipeline or network of pipelines operated and/or constructed as part of an oil or gas production project, or used to convey natural gas from one or more such projects to a processing plant or terminal or final coastal landing terminal;

2. „vorgelagertes Rohrleitungsnetz" Rohrleitungen oder ein Netz von Rohrleitungen, deren Betrieb und/oder Bau Teil eines Öl- oder Gasgewinnungsvorhabens ist oder die dazu verwendet werden, Erdgas von einer oder mehreren solcher Anlagen zu einer Aufbereitungsanlage, zu einem Terminal oder

zu einem an der Küste gelegenen Endanlandeterminal zu leiten;

(3) 'transmission' means the transport of natural gas through a network, which mainly contains high-pressure pipelines, other than an upstream pipeline network and other than the part of high-pressure pipelines primarily used in the context of local distribution of natural gas, with a view to its delivery to customers, but not including supply;

3. „Fernleitung" den Transport von Erdgas durch ein hauptsächlich Hochdruckfernleitungen umfassendes Netz, mit Ausnahme von vorgelagerten Rohrleitungsnetzen und des in erster Linie im Zusammenhang mit der lokalen Erdgasverteilung benutzten Teils von Hochdruckfernleitungen, zum Zweck der Belieferung von Kunden, jedoch mit Ausnahme der Versorgung;

(4) 'transmission system operator' means a natural or legal person who carries out the function of transmission and is responsible for operating, ensuring the maintenance of, and, if necessary, developing the transmission system in a given area and, where applicable, its interconnections with other systems, and for ensuring the long-term ability of the system to meet reasonable demands for the transport of gas;

4. „Fernleitungsnetzbetreiber" eine natürliche oder juristische Person, die die Funktion der Fernleitung wahrnimmt und verantwortlich ist für den Betrieb, die Wartung sowie erforderlichenfalls den Ausbau des Fernleitungsnetzes in einem bestimmten Gebiet und gegebenenfalls der Verbindungsleitungen zu anderen Netzen sowie für die Sicherstellung der langfristigen Fähigkeit des Netzes, eine angemessene Nachfrage nach Transport von Gas zu befriedigen;

(5) 'distribution' means the transport of natural gas through local or regional pipeline networks with a view to its delivery to customers, but not including supply;

5. „Verteilung" den Transport von Erdgas über örtliche oder regionale Leitungsnetze zum Zweck der Belieferung von Kunden, jedoch mit Ausnahme der Versorgung;

(6) 'distribution system operator' means a natural or legal person who carries out the function of distribution and is responsible for operating, ensuring the maintenance of, and, if necessary, developing the distribution system in a given area and, where applicable, its interconnections with other systems, and for ensuring the long-term ability of the system to meet reasonable demands for the distribution of gas;

6. „Verteilernetzbetreiber" eine natürliche oder juristische Person, die die Funktion der Verteilung wahrnimmt und verantwortlich ist für den Betrieb, die Wartung sowie erforderlichenfalls den Ausbau des Verteilernetzes in einem bestimmten Gebiet und gegebenenfalls der Verbindungsleitungen zu anderen Netzen sowie für die Sicherstellung der langfristigen Fähigkeit des Netzes, eine angemessene Nachfrage nach Verteilung von Gas zu befriedigen;

(7) 'supply' means the sale, including resale, of natural gas, including LNG, to customers;

7. „Versorgung" (bzw. „Lieferung") den Verkauf einschließlich des Weiterverkaufs von Erdgas, einschließlich verflüssigtem Erdgas, an Kunden;

(8) 'supply undertaking' means any natural or legal person who carries out the function of supply;

8. „Versorgungsunternehmen" eine natürliche oder juristische Person, die die Funktion der Versorgung wahrnimmt;

(9) 'storage facility' means a facility used for the stocking of natural gas and owned and/or operated by a natural gas undertaking, including the part of LNG facilities used for storage but excluding the portion used for production operations, and excluding facilities reserved exclusively for transmission system operators in carrying out their functions;

9. „Speicheranlage" eine einem Erdgasunternehmen gehörende und/oder von ihm betriebene Anlage zur Speicherung von Erdgas, einschließlich des zu Speicherzwecken genutzten Teils von LNG-Anlagen, jedoch mit Ausnahme des Teils, der für eine Gewinnungstätigkeit genutzt wird; ausgenommen sind auch Einrichtungen, die ausschließlich Fernleitungsnetzbetreibern bei der Wahrnehmung ihrer Funktionen vorbehalten sind;

(10) 'storage system operator' means a natural or legal person who carries out

10. „Betreiber einer Speicheranlage" eine natürliche oder juristische Person,

the function of storage and is responsible for operating a storage facility;

die die Funktion der Speicherung wahrnimmt und für den Betrieb einer Speicheranlage verantwortlich ist;

(11) 'LNG facility' means a terminal which is used for the liquefaction of natural gas or the importation, offloading, and re-gasification of LNG, and includes ancillary services and temporary storage necessary for the re-gasification process and subsequent delivery to the transmission system, but does not include any part of LNG terminals used for storage;

11. „LNG-Anlage“ eine Kopfstation zur Verflüssigung von Erdgas oder zur Einfuhr, Entladung und Wiederverdampfung von verflüssigtem Erdgas; darin eingeschlossen sind Hilfsdienste und die vorübergehende Speicherung, die für die Wiederverdampfung und die anschließende Einspeisung in das Fernleitungsnetz erforderlich sind, jedoch nicht die zu Speicherzwecken genutzten Teile von LNG-Kopfstationen;

(12) 'LNG system operator' means a natural or legal person who carries out the function of liquefaction of natural gas, or the importation, offloading, and re-gasification of LNG and is responsible for operating a LNG facility;

12. „Betreiber einer LNG-Anlage“ eine natürliche oder juristische Person, die die Funktion der Verflüssigung von Erdgas oder der Einfuhr, Entladung und Wiederverdampfung von verflüssigtem Erdgas wahrnimmt und für den Betrieb einer LNG-Anlage verantwortlich ist;

(13) 'system' means any transmission networks, distribution networks, LNG facilities and/or storage facilities owned and/or operated by a natural gas undertaking, including linepack and its facilities supplying ancillary services and those of related undertakings necessary for providing access to transmission, distribution and LNG;

13. „Netz“ alle Fernleitungsnetze, Verteilernetze, LNG-Anlagen und/oder Speicheranlagen, die einem Erdgasunternehmen gehören und/oder von ihm betrieben werden, einschließlich Netzpufferung und seiner Anlagen, die zu Hilfsdiensten genutzt werden, und der Anlagen verbundener Unternehmen, die für den Zugang zur Fernleitung, zur Verteilung und zu LNG-Anlagen erforderlich sind;

(14) 'ancillary services' means all services necessary for access to and the operation of transmission networks, distribution networks, LNG facilities, and/or storage facilities, including load balancing, blending and injection of inert gases, but not including facilities reserved exclusively for transmission system operators carrying out their functions;

14. „Hilfsdienste" sämtliche für den Zugang zu und den Betrieb von Fernleitungsnetzen, Verteilernetzen, LNG-Anlagen und/oder Speicheranlagen erforderlichen Dienste und Einrichtungen, einschließlich Lastausgleichs-, Mischungs- und Inertgaseinblasanlagen, jedoch mit Ausnahme von Anlagen, die ausschließlich Fernleitungsnetzbetreibern für die Wahrnehmung ihrer Aufgaben vorbehalten sind;

(15) 'linepack' means the storage of gas by compression in gas transmission and distribution systems, but not including facilities reserved for transmission system operators carrying out their functions;

15. „Netzpufferung" die Speicherung von Gas durch Verdichtung in Erdgasfernleitungs- und Erdgasverteilernetzen; ausgenommen sind Einrichtungen, die Fernleitungsnetzbetreibern bei der Wahrnehmung ihrer Funktionen vorbehalten sind;

(16) 'interconnected system' means a number of systems which are linked with each other;

16. „Verbundnetz" eine Anzahl von Netzen, die miteinander verbunden sind;

(17) 'interconnector' means a transmission line which crosses or spans a border between Member States for the sole purpose of connecting the national transmission systems of those Member States;

17. „Verbindungsleitung" eine Fernleitung, die eine Grenze zwischen Mitgliedstaaten quert oder überspannt und einzig dem Zweck dient, die nationalen Fernleitungsnetze dieser Mitgliedstaaten zu verbinden;

(18) 'direct line' means a natural gas pipeline complementary to the interconnected system;

18. „Direktleitung" eine zusätzlich zum Verbundnetz errichtete Erdgasleitung;

(19) 'integrated natural gas undertaking' means a vertically or horizontally integrated undertaking;

19. „integriertes Erdgasunternehmen" ein vertikal oder horizontal integriertes Unternehmen;

(20) 'vertically integrated undertaking' means a natural gas undertaking or a group of natural gas undertakings where the same person or the same persons are entitled, directly or indirectly, to exercise control, and where the undertaking or group of undertakings perform at least one of the functions of transmission, distribution, LNG or storage, and at least one of the functions of production or supply of natural gas;

20. „vertikal integriertes Unternehmen" ein Erdgasunternehmen oder eine Gruppe von Unternehmen, in der ein und dieselbe(n) Person(en) berechtigt ist (sind), direkt oder indirekt Kontrolle auszuüben, wobei das betreffende Unternehmen bzw. die betreffende Gruppe von Unternehmen mindestens eine der Funktionen Fernleitung, Verteilung, LNG oder Speicherung und mindestens eine der Funktionen Gewinnung oder Lieferung von Erdgas wahrnimmt;

(21) 'horizontally integrated undertaking' means an undertaking performing at least one of the functions of production, transmission, distribution, supply or storage of natural gas, and a non-gas activity;

21. „horizontal integriertes Unternehmen" ein Unternehmen, das mindestens eine der Funktionen Gewinnung, Fernleitung, Verteilung, Lieferung oder Speicherung von Erdgas wahrnimmt und das außerdem eine weitere Tätigkeit außerhalb des Gasbereichs ausübt;

(22) 'related undertaking' means an affiliated undertaking, within the meaning of Article 41 of Seventh Council Directive 83/349/EEC of 13 June 1983 based on the Article 44(2)(g)[16] of the Treaty on consolidated accounts[17] and/or an associated

22. „verbundenes Unternehmen" ein verbundenes Unternehmen im Sinne von Artikel 41 der Siebenten Richtlinie 83/349/EWG des Rates vom 13. Juni 1983 aufgrund von Artikel 44 Absatz 2 Buchstabe g[16] des Vertrags über den konsolidierten Abschluss[17],

[16] The title of Directive 83/349/EEC has been adjusted to take accountof the renumbering of the Articles of the Treaty establishing the European Community in accordance with Article 12 of the Treaty of Amsterdam; the original reference was to Article 54(3)(g).

[17] OJ L 193, 18.7.1983, p. 1.

[16] Der Titel der Richtlinie 83/349/EWG wurde angepasst, um der gemäß Artikel 12 des Vertrags von Amsterdam vorgenommenen Umnummerierung des Vertrags zur Gründung der Europäischen Gemeinschaft Rechnung zu tragen; die ursprüngliche Bezugnahme betraf Artikel 54 Absatz 3 Buchstabe g.

[17] ABl. L 139 vom 18.7.1983, S. 1.

undertaking, within the meaning of Article 33(1) of that Directive, and/or an undertaking which belong to the same shareholders;

und/oder ein assoziiertes Unternehmen im Sinne von Artikel 33 Absatz 1 jener Richtlinie und/oder Unternehmen, die denselben Aktionären gehören;

(23) 'system user' means a natural or legal person supplying to, or being supplied by, the system;

23. „Netzbenutzer" eine natürliche oder juristische Person, die in das Netz einspeist oder daraus versorgt wird;

(24) 'customer' means a wholesale or final customer of natural gas or a natural gas undertaking which purchases natural gas;

24. „Kunde" einen Erdgasgroßhändler, -endkunde oder -unternehmen, der Erdgas kauft;

(25) 'household customer' means a customer purchasing natural gas for his own household consumption;

25. „Haushaltskunde" einen Kunde, der Erdgas für den Eigenverbrauch im Haushalt kauft;

(26) 'non-household customer' means a customer purchasing natural gas which is not for his own household use;

26. „Nichthaushaltskunde" einen Kunde, der Erdgas für andere Zwecke als den Eigenverbrauch im Haushalt kauft;

(27) 'final customer' means a customer purchasing natural gas for his own use;

27. „Endkunde" einen Kunde, der Erdgas für den Eigenbedarf kauft;

(28) 'eligible customer' means a customer who is free to purchase gas from the supplier of his choice, within the meaning of Article 37;

28. „zugelassener Kunde" einen Kunde, dem es gemäß Artikel 36 frei steht, Gas von einem Lieferanten seiner Wahl zu kaufen;

(29) 'wholesale customer' means a natural or legal person other than a transmission system operator or distribution system operator who purchases natural gas for the purpose of resale inside or outside the system where he is established;

29. „Großhändler" eine natürliche und juristische Person mit Ausnahme von Fernleitungs- und Verteilernetzbetreibern, die Erdgas zum Zweck des Weiterverkaufs innerhalb oder außerhalb des Netzes, in dem sie ansässig ist, kauft;

(30) 'long-term planning' means the planning of supply and transport capacity of natural gas undertakings on a long-term basis with a view to meeting the demand for natural gas of the system, diversification of sources and securing supplies to customers;

(31) 'emergent market' means a Member State in which the first commercial supply of its first long-term natural gas supply contract was made not more than 10 years earlier;

(32) 'security' means both security of supply of natural gas and technical safety;

(33) 'new infrastructure' means an infrastructure not completed by 4 August 2003;

(34) 'gas supply contract' means a contract for the supply of natural gas, but does not include a gas derivative;

(35) 'gas derivative' means a financial instrument specified in points 5, 6 or 7 of Section C of Annex I to Directive 2004/39/EC of the European Parliament and of the Council of 21 April 2004 on markets in financial instruments[18], where that instrument relates to natural gas;

[18] OJ L 145, 30.4.2004, p. 1.

30. „langfristige Planung“ die langfristige Planung der Versorgungs- und Transportkapazität von Erdgasunternehmen zur Deckung der Erdgasnachfrage des Netzes, zur Diversifizierung der Versorgungsquellen und zur Sicherung der Versorgung der Kunden;

31. „entstehender Markt“ einen Mitgliedstaat, in dem die erste kommerzielle Lieferung aufgrund seines ersten langfristigen Erdgasliefervertrags nicht mehr als zehn Jahre zurückliegt;

32. „Sicherheit“ sowohl die Sicherheit der Versorgung mit Erdgas als auch die Betriebssicherheit;

33. „neue Infrastruktur“ eine Infrastruktur, die bis 4. August 2003 nicht fertig gestellt worden ist;

34. „Gasversorgungsvertrag“ einen Vertrag über die Lieferung von Erdgas, mit Ausnahme von Gasderivaten;

35. „Gasderivat“ ein in Abschnitt C Nummern 5, 6 oder 7 des Anhangs I der Richtlinie 2004/39/EG des Europäischen Parlaments und des Rates vom 21. April 2004 über Märkte für Finanzinstrumente genanntes Finanzinstrument[18], sofern dieses Instrument Erdgas betrifft;

[18] ABl. L 145 vom 30.4.2004, S. 1.

(36) 'control' means any rights, contracts or any other means which, either separately or in combination and having regard to the considerations of fact or law involved, confer the possibility of exercising decisive influence on an undertaking, in particular by:

(a) ownership or the right to use all or part of the assets of an undertaking;

(b) rights or contracts which confer decisive influence on the composition, voting or decisions of the organs of an undertaking.

36. „Kontrolle" Rechte, Verträge oder andere Mittel, die einzeln oder zusammen unter Berücksichtigung aller tatsächlichen oder rechtlichen Umstände die Möglichkeit gewähren, einen bestimmenden Einfluss auf die Tätigkeit eines Unternehmens auszuüben, insbesondere durch

a) Eigentums- oder Nutzungsrechte an der Gesamtheit oder an Teilen des Vermögens des Unternehmens;

b) Rechte oder Verträge, die einen bestimmenden Einfluss auf die Zusammensetzung, die Beratungen oder Beschlüsse der Organe des Unternehmens gewähren.

CHAPTER II
General rules for the organisation of the sector

Article 3
Public service obligations and customer protection

1. Member States shall ensure, on the basis of their institutional organisation and with due regard to the principle of subsidiarity, that, without prejudice to paragraph 2, natural gas undertakings are operated in accordance with the principles of this Directive with a view to achieving a competitive, secure and environmentally sustainable market in natural gas, and shall not discriminate between those undertakings as regards their rights or obligations.

KAPITEL II
Allgemeine Vorschriften für die Organisation des Sektors

Artikel 3
Gemeinwirtschaftliche Verpflichtungen und Schutz der Kunden

(1) Die Mitgliedstaaten gewährleisten entsprechend ihrem institutionellen Aufbau und unter Beachtung des Subsidiaritätsprinzips, dass Erdgasunternehmen unbeschadet des Absatzes 2 nach den in dieser Richtlinie festgelegten Grundsätzen und im Hinblick auf die Errichtung eines wettbewerbsbestimmten, sicheren und unter ökologischen Aspekten nachhaltigen Erdgasmarkts betrieben werden und dass diese Unternehmen hinsichtlich der Rech-

te und Pflichten nicht diskriminiert werden.

2. Having full regard to the relevant provisions of the Treaty, in particular Article 86 thereof, Member States may impose on undertakings operating in the gas sector, in the general economic interest, public service obligations which may relate to security, including security of supply, regularity, quality and price of supplies, and environmental protection, including energy efficiency, energy from renewable sources and climate protection. Such obligations shall be clearly defined, transparent, non-discriminatory, verifiable and shall guarantee equality of access for natural gas undertakings of the Community to national consumers. In relation to security of supply, energy efficiency/demand-side management and for the fulfilment of environmental goals and goals for energy from renewable sources, as referred to in this paragraph, Member States may introduce the implementation of long-term planning, taking into account the possibility of third parties seeking access to the system.

(2) Die Mitgliedstaaten können unter uneingeschränkter Beachtung der einschlägigen Bestimmungen des Vertrags, insbesondere des Artikels 86, den im Gassektor tätigen Unternehmen im Allgemeinen wirtschaftlichen Interesse Verpflichtungen auferlegen, die sich auf Sicherheit, einschließlich Versorgungssicherheit, Regelmäßigkeit, Qualität und Preis der Versorgung sowie Umweltschutz, einschließlich Energieeffizienz, Energie aus erneuerbaren Quellen und Klimaschutz, beziehen können. Solche Verpflichtungen müssen klar festgelegt, transparent, nichtdiskriminierend und überprüfbar sein und den gleichberechtigten Zugang von Erdgasunternehmen der Gemeinschaft zu den nationalen Verbrauchern sicherstellen. In Bezug auf die Versorgungssicherheit, die Energieeffizienz/Nachfragesteuerung sowie zur Erreichung der Umweltziele und der Ziele für die Energie aus erneuerbaren Quellen im Sinne dieses Absatzes können die Mitgliedstaaten eine langfristige Planung vorsehen, wobei die Möglichkeit zu berücksichtigen ist, dass Dritte Zugang zum Netz erhalten wollen.

3. Member States shall take appropriate measures to protect final customers, and shall, in particular, ensure that there are adequate safeguards to protect vulnerable customers. In this con-

(3) Die Mitgliedstaaten ergreifen geeignete Maßnahmen zum Schutz der Endkunden und tragen insbesondere dafür Sorge, dass für schutzbedürftige Kunden ein angemessener Schutz be-

text, each Member State shall define the concept of vulnerable customers which may refer to energy poverty and, inter alia, to the prohibition of disconnection of gas to such customers in critical times. Member States shall ensure that rights and obligations linked to vulnerable customers are applied. In particular, they shall take appropriate measures to protect final customers in remote areas who are connected to the gas system. Member States may appoint a supplier of last resort for customers connected to the gas system. They shall ensure high levels of consumer protection, particularly with respect to transparency regarding contractual terms and conditions, general information and dispute settlement mechanisms. Member States shall ensure that the eligible customer is in fact able easily to switch to a new supplier. As regards at least household customers those measures shall include those set out in Annex I.

steht. In diesem Zusammenhang definiert jeder Mitgliedstaat ein Konzept des „schutzbedürftigen Kunden", das sich auf Energiearmut sowie unter anderem auf das Verbot beziehen kann, solche Kunden in schwierigen Zeiten von der Versorgung auszuschließen. Die Mitgliedstaaten stellen sicher, dass die Rechte und Verpflichtungen im Zusammenhang mit schutzbedürftigen Kunden eingehalten werden. Insbesondere treffen sie geeignete Maßnahmen zum Schutz von Endkunden in abgelegenen Gebieten, die an das Erdgasnetz angeschlossen sind. Sie können für an das Erdgasnetz angeschlossene Kunden einen Versorger letzter Instanz benennen. Sie gewährleisten einen hohen Verbraucherschutz, insbesondere in Bezug auf die Transparenz der Vertragsbedingungen, allgemeine Informationen und Streitbeilegungsverfahren. Die Mitgliedstaaten stellen sicher, dass zugelassene Kunden tatsächlich problemlos zu einem neuen Lieferanten wechseln können. Zumindest im Fall der Haushaltskunden schließen solche Maßnahmen die in Anhang I aufgeführten Maßnahmen ein.

4. Member States shall take appropriate measures, such as formulating national energy action plans, providing social security benefits to ensure the necessary gas supply to vulnerable customers, or providing for support for energy efficiency improvements, to address energy poverty where identi-

(4) Die Mitgliedstaaten ergreifen geeignete Maßnahmen, beispielsweise in Form von nationalen energiepolitischen Aktionsplänen oder Leistungen der Systeme der sozialen Sicherheit, um die notwendige Gasversorgung für schutzbedürftige Kunden oder die Förderung von Verbesserungen der Ener-

fied, including in the broader context of poverty. Such measures shall not impede the effective opening of the market set out in Article 37 and market functioning and shall be notified to the Commission, where relevant, in accordance with paragraph 11 of this Article. Such notification shall not include measures taken within the general social security system.

gieeffizienz zu gewährleisten, damit die Energiearmut, soweit sie festgestellt wurde, bekämpft wird, auch im Zusammenhang mit der Armut insgesamt. Die Maßnahmen dürfen die in Artikel 37 vorgesehene Öffnung des Marktes und dessen Funktionieren nicht beeinträchtigen und sind der Kommission erforderlichenfalls gemäß Absatz 11 dieses Artikels mitzuteilen. Diese Mitteilung betrifft nicht Maßnahmen innerhalb des allgemeinen Systems der sozialen Sicherheit.

5. Member States shall ensure that all customers connected to the gas network are entitled to have their gas provided by a supplier, subject to the supplier's agreement, regardless of the Member State in which the supplier is registered, as long as the supplier follows the applicable trading and balancing rules and subject to security of supply requirements. In this regard, Member States shall take all measures necessary to ensure that administrative procedures do not constitute a barrier for supply undertakings already registered in another Member State.

(5) Die Mitgliedstaaten stellen sicher, dass alle an das Gasnetz angeschlossenen Kunden das Recht haben, von einem Lieferanten – sofern dieser zustimmt – mit Erdgas versorgt zu werden, unabhängig davon, in welchem Mitgliedstaat er als Lieferant registriert ist, sofern der Lieferant die geltenden Regeln im Bereich Handel und Ausgleich einhält, und vorbehaltlich der Anforderungen in Bezug auf die Versorgungssicherheit. In diesem Zusammenhang ergreifen die Mitgliedstaaten alle notwendigen Maßnahmen, damit die Verwaltungsverfahren kein Hindernis für Versorgungsunternehmen bilden, die bereits in einem anderen Mitgliedstaat als Lieferant registriert sind.

6. Member States shall ensure that:

(6) Die Mitgliedstaaten sorgen dafür, dass

(a) where a customer, while respecting the contractual conditions, wishes to

a) in den Fällen, in denen Kunden unter Einhaltung der Vertragsbedingun-

change supplier, the change is effected by the operator(s) concerned within three weeks; and

gen beabsichtigen, den Lieferanten zu wechseln, die betreffenden Betreiber diesen Wechsel innerhalb von drei Wochen vornehmen, und

(b) customers are entitled to receive all relevant consumption data.

b) die Kunden das Recht haben, sämtliche sie betreffenden Verbrauchsdaten zu erhalten.

Member States shall ensure that the rights referred to in points (a) and (b) of the first subparagraph are granted to customers in a non-discriminatory manner as regards cost, effort or time.

Die Mitgliedstaaten stellen sicher, dass die in Unterabsatz 1 Buchstaben a und b genannten Rechte Kunden ohne Diskriminierung bezüglich der Kosten, des Aufwands und der Dauer gewährt werden.

7. Member States shall implement appropriate measures to achieve the objectives of social and economic cohesion and environmental protection, which may include means to combat climate change, and security of supply. Such measures may include, in particular, the provision of adequate economic incentives, using, where appropriate, all existing national and Community tools, for the maintenance and construction of necessary network infrastructure, including interconnection capacity.

(7) Die Mitgliedstaaten ergreifen geeignete Maßnahmen zur Erreichung der Ziele des sozialen und wirtschaftlichen Zusammenhalts sowie des Umweltschutzes, wozu auch Maßnahmen zur Bekämpfung von Klimaveränderungen gehören können, und der Versorgungssicherheit. Diese Maßnahmen können insbesondere die Schaffung geeigneter wirtschaftlicher Anreize für den Aufbau und den Erhalt der erforderlichen Netzinfrastruktur einschließlich der Verbindungsleitungskapazitäten gegebenenfalls unter Einsatz aller auf einzelstaatlicher Ebene oder auf Gemeinschaftsebene vorhandenen Instrumente umfassen.

8. In order to promote energy efficiency, Member States or, where a Member State has so provided, the regulatory authority shall strongly recommend that natural gas undertakings

(8) Um die Energieeffizienz zu fördern, empfehlen die Mitgliedstaaten oder, wenn ein Mitgliedstaat dies vorsieht, die Regulierungsbehörden nachdrücklich, dass die Erdgasunterneh-

optimise the use of gas, for example by providing energy management services, developing innovative pricing formulas or introducing intelligent metering systems or smart grids where appropriate.

men den Erdgasverbrauch optimieren, indem sie beispielsweise Energiemanagementdienstleistungen anbieten, neuartige Preismodelle entwickeln oder gegebenenfalls intelligente Messsysteme oder intelligente Netze einführen.

9. Member States shall ensure the provision of single points of contact to provide consumers with all necessary information concerning their rights, current legislation and the means of dispute settlement available to them in the event of a dispute. Such contact points may be part of general consumer information points.

(9) Die Mitgliedstaaten stellen sicher, dass zentrale Anlaufstellen eingerichtet werden, über die die Verbraucher alle notwendigen Informationen über ihre Rechte, das geltende Recht und Streitbeilegungsverfahren, die ihnen im Streitfall zur Verfügung stehen, erhalten. Diese Anlaufstellen können in allgemeinen Verbraucherinformationsstellen angesiedelt sein.

Member States shall ensure that an independent mechanism such as an energy ombudsman or a consumer body is in place in order to ensure efficient treatment of complaints and out-of-court dispute settlements.

Die Mitgliedstaaten sorgen dafür, dass ein unabhängiger Mechanismus, beispielsweise ein unabhängiger Bürgerbeauftragter oder eine Verbraucherschutzeinrichtung für den Energiesektor eingerichtet wird, um Beschwerden wirksam zu behandeln und gütliche Einigungen herbeizuführen.

10. Member States may decide not to apply the provisions of Article 4 with respect to distribution insofar as their application would obstruct, in law or in fact, the performance of the obligations imposed on natural gas undertakings in the general economic interest and insofar as the development of trade would not be affected to such an extent as would be contrary to the interests of the Community. The inter-

(10) Die Mitgliedstaaten können beschließen, Artikel 4 nicht auf die Verteilung anzuwenden, soweit eine Anwendung die Erfüllung der den Erdgasunternehmen im Allgemeinen wirtschaftlichen Interesse auferlegten Verpflichtungen de jure oder de facto verhindern würde, und soweit die Entwicklung des Handelsverkehrs nicht in einem Ausmaß beeinträchtigt wird, das den Interessen der Gemeinschaft zu-

ests of the Community include, inter alia, competition with regard to eligible customers in accordance with this Directive and Article 86 of the Treaty.

widerläuft. Im Interesse der Gemeinschaft liegt insbesondere der Wettbewerb um zugelassene Kunden in Übereinstimmung mit dieser Richtlinie und mit Artikel 86 des Vertrags.

11. Member States shall, upon implementation of this Directive, inform the Commission of all measures adopted to fulfil public service obligations, including consumer and environmental protection, and their possible effect on national and international competition, whether or not such measures require a derogation from the provisions of this Directive. They shall notify the Commission subsequently every two years of any changes to such measures, whether or not they require a derogation from this Directive.

(11) Bei der Umsetzung dieser Richtlinie unterrichten die Mitgliedstaaten die Kommission über alle Maßnahmen, die sie zur Erfüllung gemeinwirtschaftlicher Verpflichtungen einschließlich des Verbraucher- und des Umweltschutzes getroffen haben, und über deren mögliche Auswirkungen auf den nationalen und internationalen Wettbewerb, und zwar unabhängig davon, ob für diese Maßnahmen eine Ausnahme von dieser Richtlinie erforderlich ist oder nicht. Sie unterrichten die Kommission anschließend alle zwei Jahre über Änderungen der Maßnahmen, unabhängig davon, ob für diese Maßnahmen eine Ausnahme von dieser Richtlinie erforderlich ist oder nicht.

12. The Commission shall establish, in consultation with relevant stakeholders, including Member States, the national regulatory authorities, consumer organisations and natural gas undertakings, a clear and concise energy consumer checklist of practical information relating to energy consumer rights. Member States shall ensure that gas suppliers or distribution system operators, in cooperation with the regulatory authority, take the necessary steps to provide their consumers

(12) Die Kommission erstellt in Absprache mit den relevanten Interessenträgern, einschließlich Mitgliedstaaten, nationale Regulierungsbehörden, Verbraucherorganisationen und Erdgasunternehmen, eine verständliche und kurz gefasste Checkliste mit praktischen Informationen in Bezug auf die Rechte der Energieverbraucher. Die Mitgliedstaaten sorgen dafür, dass die Erdgasversorger oder Verteilernetzbetreiber in Zusammenarbeit mit der Regulierungsbehörde die erforderlichen

with a copy of the energy consumer checklist and ensure that it is made publicly available.

Maßnahmen treffen, um den Verbrauchern eine Kopie der Checkliste zukommen zu lassen, und gewährleisten, dass diese öffentlich zugänglich ist.

Article 4
Authorisation procedure

1. In circumstances where an authorisation (for example, licence, permission, concession, consent or approval) is required for the construction or operation of natural gas facilities, the Member States or any competent authority they designate shall grant authorisations to build and/or operate such facilities, pipelines and associated equipment on their territory, in accordance with paragraphs 2 to 4. Member States or any competent authority they designate may also grant authorisations on the same basis for the supply of natural gas and for wholesale customers.

2. Where Member States have a system of authorisation, they shall lay down objective and non-discriminatory criteria which shall be met by an undertaking applying for an authorisation to build and/or operate natural gas facilities or applying for an authorisation to supply natural gas. The non-discriminatory criteria and procedures for the granting of authorisations shall be made public. Member States shall ensure that authorisation procedures for facilities, pipelines and associated

Artikel 4
Genehmigungsverfahren

(1) In Fällen, in denen eine Genehmigung (z. B. eine Lizenz, Erlaubnis, Konzession, Zustimmung oder Zulassung) für den Bau oder den Betrieb von Erdgasanlagen erforderlich ist, erteilen die Mitgliedstaaten oder eine von ihnen benannte zuständige Behörde nach den Absätzen 2 bis 4 Genehmigungen zum Bau und/oder Betrieb derartiger Anlagen, Leitungen und dazugehöriger Einrichtungen in ihrem Hoheitsgebiet. Die Mitgliedstaaten oder eine von ihnen benannte zuständige Behörde können auf derselben Grundlage ferner Genehmigungen für die Lieferung von Erdgas, auch an Großhändler, erteilen.

(2) Mitgliedstaaten, die über ein Genehmigungssystem verfügen, legen objektive und nichtdiskriminierende Kriterien fest, die ein Unternehmen erfüllen muss, das eine Genehmigung für den Bau und/oder den Betrieb von Erdgasanlagen oder eine Genehmigung für die Versorgung mit Erdgas beantragt. Die nichtdiskriminierenden Kriterien und Verfahren für die Erteilung von Genehmigungen werden veröffentlicht. Die Mitgliedstaaten stellen sicher, dass im Rahmen der Genehmi-

equipment take into account the importance of the project for the internal market in natural gas where appropriate.

gungsverfahren für Anlagen, Rohrleitungen und die zugehörige Ausrüstung gegebenenfalls die Bedeutung des betreffenden Vorhabens für den Erdgasbinnenmarkt berücksichtigt wird.

3. Member States shall ensure that the reasons for any refusal to grant an authorisation are objective and non-discriminatory and that they are given to the applicant. Reasons for such refusals shall be notified to the Commission for information. Member States shall establish a procedure enabling the applicant to appeal against such refusals.

(3) Die Mitgliedstaaten gewährleisten, dass die Gründe für die Verweigerung einer Genehmigung objektiv und nicht diskriminierend sind und dem Antragsteller bekannt gegeben werden. Die Begründung der Verweigerung wird der Kommission zur Unterrichtung mitgeteilt. Die Mitgliedstaaten führen ein Verfahren ein, das dem Antragsteller die Möglichkeit gibt, gegen eine Verweigerung Rechtsmittel einzulegen.

4. For the development of newly supplied areas and efficient operation generally, and without prejudice to Article 38, Member States may decline to grant a further authorisation to build and operate distribution pipeline systems in any particular area once such pipeline systems have been or are proposed to be built in that area and if existing or proposed capacity is not saturated.

(4) Bei der Erschließung neu in die Versorgung einbezogener Gebiete und allgemein im Interesse eines effizienten Betriebs können die Mitgliedstaaten es unbeschadet des Artikels 38 ablehnen, eine weitere Genehmigung für den Bau und den Betrieb von Verteilerleitungsnetzen in einem bestimmten Gebiet zu erteilen, wenn in diesem Gebiet bereits solche Leitungsnetze gebaut wurden oder in Planung sind und die bestehenden oder geplanten Kapazitäten nicht ausgelastet sind.

Article 5
Monitoring of security of supply

Member States shall ensure the monitoring of security of supply issues.

Artikel 5
Beobachtung der Versorgungssicherheit

Die Mitgliedstaaten sorgen für eine Beobachtung der Versorgungssicher-

Where Member States consider it appropriate, they may delegate that task to the regulatory authorities referred to in Article 39(1). Such monitoring shall, in particular, cover the balance of supply and demand on the national market, the level of expected future demand and available supplies, envisaged additional capacity being planned or under construction, and the quality and level of maintenance of the networks, as well as measures to cover peak demand and to deal with shortfalls of one or more suppliers. The competent authorities shall publish, by 31 July each year, a report outlining the findings resulting from the monitoring of those issues, as well as any measures taken or envisaged to address them and shall forward that report to the Commission forthwith.

heit. Soweit die Mitgliedstaaten es für angebracht halten, können sie diese Aufgabe den in Artikel 39 Absatz 1 genannten Regulierungsbehörden übertragen. Diese Beobachtung betrifft insbesondere das Verhältnis zwischen Angebot und Nachfrage auf dem heimischen Markt, die erwartete Nachfrageentwicklung und das verfügbare Angebot, in der Planung und im Bau befindliche zusätzliche Kapazitäten, die Qualität und den Umfang der Netzwartung sowie Maßnahmen zur Bedienung von Nachfragespitzen und zur Bewältigung von Ausfällen eines oder mehrerer Versorger. Die zuständigen Behörden veröffentlichen bis 31. Juli eines jeden Jahres einen Bericht über die bei der Beobachtung dieser Aspekte gewonnenen Erkenntnisse und etwaige getroffene oder geplante diesbezügliche Maßnahmen und übermitteln ihn unverzüglich der Kommission.

Article 6
Regional solidarity

1. In order to safeguard a secure supply on the internal market in natural gas, Member States shall cooperate in order to promote regional and bilateral solidarity.

2. Such cooperation shall cover situations resulting or likely to result in the short term in a severe disruption of supply affecting a Member State. It shall include:

Artikel 6
Regionale Solidarität

(1) Zur Gewährleistung der Versorgungssicherheit auf dem Erdgasbinnenmarkt arbeiten die Mitgliedstaaten mit dem Ziel zusammen, die regionale und bilaterale Solidarität zu fördern.

(2) Diese Zusammenarbeit betrifft Situationen, die kurzfristig zu einer gravierenden Unterbrechung der Versorgung eines Mitgliedstaats führen oder führen können. Die Zusammenarbeit

umfasst unter anderem folgende Aspekte:

(a) coordination of national emergency measures referred to in Article 8 of Council Directive 2004/67/EC of 26 April 2004 concerning measures to safeguard security of natural gas supply[19];

a) Koordinierung nationaler Notfallmaßnahmen im Sinne von Artikel 8 der Richtlinie 2004/67/EG des Rates vom 26. April 2004 über Maßnahmen zur Gewährleistung der sicheren Erdgasversorgung[19];

(b) identification and, where necessary, development or upgrading of electricity and natural gas interconnections; and

b) Ermittlung und – soweit erforderlich – Auf- oder Ausbau von Strom- und Erdgasverbindungsleitungen; und

(c) conditions and practical modalities for mutual assistance.

c) Bedingungen und praktische Modalitäten einer gegenseitigen Unterstützung.

3. The Commission and the other Member States shall be kept informed of such cooperation.

(3) Die Kommission und die anderen Mitgliedstaaten werden regelmäßig über diese Zusammenarbeit unterrichtet.

4. The Commission may adopt Guidelines for regional cooperation in a spirit of solidarity. Those measures, designed to amend non-essential elements of this Directive by supplementing it, shall be adopted in accordance with the regulatory procedure with scrutiny referred to in Article 51(3).

(4) Die Kommission kann Leitlinien für die regionale Kooperation im Geiste der Solidarität erlassen. Diese Maßnahmen zur Änderung nicht wesentlicher Bestimmungen dieser Richtlinie durch Ergänzung werden nach dem in Artikel 51 Absatz 3 genannten Regelungsverfahren mit Kontrolle erlassen.

[19] OJ L 127, 29.4.2004, p. 92.

[19] ABl. L 127 vom 29.4.2004, S. 92.

Article 7
Promotion of regional cooperation

1. Member States as well as the regulatory authorities shall cooperate with each other for the purpose of integrating their national markets at one and more regional levels, as a first step towards the creation of a fully liberalised internal market. In particular, the regulatory authorities where Member States have so provided or Member States shall promote and facilitate the cooperation of transmission system operators at a regional level, including on cross-border issues with the aim of creating a competitive internal market in natural gas, foster the consistency of their legal, regulatory and technical framework and facilitate integration of the isolated systems forming gas islands that persist in the Community. The geographical areas covered by such regional cooperation shall include cooperation in geographical areas defined in accordance with Article 12(3) of Regulation (EC) No 715/2009. Such cooperation may cover other geographical areas.

2. The Agency shall cooperate with national regulatory authorities and transmission system operators to ensure the compatibility of regulatory

Artikel 7
Förderung der regionalen Zusammenarbeit

(1) Die Mitgliedstaaten und die Regulierungsbehörden arbeiten zusammen, um als ersten Schritt hin zur Schaffung eines vollständig liberalisierten Binnenmarktes ihre nationalen Märkte zumindest auf einer oder mehreren regionalen Ebenen zu integrieren. Die Mitgliedstaaten oder, wenn die Mitgliedstaaten dies so vorgesehen haben, die Regulierungsbehörden fördern und vereinfachen insbesondere die Zusammenarbeit der Fernleitungsnetzbetreiber auf regionaler Ebene, auch in grenzüberschreitenden Angelegenheiten, um einen Wettbewerbsbinnenmarkt für Erdgas zu schaffen, fördern die Kohärenz ihrer Rechtsvorschriften, des Regulierungsrahmens und des technischen Rahmens und ermöglichen die Einbindung der isolierten Netze, zu denen die in der Gemeinschaft nach wie vor bestehenden „Erdgasinseln" gehören. Die geografischen Gebiete, auf die sich diese regionale Zusammenarbeit erstreckt, umfassen die gemäß Artikel 12 Absatz 3 der Verordnung (EG) Nr. 715/2009 festgelegten geografischen Gebiete. Diese Zusammenarbeit kann sich zusätzlich auf andere geografische Gebiete erstrecken.

(2) Die Agentur arbeitet mit nationalen Regulierungsbehörden und Fernleitungsnetzbetreibern zusammen, um die Kompatibilität der regional geltenden

frameworks between the regions with the aim of creating a competitive internal market in natural gas. Where the Agency considers that binding rules on such cooperation are required, it shall make appropriate recommendations.

3. Member States shall ensure, through the implementation of this Directive, that transmission system operators have one or more integrated system(s) at regional level covering two or more Member States for capacity allocation and for checking the security of the network.

4. Where vertically integrated transmission system operators participate in a joint undertaking established for implementing such cooperation, the joint undertaking shall establish and implement a compliance programme which sets out the measures to be taken to ensure that discriminatory and anticompetitive conduct is excluded. That compliance programme shall set out the specific obligations of employees to meet the objective of excluding discriminatory and anticompetitive conduct. It shall be subject to the approval of the Agency. Compliance with the programme shall be independently monitored by the compliance officers of the vertically integrated transmission system operators.

Regulierungsrahmen und damit die Schaffung eines Wettbewerbsbinnenmarkts zu gewährleisten. Ist die Agentur der Auffassung, dass verbindliche Regeln für eine derartige Zusammenarbeit erforderlich sind, spricht sie geeignete Empfehlungen aus.

(3) Die Mitgliedstaaten gewährleisten im Zuge der Umsetzung dieser Richtlinie, dass die Fernleitungsnetzbetreiber für Zwecke der Kapazitätszuweisung und der Überprüfung der Netzsicherheit auf regionaler Ebene über ein oder mehrere integrierte Systeme verfügen, die sich auf zwei oder mehr Mitgliedstaaten erstrecken.

(4) Wirken vertikal integrierte Fernleitungsnetzbetreiber an einem zur Umsetzung der Zusammenarbeit errichteten gemeinsamen Unternehmen mit, so stellt dieses gemeinsame Unternehmen ein Gleichbehandlungsprogramm auf und führt es durch: darin sind die Maßnahmen aufgeführt, mit denen sichergestellt wird, dass diskriminierende und wettbewerbswidrige Verhaltensweisen ausgeschlossen werden. In dem Gleichbehandlungsprogramm ist festgelegt, welche besonderen Pflichten die Mitarbeiter im Hinblick auf die Erreichung des Ziels der Vermeidung diskriminierenden und wettbewerbswidrigen Verhaltens haben. Das Programm bedarf der Genehmigung durch die Agentur. Die Einhaltung des Programms wird durch die Gleichbehandlungsbeauftragten der vertikal inte-

grierten Fernleitungsnetzbetreiber unabhängig kontrolliert.

Article 8
Technical rules

The regulatory authorities where Member States have so provided or Member States shall ensure that technical safety criteria are defined and that technical rules establishing the minimum technical design and operational requirements for the connection to the system of LNG facilities, storage facilities, other transmission or distribution systems, and direct lines, are developed and made public. Those technical rules shall ensure the interoperability of systems and shall be objective and non-discriminatory. The Agency may make appropriate recommendations towards achieving compatibility of those rules, where appropriate. Those rules shall be notified to the Commission in accordance with Article 8 of Directive 98/34/EC of the European Parliament and of the Council of 22 June 1998 laying down a procedure for the provision of information in the field of technical standards and regulations and of rules on Information Society services.[20]

Artikel 8
Technische Vorschriften

Die Mitgliedstaaten oder, wenn die Mitgliedstaaten dies so vorgesehen haben, die Regulierungsbehörden gewährleisten, dass Kriterien für die technische Betriebssicherheit festgelegt und für den Netzanschluss von LNG-Anlagen, Speicheranlagen, sonstigen Fernleitungs- oder Verteilersystemen sowie Direktleitungen technische Vorschriften mit Mindestanforderungen an die Auslegung und den Betrieb ausgearbeitet und veröffentlicht werden. Diese technischen Vorschriften müssen die Interoperabilität der Netze sicherstellen sowie objektiv und nichtdiskriminierend sein. Die Agentur kann gegebenenfalls geeignete Empfehlungen abgeben, wie diese Vorschriften kompatibel gestaltet werden können. Diese Vorschriften werden der Kommission gemäß Artikel 8 der Richtlinie 98/34/EG des Europäischen Parlaments und des Rates vom 22. Juni 1998 über ein Informationsverfahren auf dem Gebiet der Normen und technischen Vorschriften und der Vorschriften für die Dienste der Informationsgesellschaft[20] mitgeteilt.

---

[20] OJ L 204, 21.7.1998, p. 37.

[20] ABl. L 204 vom 21.7.1998, S. 37.

CHAPTER III
Transmission, storage and LNG

Article 9

Unbundling of transmission systems and transmission system operators

1. Member States shall ensure that from 3 March 2012:

(a) each undertaking which owns a transmission system acts as a transmission system operator;

(b) the same person or persons are entitled neither:

(i) directly or indirectly to exercise control over an undertaking performing any of the functions of production or supply, and directly or indirectly to exercise control or exercise any right over a transmission system operator or over a transmission system; nor

(ii) directly or indirectly to exercise control over a transmission system operator or over a transmission system, and directly or indirectly to exercise control or exercise any right over an undertaking performing any of the functions of production or supply;

KAPITEL III
Fernleitung, Speicherung und LNG

Artikel 9

Entflechtung der Fernleitungsnetze und der Fernleitungsnetzbetreiber

(1) Die Mitgliedstaaten gewährleisten, dass ab dem 3. März 2012

a) jedes Unternehmen, das Eigentümer eines Fernleitungsnetzes ist, als Fernleitungsnetzbetreiber agiert;

b) nicht ein und dieselbe(n) Person(en) berechtigt ist (sind),

i) direkt oder indirekt die Kontrolle über ein Unternehmen auszuüben, das eine der Funktionen der Gewinnung oder der Versorgung wahrnimmt, und direkt oder indirekt die Kontrolle über einen Fernleitungsnetzbetreiber oder ein Fernleitungsnetz auszuüben oder Rechte an einem Fernleitungsnetzbetreiber oder einem Fernleitungsnetz auszuüben oder

ii) direkt oder indirekt die Kontrolle über einen Fernleitungsnetzbetreiber oder ein Fernleitungsnetz auszuüben und direkt oder indirekt die Kontrolle über ein Unternehmen auszuüben, das eine der Funktionen Gewinnung oder Versorgung wahrnimmt, oder Rechte an einem Unternehmen, das eine dieser Funktionen wahrnimmt, auszuüben;

(c) the same person or persons are not entitled to appoint members of the supervisory board, the administrative board or bodies legally representing the undertaking, of a transmission system operator or a transmission system, and directly or indirectly to exercise control or exercise any right over an undertaking performing any of the functions of production or supply; and

c) nicht ein und dieselbe(n) Person(en) berechtigt ist (sind), Mitglieder des Aufsichtsrates, des Verwaltungsrates oder der zur gesetzlichen Vertretung berufenen Organe eines Fernleitungsnetzbetreibers oder eines Fernleitungsnetzes zu bestellen und direkt oder indirekt die Kontrolle über ein Unternehmen auszuüben, das eine der Funktionen Gewinnung oder Versorgung wahrnimmt, oder Rechte an einem Unternehmen, das eine dieser Funktionen wahrnimmt, auszuüben, und

(d) the same person is not entitled to be a member of the supervisory board, the administrative board or bodies legally representing the undertaking, of both an undertaking performing any of the functions of production or supply and a transmission system operator or a transmission system.

d) nicht ein und dieselbe(n) Person(en) berechtigt ist (sind), Mitglied des Aufsichtsrates, des Verwaltungsrates oder der zur gesetzlichen Vertretung berufenen Organe sowohl eines Unternehmens, das eine der Funktionen Gewinnung oder Versorgung wahrnimmt, als auch eines Fernleitungsnetzbetreibers oder eines Fernleitungsnetzes zu sein.

2. The rights referred to in points (b) and (c) of paragraph 1 shall include, in particular:

(2) Die in Absatz 1 Buchstaben b und c genannten Rechte schließen insbesondere Folgendes ein:

(a) the power to exercise voting rights;

a) die Befugnis zur Ausübung von Stimmrechten oder

(b) the power to appoint members of the supervisory board, the administrative board or bodies legally representing the undertaking; or

b) die Befugnis, Mitglieder des Aufsichtsrates, des Verwaltungsrates oder der zur gesetzlichen Vertretung berufenen Organe zu bestellen, oder

(c) the holding of a majority share.

c) das Halten einer Mehrheitsbeteiligung.

3. For the purpose of paragraph 1(b), the notion 'undertaking performing any of the functions of production or supply' shall include 'undertaking performing any of the functions of generation and supply' within the meaning of Directive 2009/72/EC of the European Parliament and of the Council of 13 July 2009 concerning common rules for the internal market in electricity, and the terms 'transmission system operator' and 'transmission system' shall include 'transmission system operator' and 'transmission system' within the meaning of that Directive.

(3) Für die Zwecke des Absatzes 1 Buchstabe b schließt der Begriff „Unternehmen, das eine der Funktionen Gewinnung oder Versorgung wahrnimmt" auch ein „Unternehmen, das eine der Funktionen Erzeugung und Versorgung wahrnimmt" im Sinne der Richtlinie 2009/72/EG des Europäischen Parlaments und des Rates vom 13. Juli 2009 über gemeinsame Vorschriften für den Elektrizitätsbinnenmarkt ein und schließen die Begriffe „Fernleitungsnetzbetreiber" und „Fernleitungsnetz" auch „Übertragungsnetzbetreiber" und „Übertragungsnetz" im Sinne der genannten Richtlinie ein.

4. Member States may allow for derogations from points (b) and (c) of paragraphs 1 until 3 March 2013, provided that transmission system operators are not part of a vertically integrated undertaking.

(4) Die Mitgliedstaaten können bis zum 3. März 2013 Ausnahmen von den Bestimmungen des Absatzes 1 Buchstaben b und c zulassen, sofern die Fernleitungsnetzbetreiber nicht Teil eines vertikal integrierten Unternehmens sind.

5. The obligation set out in paragraph 1(a) of this Article shall be deemed to be fulfilled in a situation where two or more undertakings which own transmission systems have created a joint venture which acts as a transmission system operator in two or more Member States for the transmission systems concerned. No other undertaking may be part of the joint venture, unless it has been approved under Article 14 as an independent system operator or as

(5) Die Verpflichtung des Absatzes 1 Buchstabe a des vorliegenden Artikels gilt als erfüllt, wenn zwei oder mehr Unternehmen, die Eigentümer von Fernleitungsnetzen sind, ein Gemeinschaftsunternehmen gründen, das in zwei oder mehr Mitgliedstaaten als Fernleitungsnetzbetreiber für die betreffenden Fernleitungsnetze tätig ist. Kein anderes Unternehmen darf Teil des Gemeinschaftsunternehmens sein, es sei denn, es wurde gemäß Artikel

an independent transmission operator for the purposes of Chapter IV.

14 als unabhängiger Netzbetreiber oder als ein unabhängiger Fernleitungsnetzbetreiber für die Zwecke des Kapitels IV zugelassen.

6. For the implementation of this Article, where the person referred to in points (b), (c) and (d) of paragraph 1 is the Member State or another public body, two separate public bodies exercising control over a transmission system operator or over a transmission system on the one hand, and over an undertaking performing any of the functions of production or supply on the other, shall be deemed not to be the same person or persons.

(6) Für die Umsetzung dieses Artikels gilt Folgendes: Handelt es sich bei der in Absatz 1 Buchstaben b, c und d genannten Person um den Mitgliedstaat oder eine andere öffentliche Stelle, so gelten zwei von einander getrennte öffentlich-rechtliche Stellen, die einerseits die Kontrolle über einen Fernleitungsnetzbetreiber oder über ein Fernleitungsnetz und andererseits über ein Unternehmen, das eine der Funktionen Gewinnung oder Versorgung wahrnimmt, ausüben, nicht als ein und dieselbe(n) Person(en).

7. Member States shall ensure that neither commercially sensitive information referred to in Article 16 held by a transmission system operator which was part of a vertically integrated undertaking, nor the staff of such a transmission system operator, is transferred to undertakings performing any of the functions of production and supply.

(7) Die Mitgliedstaaten stellen sicher, dass weder die in Artikel 16 genannten wirtschaftlich sensiblen Informationen, über die ein Fernleitungsnetzbetreiber verfügt, der Teil eines vertikal integrierten Unternehmens war, noch sein Personal an Unternehmen weitergegeben werden, die eine der Funktionen der Gewinnung oder der Versorgung wahrnehmen.

8. Where on 3 September 2009, the transmission system belongs to a vertically integrated undertaking a Member State may decide not to apply paragraph 1.

(8) In den Fällen, in denen das Fernleitungsnetz am 3. September 2009 einem vertikal integrierten Unternehmen gehört, kann ein Mitgliedstaaten entscheiden, Absatz 1 nicht anzuwenden.

In such case, the Member State concerned shall either:

In diesem Fall muss der betreffende Mitgliedstaat entweder

(a) designate an independent system operator in accordance with Article 14, or

a) einen unabhängigen Netzbetreiber gemäß Artikel 14 benennen oder

(b) comply with the provisions of Chapter IV.

b) die Bestimmungen des Kapitels IV einhalten.

9. Where, on 3 September 2009, the transmission system belongs to a vertically integrated undertaking and there are arrangements in place which guarantee more effective independence of the transmission system operator than the provisions of Chapter IV, a Member State may decide not to apply paragraph 1.

(9) In den Fällen, in denen das Fernleitungsnetz am 3. September 2009 einem vertikal integrierten Unternehmen gehört und Regelungen bestehen, die eine wirksamere Unabhängigkeit des Fernleitungsnetzbetreibers gewährleisten als die Bestimmungen des Kapitels IV, kann ein Mitgliedstaaten entscheiden, Absatz 1 nicht anzuwenden.

10. Before an undertaking is approved and designated as a transmission system operator under paragraph 9 of this Article, it shall be certified according to the procedures laid down in Article 10(4), (5) and (6) of this Directive and in Article 3 of Regulation (EC) No 715/2009, pursuant to which the Commission shall verify that the arrangements in place clearly guarantee more effective independence of the transmission system operator than the provisions of Chapter IV.

(10) Bevor ein Unternehmen als Fernleitungsnetzbetreiber nach Absatz 9 des vorliegenden Artikels zugelassen und benannt wird, ist es nach den Verfahren des Artikels 10 Absätze 4, 5 und 6 der vorliegenden Richtlinie und des Artikels 3 der Verordnung (EG) Nr. 715/2009 zu zertifizieren, wobei die Kommission überprüft, ob die bestehenden Regelungen eindeutig eine wirksamere Unabhängigkeit des Fernleitungsnetzbetreibers gewährleisten als die Bestimmungen des Kapitels IV.

11. Vertically integrated undertakings which own a transmission system shall not in any event be prevented from taking steps to comply with paragraph 1.

(11) Vertikal integrierte Unternehmen, die ein Fernleitungsnetz besitzen, können in keinem Fall daran gehindert werden, Schritte zur Einhaltung des Absatzes 1 zu unternehmen.

12. Undertakings performing any of the functions of production or supply

(12) Unternehmen, die eine der Funktionen der Gewinnung oder der Ver-

shall not in any event be able to directly or indirectly take control over or exercise any right over unbundled transmission system operators in Member States which apply paragraph 1.

sorgung wahrnehmen, können in einem Mitgliedstaat, der Absatz 1 anwendet, unter keinen Umständen direkt oder indirekt die Kontrolle über einen entflochtenen Fernleitungsnetzbetreiber übernehmen oder Rechte an diesem Fernleitungsnetzbetreiber ausüben.

Article 10
Designation and certification of transmission system operators

1. Before an undertaking is approved and designated as transmission system operator, it shall be certified according to the procedures laid down in paragraphs 4, 5 and 6 of this Article and in Article 3 of Regulation (EC) No 715/2009.

2. Undertakings which own a transmission system and which have been certified by the national regulatory authority as having complied with the requirements of Article 9, pursuant to the certification procedure, shall be approved and designated as transmission system operators by Member States. The designation of transmission system operators shall be notified to the Commission and published in the Official Journal of the European Union.

3. Transmission system operators shall notify to the regulatory authority any planned transaction which may require

Artikel 10
Benennung und Zertifizierung von Fernleitungsnetzbetreibern

(1) Bevor ein Unternehmen als Fernleitungsnetzbetreiber zugelassen und benannt wird, muss es gemäß den in den Absätzen 4, 5 und 6 des vorliegenden Artikels und in Artikel 3 der Verordnung (EG) Nr. 715/2009 genannten Verfahren zertifiziert werden.

(2) Unternehmen, die Eigentümer eines Fernleitungsnetzes sind und denen von der nationalen Regulierungsbehörde gemäß dem unten beschriebenen Zertifizierungsverfahren bescheinigt wurde, dass sie den Anforderungen des Artikels 9 genügen, werden von den Mitgliedstaaten zugelassen und als Fernleitungsnetzbetreiber benannt. Die Benennung der Fernleitungsnetzbetreiber wird der Kommission mitgeteilt und im Amtsblatt der Europäischen Union veröffentlicht.

(3) Die Fernleitungsnetzbetreiber unterrichten die Regulierungsbehörde über alle geplanten Transaktionen, die

a reassessment of their compliance with the requirements of Article 9.

eine Neubewertung erforderlich machen können, bei der festzustellen ist, ob sie die Anforderungen des Artikels 9 erfüllen.

4. The regulatory authorities shall monitor the continuing compliance of transmission system operators with the requirements of Article 9. They shall open a certification procedure to ensure such compliance:

(4) Die Regulierungsbehörden beobachten die ständige Einhaltung des Artikels 9. Um die Einhaltung der Anforderungen sicherzustellen, leiten sie ein Zertifizierungsverfahren ein

(a) upon notification by the transmission system operator pursuant to paragraph 3;

a) bei Erhalt einer Mitteilung eines Fernleitungsnetzbetreibers gemäß Absatz 3;

(b) on their own initiative where they have knowledge that a planned change in rights or influence over transmission system owners or transmission system operators may lead to an infringement of Article 9, or where they have reason to believe that such an infringement may have occurred; or

b) aus eigener Initiative, wenn sie Kenntnis von einer geplanten Änderung bezüglich der Rechte an oder der Einflussnahme auf Fernleitungsnetzeigentümer oder Fernleitungsnetzbetreiber erlangen und diese Änderung zu einem Verstoß gegen Artikel 9 führen kann oder wenn sie Grund zu der Annahme haben, dass es bereits zu einem derartigen Verstoß gekommen ist, oder

(c) upon a reasoned request from the Commission.

c) wenn die Kommission einen entsprechend begründeten Antrag stellt.

5. The regulatory authorities shall adopt a decision on the certification of a transmission system operator within a period of four months from the date of the notification by the transmission system operator or from the date of the Commission request. After expiry of that period, the certification shall be deemed to be granted. The explicit or

(5) Die Regulierungsbehörden entscheiden innerhalb eines Zeitraums von vier Monaten ab dem Tag der Mitteilung des Fernleitungsnetzbetreibers oder ab Antragstellung durch die Kommission über die Zertifizierung eines Fernleitungsnetzbetreibers. Nach Ablauf dieser Frist gilt die Zertifizierung als erteilt. Die ausdrückliche oder

tacit decision of the regulatory authority shall become effective only after the conclusion of the procedure set out in paragraph 6.

stillschweigende Entscheidung der Regulierungsbehörde wird erst nach Abschluss des in Absatz 6 beschriebenen Verfahrens wirksam.

6. The explicit or tacit decision on the certification of a transmission system operator shall be notified without delay to the Commission by the regulatory authority, together with all the relevant information with respect to that decision. The Commission shall act in accordance with the procedure laid down in Article 3 of Regulation (EC) No 715/2009.

(6) Die ausdrückliche oder stillschweigende Entscheidung über die Zertifizierung eines Fernleitungsnetzbetreibers wird der Kommission zusammen mit allen die Entscheidung betreffenden relevanten Informationen unverzüglich von der Regulierungsbehörde übermittelt. Die Kommission handelt nach dem Verfahren des Artikels 3 der Verordnung (EG) Nr. 715/2009.

7. The regulatory authorities and the Commission may request from transmission system operators and undertakings performing any of the functions of production or supply any information relevant for the fulfilment of their tasks under this Article.

(7) Die Regulierungsbehörden und die Kommission können Fernleitungsnetzbetreiber und Unternehmen, die eine der Funktionen Gewinnung oder Versorgung wahrnehmen, um Bereitstellung sämtlicher für die Erfüllung ihrer Aufgaben gemäß diesem Artikel relevanten Informationen ersuchen.

8. The regulatory authorities and the Commission shall preserve the confidentiality of commercially sensitive information.

(8) Die Regulierungsbehörden und die Kommission behandeln wirtschaftlich sensible Informationen vertraulich.

Article 11
Certification in relation to third countries

Artikel 11
Zertifizierung in Bezug auf Drittländer

1. Where certification is requested by a transmission system owner or a transmission system operator which is controlled by a person or persons from a

(1) Beantragt ein Fernleitungsnetzeigentümer oder -betreiber, der von einer oder mehreren Personen aus einem oder mehreren Drittländern kontrolliert

third country or third countries, the regulatory authority shall notify the Commission.

The regulatory authority shall also notify to the Commission without delay any circumstances that would result in a person or persons from a third country or third countries acquiring control of a transmission system or a transmission system operator.

2. The transmission system operator shall notify to the regulatory authority any circumstances that would result in a person or persons from a third country or third countries acquiring control of the transmission system or the transmission system operator.

3. The regulatory authority shall adopt a draft decision on the certification of a transmission system operator within four months from the date of notification by the transmission system operator. It shall refuse the certification if it has not been demonstrated:

(a) that the entity concerned complies with the requirements of Article 9; and

(b) to the regulatory authority or to another competent authority designated by the Member State that granting certification will not put at risk the security of energy supply of the Member

wird, eine Zertifizierung, so teilt die Regulierungsbehörde dies der Kommission mit.

Die Regulierungsbehörde teilt der Kommission ferner unverzüglich alle Umstände mit, die dazu führen würden, dass eine oder mehrere Personen aus einem oder mehreren Drittländern die Kontrolle über ein Fernleitungsnetz oder einen Fernleitungsnetzbetreiber erhalten.

(2) Der Fernleitungsnetzbetreiber teilt der Regulierungsbehörde alle Umstände mit, die dazu führen würden, dass eine oder mehrere Personen aus einem oder mehreren Drittländern die Kontrolle über das Fernleitungsnetz oder den Fernleitungsnetzbetreiber erhalten.

(3) Die Regulierungsbehörde nimmt innerhalb von vier Monaten ab dem Tag der Mitteilung des Fernleitungsnetzbetreibers einen Entwurf einer Entscheidung über die Zertifizierung eines Fernleitungsnetzbetreibers an. Sie verweigert die Zertifizierung, wenn nicht

a) nachgewiesen wird, dass die betreffende Rechtsperson den Anforderungen von Artikel 9 genügt, und

b) der Regulierungsbehörde oder einer anderen vom Mitgliedstaat benannten zuständigen Behörde nachgewiesen wird, dass die Erteilung der Zertifizierung die Sicherheit der Energieversor-

State and the Community. In considering that question the regulatory authority or other competent authority so designated shall take into account:

(i) the rights and obligations of the Community with respect to that third country arising under international law, including any agreement concluded with one or more third countries to which the Community is a party and which addresses the issues of security of energy supply;

(ii) the rights and obligations of the Member State with respect to that third country arising under agreements concluded with it, insofar as they are in compliance with Community law; and

(iii) other specific facts and circumstances of the case and the third country concerned.

4. The regulatory authority shall notify the decision to the Commission without delay, together with all the relevant information with respect to that decision.

5. Member States shall provide for the regulatory authority or the designated competent authority referred to in paragraph 3(b), before the regulatory authority adopts a decision on the cer-

gung des Mitgliedstaats und der Gemeinschaft nicht gefährdet. Bei der Prüfung dieser Frage berücksichtigt die Regulierungsbehörde oder die entsprechend benannte andere zuständige Behörde

i) die Rechte und Pflichten der Gemeinschaft gegenüber diesem Drittland, die aus dem Völkerrecht – auch aus einem Abkommen mit einem oder mehreren Drittländern, dem die Gemeinschaft als Vertragspartei angehört und in dem Fragen der Energieversorgungssicherheit behandelt werden – erwachsen;

ii) die Rechte und Pflichten des Mitgliedstaats gegenüber diesem Drittland, die aus den mit diesem geschlossenen Abkommen erwachsen, soweit sie mit dem Gemeinschaftsrecht in Einklang stehen, und

iii) andere spezielle Gegebenheiten des Einzelfalls und des betreffenden Drittlands.

(4) Die Regulierungsbehörde teilt der Kommission unverzüglich die Entscheidung zusammen mit allen die Entscheidung betreffenden relevanten Informationen mit.

(5) Die Mitgliedstaaten schreiben vor, dass die Regulierungsbehörde und/ oder die benannte zuständige Behörde gemäß Absatz 3 Buchstabe b vor der Annahme einer Entscheidung der Re-

tification, to request an opinion from the Commission on whether:

gulierungsbehörde über die Zertifizierung die Stellungnahme der Kommission zu der Frage einholt, ob

(a) the entity concerned complies with the requirements of Article 9; and

a) die betreffende Rechtsperson den Anforderungen von Artikel 9 genügt und

(b) granting certification will not put at risk the security of energy supply to the Community.

b) eine Gefährdung der Energieversorgungssicherheit der Gemeinschaft durch die Erteilung der Zertifizierung ausgeschlossen ist.

6. The Commission shall examine the request referred to in paragraph 5 as soon as it is received. Within a period of two months after receiving the request, it shall deliver its opinion to the national regulatory authority or, if the request was made by the designated competent authority, to that authority.

(6) Die Kommission prüft den Antrag nach Absatz 5 unmittelbar nach seinem Eingang. Innerhalb eines Zeitraums von zwei Monaten nach Eingang des Antrags übermittelt sie der nationalen Regulierungsbehörde – oder, wenn der Antrag von der benannten zuständigen Behörde gestellt wurde, dieser Behörde – ihre Stellungnahme.

In preparing the opinion, the Commission may request the views of the Agency, the Member State concerned, and interested parties. In the event that the Commission makes such a request, the two-month period shall be extended by two months.

Zur Ausarbeitung der Stellungnahme kann die Kommission die Standpunkte der Agentur, des betroffenen Mitgliedstaats sowie interessierter Kreise einholen. In diesem Fall verlängert sich die Zweimonatsfrist um zwei Monate.

In the absence of an opinion by the Commission within the period referred to in the first and second subparagraphs, the Commission is deemed not to raise objections to the decision of the regulatory authority.

Legt die Kommission innerhalb des in den Unterabsätzen 1 und 2 genannten Zeitraums keine Stellungnahme vor, so wird davon ausgegangen, dass sie keine Einwände gegen die Enscheidung der Regulierungsbehörde erhebt.

7. When assessing whether the control by a person or persons from a third country or third countries will put at risk the security of energy supply to the Community, the Commission shall take into account:

(7) Bei der Bewertung der Frage, ob die Kontrolle durch eine oder mehrere Personen aus einem oder mehreren Drittländern die Energieversorgungssicherheit in der Gemeinschaft nicht gefährden werden, berücksichtigt die Kommission Folgendes:

(a) the specific facts of the case and the third country or third countries concerned; and

a) die besonderen Gegebenheiten des Einzelfalls und des/der betreffenden Drittlands/ Drittländer sowie

(b) the rights and obligations of the Community with respect to that third country or third countries arising under international law, including an agreement concluded with one or more third countries to which the Community is a party and which addresses the issues of security of supply.

b) die Rechte und Pflichten der Gemeinschaft gegenüber diesem/n Drittland/Drittländern, die aus dem Völkerrecht – auch aus einem Abkommen mit einem oder mehreren Drittländern, dem die Gemeinschaft als Vertragspartei angehört und durch das Fragen der Versorgungssicherheit geregelt werden – erwachsen.

8. The national regulatory authority shall, within a period of two months after the expiry of the period referred to in paragraph 6, adopt its final decision on the certification. In adopting its final decision the national regulatory authority shall take utmost account of the Commission's opinion. In any event Member States shall have the right to refuse certification where granting certification puts at risk the Member State's security of energy supply or the security of energy supply of another Member State. Where the Member State has designated another competent authority to assess paragraph 3(b), it may require the national

(8) Die nationale Regulierungsbehörde erlässt ihre endgültige Entscheidung über die Zertifizierung innerhalb von zwei Monaten nach Ablauf der in Absatz 6 genannten Frist. Die nationale Regulierungsbehörde trägt in ihrer endgültigen Entscheidung der Stellungnahme der Kommission so weit wie möglich Rechnung. Die Mitgliedstaaten haben in jedem Fall das Recht, die Zertifizierung abzulehnen, wenn die Erteilung der Zertifizierung die Sicherheit der Energieversorgung des jeweiligen Mitgliedstaats oder die eines anderen Mitgliedstaats gefährdet. Hat der Mitgliedstaat eine andere zuständige Behörde für die Bewertung

regulatory authority to adopt its final decision in accordance with the assessment of that competent authority. The regulatory authority's final decision and the Commission's opinion shall be published together. Where the final decision diverges from the Commission's opinion, the Member State concerned shall provide and publish, together with that decision, the reasoning underlying such decision.

nach Absatz 3 Buchstabe b benannt, so kann er vorschreiben, dass die nationale Regulierungsbehörde ihre endgültige Entscheidung in Einklang mit der Bewertung dieser zuständigen Behörde erlassen muss. Die endgültige Entscheidung der Regulierungsbehörde wird zusammen mit der Stellungnahme der Kommission veröffentlicht. Weicht die endgültige Entscheidung von der Stellungnahme der Kommission ab, so muss der betreffende Mitgliedstaat zusammen mit dieser Entscheidung die Begründung für diese Entscheidung mitteilen und veröffentlichen.

9. Nothing in this Article shall affect the right of Member States to exercise, in compliance with Community law, national legal controls to protect legitimate public security interests.

(9) Dieser Artikel berührt in keiner Weise das Recht der Mitgliedstaaten, in Einklang mit dem Gemeinschaftsrecht nationale rechtliche Kontrollen zum Schutz legitimer Interessen der öffentlichen Sicherheit durchzuführen.

10. The Commission may adopt Guidelines setting out the details of the procedure to be followed for the application of this Article. Those measures, designed to amend non-essential elements of this Directive by supplementing it, shall be adopted in accordance with the regulatory procedure with scrutiny referred to in Article 51(3).

(10) Die Kommission kann Leitlinien erlassen, in denen die Einzelheiten des Verfahrens für die Anwendung dieses Artikels festgelegt werden. Diese Maßnahmen zur Änderung nicht wesentlicher Bestimmungen dieser Richtlinie durch Ergänzung werden nach dem in Artikel 51 Absatz 3 genannten Regelungsverfahren mit Kontrolle erlassen.

11. This Article, with exception of paragraph 3(a), shall also apply to Member States which are subject to a derogation under Article 49.

(11) Dieser Artikel gilt mit Ausnahme von Absatz 3 Buchstabe a auch für die Mitgliedstaaten, für die nach Artikel 49 eine Ausnahmeregelung gilt.

Article 12
Designation of storage and LNG system operators

Member States shall designate, or shall require natural gas undertakings which own storage or LNG facilities to designate, for a period of time to be determined by Member States, having regard to considerations of efficiency and economic balance, one or more storage and LNG system operators.

Artikel 12
Benennung der Betreiber von Speicheranlagen und LNG-Anlagen

Die Mitgliedstaaten oder von diesen dazu aufgeforderte Erdgasunternehmen, die Eigentümer von Speicheranlagen oder LNG-Anlagen sind, benennen für einen Zeitraum, den die Mitgliedstaaten unter Effizienzerwägungen und unter Berücksichtigung des wirtschaftlichen Gleichgewichts festlegen, einen oder mehrere Betreiber von Speicheranlagen oder LNG.

Article 13
Tasks
of transmission, storage and/or LNG system operators

1. Each transmission, storage and/or LNG system operator shall:

(a) operate, maintain and develop under economic conditions secure, reliable and efficient transmission, storage and/or LNG facilities to secure an open market, with due regard to the environment, ensure adequate means to meet service obligations;

(b) refrain from discriminating between system users or classes of sys-

Artikel 13
Aufgaben
der Fernleitungs-, der Speicherungs- und/oder LNG-Anlagenbetreiber

(1) Jeder Betreiber von Fernleitungsnetzen, Speicheranlagen und/oder LNG-Anlagen ist verantwortlich,

a) zur Gewährleistung eines offenen Marktes unter wirtschaftlichen Bedingungen und unter gebührender Beachtung des Umweltschutzes sichere, zuverlässige und leistungsfähige Fernleitungsnetze, Speicheranlagen und/oder LNG-Anlagen zu betreiben, zu warten und auszubauen, wobei gewährleistet wird, dass die zur Erfüllung der Dienstleistungsverpflichtungen erforderlichen Mittel vorhanden sind;

b) sich jeglicher Diskriminierung von Netzbenutzern oder Kategorien von

tem users, particularly in favour of its related undertakings;

Netzbenutzern, insbesondere zugunsten der mit ihm verbundenen Unternehmen, zu enthalten;

(c) provide any other transmission system operator, any other storage system operator, any other LNG system operator and/or any distribution system operator, sufficient information to ensure that the transport and storage of natural gas may take place in a manner compatible with the secure and efficient operation of the interconnected system; and

c) anderen Fernleitungsnetzbetreibern, Speicheranlagenbetreibern oder LNG-Anlagenbetreibern und/oder einem Verteilernetzbetreiber ausreichende Informationen bereitzustellen, damit der Transport und die Speicherung von Erdgas so erfolgen kann, dass der sichere und effiziente Betrieb des Verbundnetzes sichergestellt ist und

(d) provide system users with the information they need for efficient access to the system.

d) den Netzbenutzern die Informationen zur Verfügung zu stellen, die sie für einen effizienten Netzzugang benötigen.

2. Each transmission system operator shall build sufficient cross-border capacity to integrate European transmission infrastructure accommodating all economically reasonable and technically feasible demands for capacity and taking into account security of gas supply.

(2) Jeder Fernleitungsnetzbetreiber baut ausreichende grenzüberschreitende Kapazitäten für die Integration der europäischen Fernleitungsinfrastruktur auf, um die gesamte wirtschaftlich sinnvolle und technisch zu bewältigende Kapazitätsnachfrage zu befriedigen, wobei der Erdgasversorgungssicherheit Rechnung getragen wird.

3. Rules adopted by transmission system operators for balancing the gas transmission system shall be objective, transparent and non-discriminatory, including rules for the charging of system users of their networks for energy imbalance. Terms and conditions, including rules and tariffs, for the provision of such services by transmission

(3) Die von den Fernleitungsnetzbetreibern festgelegten Ausgleichsregelungen für das Gasfernleitungsnetz müssen objektiv, transparent und nicht diskriminierend sein, einschließlich der Regelungen über die von den Netzbenutzern für Energieungleichgewichte zu zahlenden Entgelte. Die Bedingungen für die Erbringung dieser

system operators shall be established pursuant to a methodology compatible with Article 41(6) in a non-discriminatory and cost-reflective way and shall be published.

Leistungen durch die Fernleitungsnetzbetreiber einschließlich Regelungen und Tarife werden gemäß einem mit Artikel 41 Absatz 6 zu vereinbarenden Verfahren in nichtdiskriminierender Weise und kostenorientiert festgelegt und veröffentlicht.

4. The regulatory authorities where Member States have so provided or Member States may require transmission system operators to comply with minimum standards for the maintenance and development of the transmission system, including interconnection capacity.

(4) Die Mitgliedstaaten oder, wenn die Mitgliedstaaten dies vorgesehen haben, die Regulierungsbehörden können den Fernleitungsnetzbetreibern zur Auflage machen, bei der Wartung und dem Ausbau des Fernleitungsnetzes einschließlich der Verbindungskapazitäten bestimmte Mindestnormen einzuhalten.

5. Transmission system operators shall procure the energy they use for the carrying out of their functions according to transparent, non-discriminatory and market based procedures.

(5) Die Fernleitungsnetzbetreiber beschaffen sich die Energie, die sie zur Wahrnehmung ihrer Aufgaben verwenden, nach transparenten, nichtdiskriminierenden und marktorientierten Verfahren.

Article 14
Independent system operators

1. Where the transmission system belongs to a vertically integrated undertaking on 3 September 2009, Member States may decide not to apply Article 9(1) and designate an independent system operator upon a proposal from the transmission system owner. Such designation shall be subject to approval by the Commission.

Artikel 14
Unabhängige Netzbetreiber (ISO)

(1) In den Fällen, in denen das Fernleitungsnetz am 3. September 2009 einem vertikal integrierten Unternehmen gehört, können die Mitgliedstaaten entscheiden, Artikel 9 Absatz 1 nicht anzuwenden, und auf Vorschlag des Eigentümers des Fernleitungsnetzes einen unabhängigen Netzbetreiber benennen. Die Benennung bedarf der Zustimmung der Kommission.

2. The Member State may approve and designate an independent system operator only where:

(a) the candidate operator has demonstrated that it complies with the requirements of Article 9(1)(b), (c) and (d);

(b) the candidate operator has demonstrated that it has at its disposal the required financial, technical, physical and human resources to carry out its tasks under Article 13;

(c) the candidate operator has undertaken to comply with a ten-year network development plan monitored by the regulatory authority;

(d) the transmission system owner has demonstrated its ability to comply with its obligations under paragraph 5. To that end, it shall provide all the draft contractual arrangements with the candidate undertaking and any other relevant entity; and

(e) the candidate operator has demonstrated its ability to comply with its obligations under Regulation (EC) No 715/2009 including the cooperation of transmission system operators at European and regional level.

(2) Ein Mitgliedstaat kann einen unabhängigen Netzbetreiber nur unter folgenden Bedingungen zulassen und benennen:

a) Der Bewerber hat den Nachweis erbracht, dass er den Anforderungen des Artikels 9 Absatz 1 Buchstaben b, c und d genügt.

b) Der Bewerber hat den Nachweis erbracht, dass er über die erforderlichen finanziellen, technischen und personellen Ressourcen verfügt, um die Aufgaben gemäß Artikel 13 wahrzunehmen.

c) Der Bewerber hat sich verpflichtet, einen von der Regulierungsbehörde beobachteten zehnjährigen Netzentwicklungsplan umzusetzen.

d) Der Eigentümer des Fernleitungsnetzes hat den Nachweis erbracht, dass er in der Lage ist, seinen Verpflichtungen gemäß Absatz 5 nachzukommen. Zu diesem Zweck legt er sämtliche mit dem Bewerberunternehmen und etwaigen anderen relevanten Rechtspersonen getroffenen vertraglichen Vereinbarungen im Entwurf vor.

e) Der Bewerber hat den Nachweis erbracht, dass er in der Lage ist, seinen Verpflichtungen gemäß der Verordnung (EG) Nr. 715/2009, auch bezüglich der Zusammenarbeit der Fernleitungsnetzbetreiber auf europäischer und regionaler Ebene, nachzukommen.

3. Undertakings which have been certified by the regulatory authority as having complied with the requirements of Article 11 and of paragraph 2 of this Article shall be approved and designated as independent system operators by Member States. The certification procedure in either Article 10 of this Directive and Article 3 of Regulation (EC) No 715/2009 or in Article 11 of this Directive shall be applicable.

(3) Unternehmen, denen von der nationalen Regulierungsbehörde bescheinigt wurde, dass sie den Anforderungen des Artikels 11 und Absatz 2 dieses Artikels genügen, werden von den Mitgliedstaaten zugelassen und als Fernleitungsnetzbetreiber benannt. Es gilt das Zertifizierungsverfahren des Artikels 10 der vorliegenden Richtlinie und des Artikels 3 der Verordnung (EG) Nr. 715/2009 oder des Artikels 11 der vorliegenden Richtlinie.

4. Each independent system operator shall be responsible for granting and managing third-party access, including the collection of access charges and congestion charges, for operating, maintaining and developing the transmission system, as well as for ensuring the long-term ability of the system to meet reasonable demand through investment planning. When developing the transmission system the independent system operator shall be responsible for planning (including authorisation procedure), construction and commissioning of the new infrastructure. For this purpose, the independent system operator shall act as a transmission system operator in accordance with this Chapter. The transmission system owner shall not be responsible for granting and managing third-party access, nor for investment planning.

(4) Jeder unabhängige Netzbetreiber ist verantwortlich für die Gewährung und Regelung des Zugangs Dritter, einschließlich der Erhebung von Zugangsentgelten sowie der Einnahme von Engpasserlösen, für Betrieb, Wartung und Ausbau des Fernleitungsnetzes sowie für die Gewährleistung der langfristigen Fähigkeit des Netzes, im Wege einer Investitionsplanung eine angemessene Nachfrage zu befriedigen. Beim Ausbau des Fernleitungsnetzes ist der unabhängige Netzbetreiber für Planung (einschließlich Genehmigungsverfahren), Bau und Inbetriebnahme der neuen Infrastruktur verantwortlich. Hierzu handelt der unabhängige Netzbetreiber als Fernleitungsnetzbetreiber im Einklang mit den Bestimmungen dieses Kapitels. Fernleitungsnetzbetreiber dürfen weder für die Gewährung und Regelung des Zugangs Dritter noch für die Investitionsplanung verantwortlich sein.

5. Where an independent system operator has been designated, the transmission system owner shall:

(a) provide all the relevant cooperation and support to the independent system operator for the fulfilment of its tasks, including in particular all relevant information;

(b) finance the investments decided by the independent system operator and approved by the regulatory authority, or give its agreement to financing by any interested party including the independent system operator. The relevant financing arrangements shall be subject to approval by the regulatory authority. Prior to such approval, the regulatory authority shall consult the transmission system owner together with other interested parties;

(c) provide for the coverage of liability relating to the network assets, excluding the liability relating to the tasks of the independent system operator; and

(d) provide guarantees to facilitate financing any network expansions with the exception of those investments where, pursuant to point (b), it has given its agreement to financing by

(5) Wurde ein unabhängiger Netzbetreiber benannt, ist der Eigentümer des Fernleitungsnetzes zu Folgendem verpflichtet:

a) Er arbeitet im erforderlichen Maße mit dem unabhängigen Fernleitungsnetzbetreiber zusammen und unterstützt ihn bei der Wahrnehmung seiner Aufgaben, indem er insbesondere alle relevanten Informationen liefert.

b) Er finanziert die vom unabhängigen Netzbetreiber beschlossenen und von der Regulierungsbehörde genehmigten Investitionen oder erteilt seine Zustimmung zur Finanzierung durch eine andere interessierte Partei, einschließlich des unabhängigen Netzbetreibers. Die einschlägigen Finanzierungsvereinbarungen unterliegen der Genehmigung durch die Regulierungsbehörde. Vor ihrer Genehmigung konsultiert die Regulierungsbehörde den Eigentümer des Fernleitungsnetzes sowie die anderen interessierten Parteien.

c) Er sichert die Haftungsrisiken im Zusammenhang mit den Netzvermögenswerten ab; hiervon ausgenommen sind diejenigen Haftungsrisiken, die die Aufgaben des unabhängigen Netzbetreibers betreffen, und

d) Er stellt die Garantien, die zur Erleichterung der Finanzierung eines etwaigen Netzausbaus erforderlich sind, mit Ausnahme derjenigen Investitionen, bei denen er gemäß Absatz b ei-

any interested party including the independent system operator.

ner Finanzierung durch eine interessierte Partei, einschließlich des unabhängigen Netzbetreibers, zugestimmt hat.

6. In close cooperation with the regulatory authority, the relevant national competition authority shall be granted all relevant powers to effectively monitor compliance of the transmission system owner with its obligations under paragraph 5.

(6) In enger Zusammenarbeit mit der Regulierungsbehörde wird die zuständige nationale Wettbewerbsbehörde mit sämtlichen maßgeblichen Befugnissen ausgestattet, die es ihr ermöglichen, wirksam zu beobachten, ob der Fernleitungsnetzeigentümer seinen Verpflichtungen gemäß Absatz 5 nachkommt.

Article 15
Unbundling of transmission system owners and storage system operators

Artikel 15
Entflechtung der Fernleitungsnetzeigentümer und Speicheranlagenbetreiber

1. A transmission system owner, where an independent system operator has been appointed, and a storage system operator which are part of vertically integrated undertakings shall be independent at least in terms of their legal form, organisation and decision making from other activities not relating to transmission, distribution and storage.

(1) Fernleitungsnetzeigentümer - falls ein unabhängiger Netzbetreiber benannt wurde - und Speicheranlagenbetreiber, die Teil eines vertikal integrierten Unternehmens sind, müssen zumindest hinsichtlich ihrer Rechtsform, Organisation und Entscheidungsgewalt unabhängig von den übrigen Tätigkeiten sein, die nicht mit der Fernleitung, Verteilung und Speicherung zusammenhängen.

This Article shall apply only to storage facilities that are technically and/or economically necessary for providing efficient access to the system for the supply of customers pursuant to Article 33.

Dieser Artikel gilt nur für Speicheranlagen, die technisch und/oder wirtschaftlich erforderlich sind, um einen effizienten Zugang zum System für die Versorgung der Kunden gemäß Artikel 33 zu gewährleisten.

2. In order to ensure the independence of the transmission system owner and storage system operator referred to in paragraph 1, the following minimum criteria shall apply:

(a) persons responsible for the management of the transmission system owner and storage system operator shall not participate in company structures of the integrated natural gas undertaking responsible, directly or indirectly, for the day-to-day operation of the production and supply of natural gas;

(b) appropriate measures shall be taken to ensure that the professional interests of persons responsible for the management of the transmission system owner and storage system operator are taken into account in a manner that ensures that they are capable of acting independently;

(c) the storage system operator shall have effective decision-making rights, independent from the integrated natural gas undertaking, with respect to assets necessary to operate, maintain or develop the storage facilities. This shall not preclude the existence of appropriate coordination mechanisms to ensure that the economic and management supervision rights of the parent company in respect of return on assets regulated indirectly in accordance with Article 41(6) in a subsidi-

(2) Um die Unabhängigkeit des Fernleitungsnetzeigentümer und des Speicheranlagenbetreibers gemäß Absatz 1 sicherzustellen, sind die folgenden Mindestkriterien anzuwenden:

a) Die für die Leitung des Fernleitungsnetzeigentümers und des Speicheranlagenbetreibers zuständigen Personen dürfen nicht betrieblichen Einrichtungen des integrierten Erdgasunternehmens angehören, die direkt oder indirekt für den laufenden Betrieb in den Bereichen Erdgasgewinnung, -verteilung und -versorgung zuständig sind.

b) Es sind geeignete Maßnahmen zu treffen, damit die berufsbedingten Interessen der für die Leitung des Fernleitungsnetzeigentümers und des Speicheranlagenbetreibers zuständigen Personen so berücksichtigt werden, dass ihre Handlungsunabhängigkeit gewährleistet ist.

c) Der Speicheranlagenbetreiber hat in Bezug auf Vermögenswerte, die für Betrieb, Wartung oder Ausbau der Speicheranlagen erforderlich sind, tatsächliche Entscheidungsbefugnisse, die er unabhängig von dem integrierten Gasunternehmen ausübt. Dies darf geeigneten Koordinierungsmechanismen nicht entgegenstehen, mit denen sichergestellt wird, dass die wirtschaftlichen Befugnisse des Mutterunternehmens und seine Aufsichtsrechte über das Management im Hinblick auf

ary are protected. In particular, this shall enable the parent company to approve the annual financial plan, or any equivalent instrument, of the storage system operator and to set global limits on the levels of indebtedness of its subsidiary. It shall not permit the parent company to give instructions regarding day-to-day operations, nor with respect to individual decisions concerning the construction or upgrading of storage facilities, that do not exceed the terms of the approved financial plan, or any equivalent instrument; and

die – gemäß Artikel 41 Absatz 6 indirekt geregelte – Rentabilität eines Tochterunternehmens geschützt werden. Dies ermöglicht es dem Mutterunternehmen insbesondere, den jährlichen Finanzplan oder ein gleichwertiges Instrument des Speicheranlagenbetreibers zu genehmigen und generelle Grenzen für die Verschuldung seines Tochterunternehmens festzulegen. Dies erlaubt es dem Mutterunternehmen nicht, Weisungen bezüglich des laufenden Betriebs oder einzelner Entscheidungen über den Bau oder die Modernisierung von Speicheranlagen zu erteilen, die über den Rahmen des genehmigten Finanzplans oder eines gleichwertigen Instruments nicht hinausgehen.

(d) the transmission system owner and the storage system operator shall establish a compliance programme, which sets out measures taken to ensure that discriminatory conduct is excluded, and ensure that observance of it is adequately monitored. The compliance programme shall set out the specific obligations of employees to meet those objectives. An annual report, setting out the measures taken, shall be submitted by the person or body responsible for monitoring the compliance programme to the regulatory authority and shall be published.

d) Der Fernleitungsnetzeigentümer und der Speicheranlagenbetreiber stellen ein Gleichbehandlungsprogramm auf, aus dem hervorgeht, welche Maßnahmen zum Ausschluss diskriminierenden Verhaltens getroffen werden, und gewährleisten die ausreichende Beobachtung der Einhaltung dieses Programms. In dem Gleichbehandlungsprogramm ist festgelegt, welche besonderen Pflichten die Mitarbeiter im Hinblick auf die Erreichung dieser Ziele haben. Die für die Beobachtung des Gleichbehandlungsprogramms zuständige Person oder Stelle legt der Regulierungsbehörde jährlich einen Bericht über die getroffenen Maßnahmen vor, der veröffentlicht wird.

3. The Commission may adopt Guidelines to ensure full and effective compliance of the transmission system owner and of the storage system operator with paragraph 2 of this Article. Those measures, designed to amend non-essential elements of this Directive by supplementing it, shall be adopted in accordance with the regulatory procedure with scrutiny referred to in Article 51(3).

(3) Die Kommission kann Leitlinien erlassen, um sicherzustellen, dass der Fernleitungsnetzeigentümer und der Speicheranlagenbetreiber den Bestimmungen des Absatzes 2 dieses Artikels in vollem Umfang und wirksam nachkommen. Diese Maßnahmen zur Änderung nicht wesentlicher Bestimmungen dieser Richtlinie durch Ergänzung werden nach dem in Artikel 51 Absatz 3 genannten Regelungsverfahren mit Kontrolle erlassen.

Article 16

Confidentiality for transmission system operators and transmission system owners

1. Without prejudice to Article 30 or any other legal duty to disclose information, each transmission, storage and/or LNG system operator, and each transmission system owner, shall preserve the confidentiality of commercially sensitive information obtained in the course of carrying out its activities, and shall prevent information about its own activities which may be commercially advantageous from being disclosed in a discriminatory manner. In particular, it shall not disclose any commercially sensitive information to the remaining parts of the undertaking, unless this is necessary for carrying out a business transaction. In order to ensure the full respect of the rules on information unbundling, Member States shall ensure that the transmission system owner including, in the

Artikel 16

Vertraulichkeitsanforderungen für Betreiber und Eigentümer von Fernleitungsnetzen

(1) Unbeschadet des Artikels 30 und sonstiger rechtlicher Verpflichtungen zur Offenlegung von Informationen wahrt jeder Betreiber eines Fernleitungsnetzes, einer Speicheranlage und/oder einer LNG-Anlage und jeder Eigentümer eines Fernleitungsnetzes die Vertraulichkeit wirtschaftlich sensibler Informationen, von denen er bei der Ausübung seiner Geschäftstätigkeit Kenntnis erlangt, und verhindert, dass Informationen über seine eigenen Tätigkeiten, die wirtschaftliche Vorteile bringen können, in diskriminierender Weise offen gelegt werden. Insbesondere gibt er keine wirtschaftlich sensiblen Informationen an andere Teile des Unternehmens weiter, es sei denn, dies ist für die Durchführung einer Transaktion erforderlich. Zur Gewährleistung der vollständigen Einhaltung

case of a combined operator, the distribution system operator, and the remaining part of the undertaking do not use joint services, such as joint legal services, apart from purely administrative or IT functions.

der Regeln zur Informationsentflechtung stellen die Mitgliedstaaten sicher, dass der Eigentümer des Fernleitungsnetzes – wenn es sich um einen Kombinationsnetzbetreiber handelt, auch der Verteilernetzbetreiber – und die übrigen Teile des Unternehmens – abgesehen von Einrichtungen rein administrativer Natur oder von IT-Diensten – keine gemeinsamen Einrichtungen wie z.B. gemeinsame Rechtsabteilungen in Anspruch nehmen.

2. Transmission, storage and/or LNG system operators shall not, in the context of sales or purchases of natural gas by related undertakings, misuse commercially sensitive information obtained from third parties in the context of providing or negotiating access to the system.

(2) Betreiber von Fernleitungsnetzen, Speicheranlagen und/oder LNG-Anlagen dürfen wirtschaftlich sensible Informationen, die sie von Dritten im Zusammenhang mit der Gewährung des Netzzugangs oder bei Verhandlungen hierüber erhalten, beim Verkauf oder Erwerb von Erdgas durch verbundene Unternehmen nicht missbrauchen.

3. Information necessary for effective competition and the efficient functioning of the market shall be made public. That obligation shall be without prejudice to protecting commercially sensitive information.

(3) Die für einen wirksamen Wettbewerb und das tatsächliche Funktionieren des Marktes erforderlichen Informationen werden veröffentlicht. Der Schutz wirtschaftlich sensibler Daten bleibt von dieser Verpflichtung unberührt.

CHAPTER IV
Independent Transmission Operator

Article 17
Assets, equipment, staff and identity

1. Transmission system operators shall be equipped with all human, technical, physical and financial resources necessary for fulfilling their obligations under this Directive and carrying out the activity of gas transmission, in particular:

(a) assets that are necessary for the activity of gas transmission, including the transmission system, shall be owned by the transmission system operator;

(b) personnel necessary for the activity of gas transmission, including the performance of all corporate tasks, shall be employed by the transmission system operator;

(c) leasing of personnel and rendering of services, to and from any other parts of the vertically integrated undertaking shall be prohibited. A transmission system operator may, however, render services to the vertically integrated undertaking as long as:

KAPITEL IV
Unabhängiger Fernleitungsnetzbetreiber (ITO)

Artikel 17
Vermögenswerte, Anlagen, Personal und Unternehmensidentität

(1) Die Fernleitungsnetzbetreiber müssen über alle personellen, technischen, materiellen und finanziellen Ressourcen verfügen, die zur Erfüllung ihrer Pflichten im Rahmen dieser Richtlinie und für die Geschäftstätigkeit der Gasfernleitung erforderlich sind; hierfür gilt insbesondere Folgendes:

a) Vermögenswerte, die für die Geschäftstätigkeit der Gasfernleitung erforderlich sind, einschließlich des Fernleitungsnetzes, müssen Eigentum des Fernleitungsnetzbetreibers sein.

b) Das Personal, das für die Geschäftstätigkeit der Gasfernleitung erforderlich ist, so auch für die Erfüllung aller Aufgaben des Unternehmens, muss beim Fernleitungsnetzbetreiber angestellt sein.

c) Personalleasing und Erbringung von Dienstleistungen für bzw. durch andere Teile des vertikal integrierten Unternehmens sind untersagt. Ein Fernleitungsnetzbetreiber darf jedoch für das vertikal integrierte Unternehmen Dienstleistungen erbringen, sofern dabei

(i) the provision of those services does not discriminate between system users, is available to all system users on the same terms and conditions and does not restrict, distort or prevent competition in production or supply; and

i) nicht zwischen Nutzern diskriminiert wird, die Dienstleistungen allen Nutzern unter den gleichen Vertragsbedingungen zugänglich sind und der Wettbewerb bei der Gewinnung und Lieferung nicht eingeschränkt, verzerrt oder unterbunden wird und

(ii) the terms and conditions of the provision of those services are approved by the regulatory authority;

ii) die dafür geltenden Vertragsbedingungen von der Regulierungsbehörde genehmigt werden.

(d) without prejudice to the decisions of the Supervisory Body under Article 20, appropriate financial resources for future investment projects and/or for the replacement of existing assets shall be made available to the transmission system operator in due time by the vertically integrated undertaking following an appropriate request from the transmission system operator.

d) Unbeschadet der Entscheidungen des Aufsichtsorgans nach Artikel 20 sind dem Fernleitungsnetzbetreiber angemessene finanzielle Ressourcen für künftige Investitionsprojekte und/oder für den Ersatz vorhandener Vermögenswerte nach entsprechender Anforderung durch den Fernleitungsnetzbetreiber rechtzeitig vom vertikal integrierten Unternehmen bereitzustellen.

2. The activity of gas transmission shall include at least the following tasks in addition to those listed in Article 13:

(2) Die Geschäftstätigkeit der Gasfernleitung beinhaltet neben den in Artikel 13 aufgeführten Aufgaben mindestens die folgenden Tätigkeiten:

(a) the representation of the transmission system operator and contacts to third parties and the regulatory authorities;

a) die Vertretung des Fernleitungsnetzbetreibers und die Funktion des Ansprechpartners für Dritte und für die Regulierungsbehörden;

(b) the representation of the transmission system operator within the European Network of Transmission System Operators for Gas (ENTSO for Gas);

b) die Vertretung des Fernleitungsnetzbetreibers innerhalb des Europäischen Verbunds der Fernleitungsnetzbetreiber („ENTSO (Gas)“);

(c) granting and managing third-party access on a non-discriminatory basis between system users or classes of system users;

c) die Gewährung und Regelung des Zugangs Dritter nach dem Grundsatz der Nichtdiskriminierung zwischen Netzbenutzern oder Kategorien von Netzbenutzern;

(d) the collection of all the transmission system related charges including access charges, balancing charges for ancillary services such as gas treatment, purchasing of services (balancing costs, energy for losses);

d) die Erhebung aller Fernleitungsnetzbezogenen Gebühren, einschließlich Zugangsentgelten, Ausgleichsentgelten für Hilfsdienste wie z.B. Gasaufbereitung, Erwerb von Leistungen (Ausgleichskosten, Energieverbrauch für Verluste);

(e) the operation, maintenance and development of a secure, efficient and economic transmission system;

e) den Betrieb, die Wartung und den Ausbau eines sicheren, effizienten und wirtschaftlichen Fernleitungsnetzes;

(f) investment planning ensuring the long-term ability of the system to meet reasonable demand and guaranteeing security of supply;

f) die Investitionsplanung zur Gewährleistung der langfristigen Fähigkeit des Netzes, eine angemessene Nachfrage zu decken, und der Versorgungssicherheit;

(g) the setting up of appropriate joint ventures, including with one or more transmission system operators, gas exchanges, and the other relevant actors pursuing the objective to develop the creation of regional markets or to facilitate the liberalisation process; and

g) die Gründung geeigneter Gemeinschaftsunternehmen, auch mit einem oder mehreren Fernleitungsnetzbetreibern, Gasbörsen und anderen relevanten Akteuren, mit dem Ziel, die Schaffung von Regionalmärkten zu fördern oder den Prozess der Liberalisierung zu erleichtern, und

(h) all corporate services, including legal services, accountancy and IT services.

h) alle unternehmensspezifischen Einrichtungen und Leistungen, unter anderem Rechtsabteilung, Buchhaltung und IT-Dienste.

3. Transmission system operators shall be organised in a legal form as referred to in Article 1 of Council Directive 68/151/EEC.[21]

(3) Für Fernleitungsnetzbetreiber gelten die in Artikel 1 der Richtlinie 68/151/EWG des Rates[21] genannten Rechtsformen.

4. The transmission system operator shall not, in its corporate identity, communication, branding and premises, create confusion in respect of the separate identity of the vertically integrated undertaking or any part thereof.

(4) Fernleitungsnetzbetreiber müssen in Bezug auf ihre Unternehmensidentität, ihre Kommunikation, ihre Markenpolitik sowie ihre Geschäftsräume dafür Sorge tragen, dass eine Verwechslung mit der eigenen Identität des vertikal integrierten Unternehmens oder irgendeines Teils davon ausgeschlossen ist.

5. The transmission system operator shall not share IT systems or equipment, physical premises and security access systems with any part of the vertically integrated undertaking, nor use the same consultants or external contractors for IT systems or equipment, and security access systems.

(5) Fernleitungsnetzbetreiber unterlassen die gemeinsame Nutzung von IT-Systemen oder -ausrüstung, Liegenschaften und Zugangskontrollsystemen mit jeglichem Unternehmensteil vertikal integrierter Unternehmen und gewährleisten, dass sie in Bezug auf IT-Systeme oder -ausrüstung und Zugangskontrollsysteme nicht mit denselben Beratern und externen Auftragnehmern zusammenarbeiten.

6. The accounts of transmission system operators shall be audited by an auditor other than the one auditing the

(6) Die Rechnungslegung von Fernleitungsnetzbetreibern ist von anderen Wirtschaftsprüfern als denen, die die

[21] First Council Directive 68/151/EEC of 9 March 1968 on coordination of safeguards which, for the protection of the interests of members and others, are required by Member States of companies within the meaning of the second paragraph of Article 58 of the Treaty, with a view to making such safeguards equivalent throughout the Community (OJ L 65, 14.3.1968, p. 8).

[21] Erste Richtlinie 68/151/EWG des Rates vom 9. März 1968 zur Koordinierung der Schutzbestimmungen, die in den Mitgliedstaaten den Gesellschaften im Sinne des Artikels 58 Absatz 2 des Vertrages im Interesse der Gesellschafter sowie Dritter vorgeschrieben sind, um diese Bestimmungen gleichwertig zu gestalten (ABl. L 65 vom 14.3.1968, S. 8).

vertically integrated undertaking or any part thereof.

Rechnungsprüfung beim vertikal integrierten Unternehmen oder bei dessen Unternehmensteilen vornehmen, zu prüfen.

Article 18
Independence of the transmission system operator

1. Without prejudice to the decisions of the Supervisory Body under Article 20, the transmission system operator shall have:

(a) effective decision-making rights, independent from the vertically integrated undertaking, with respect to assets necessary to operate, maintain or develop the transmission system; and

(b) the power to raise money on the capital market in particular through borrowing and capital increase.

2. The transmission system operator shall at all times act so as to ensure it has the resources it needs in order to carry out the activity of transmission properly and efficiently and develop and maintain an efficient, secure and economic transmission system.

3. Subsidiaries of the vertically integrated undertaking performing functions of production or supply shall not

Artikel 18
Unabhängigkeit des Fernleitungsnetzbetreibers

(1) Unbeschadet der Entscheidungen des Aufsichtsorgans nach Artikel 20 muss der Fernleitungsnetzbetreiber

a) in Bezug auf Vermögenswerte oder Ressourcen, die für den Betrieb, die Wartung und den Ausbau des Fernleitungsnetzes erforderlich sind, wirksame Entscheidungsbefugnisse haben, die er unabhängig von dem vertikal integrierten Unternehmen ausübt, und

b) die Befugnis haben, Geld auf dem Kapitalmarkt insbesondere durch Aufnahme von Darlehen oder Kapitalerhöhung zu beschaffen.

(2) Der Fernleitungsnetzbetreiber stellt sicher, dass er jederzeit über die Mittel verfügt, die er benötigt, um das Fernleitungsgeschäft ordnungsgemäß und effizient zu führen und um ein leistungsfähiges, sicheres und wirtschaftliches Fernleitungsnetz aufzubauen und aufrechtzuerhalten.

(3) Tochterunternehmen des vertikal integrierten Unternehmens, die die Funktionen Gewinnung oder Versor-

have any direct or indirect shareholding in the transmission system operator. The transmission system operator shall neither have any direct or indirect shareholding in any subsidiary of the vertically integrated undertaking performing functions of production or supply, nor receive dividends or any other financial benefit from that subsidiary.

gung wahrnehmen, dürfen weder direkt noch indirekt Anteile am Unternehmen des Fernleitungsnetzbetreibers halten. Der Fernleitungsnetzbetreiber darf weder direkt noch indirekt Anteile an Tochterunternehmen des vertikal integrierten Unternehmens, die die Funktionen Gewinnung oder Versorgung wahrnehmen, halten und darf keine Dividenden oder andere finanzielle Zuwendungen von diesen Tochterunternehmen erhalten.

4. The overall management structure and the corporate statutes of the transmission system operator shall ensure effective independence of the transmission system operator in compliance with this Chapter. The vertically integrated undertaking shall not determine, directly or indirectly, the competitive behaviour of the transmission system operator in relation to the day to day activities of the transmission system operator and management of the network, or in relation to activities necessary for the preparation of the ten-year network development plan developed pursuant to Article 22.

(4) Die gesamte Verwaltungsstruktur und die Unternehmenssatzung des Fernleitungsnetzbetreibers gewährleisten seine tatsächliche Unabhängigkeit gemäß diesem Kapitel. Das vertikal integrierte Unternehmen darf das Wettbewerbsverhalten des Fernleitungsnetzbetreibers in Bezug auf dessen laufende Geschäfte und die Netzverwaltung oder in Bezug auf die notwendigen Tätigkeiten zur Aufstellung des zehnjährigen Netzentwicklungsplans gemäß Artikel 22 weder direkt noch indirekt beeinflussen.

5. In fulfilling their tasks in Article 13 and Article 17(2) of this Directive, and in complying with Article 13(1), Article 14(1)(a), Article 16(2), (3) and (5), Article 18(6) and Article 21(1) of Regulation (EC) No 715/2009, transmission system operators shall not discriminate against different persons or entities and shall not restrict, distort or

(5) Fernleitungsnetzbetreiber gewährleisten bei der Wahrnehmung ihrer Aufgaben nach Artikel 13 und Artikel 17 Absatz 2 der vorliegenden Richtlinie und bei der Einhaltung von Artikel 13 Absatz 1, Artikel 14 Absatz 1 Buchstabe a, Artikel 16 Absätze 2, 3 und 5, Artikel 18 Absatz 6 und Artikel 21 Absatz 1 der Verordnung (EG) Nr.

prevent competition in production or supply.

715/2009, dass sie weder Personen noch Körperschaften diskriminieren und dass sie den Wettbewerb bei der Gewinnung und Lieferung nicht einschränken, verzerren oder unterbinden.

6. Any commercial and financial relations between the vertically integrated undertaking and the transmission system operator, including loans from the transmission system operator to the vertically integrated undertaking, shall comply with market conditions. The transmission system operator shall keep detailed records of such commercial and financial relations and make them available to the regulatory authority upon request.

(6) Für die kommerziellen und finanziellen Beziehungen zwischen dem vertikal integrierten Unternehmen und dem Fernleitungsnetzbetreiber, einschließlich der Gewährung von Krediten durch den Fernleitungsnetzbetreiber an das vertikal integrierte Unternehmen, sind die marktüblichen Bedingungen einzuhalten. Der Fernleitungsnetzbetreiber führt ausführliche Aufzeichnungen über diese kommerziellen und finanziellen Beziehungen und stellt sie der Regulierungsbehörde auf Verlangen zur Verfügung.

7. The transmission system operator shall submit for approval by the regulatory authority all commercial and financial agreements with the vertically integrated undertaking.

(7) Der Fernleitungsnetzbetreiber legt der Regulierungsbehörde sämtliche kommerziellen und finanziellen Vereinbarungen mit dem vertikal integrierten Unternehmen zur Genehmigung vor.

8. The transmission system operator shall inform the regulatory authority of the financial resources, referred to in Article 17(1)(d), available for future investment projects and/or for the replacement of existing assets.

(8) Der Fernleitungsnetzbetreiber meldet der Regulierungsbehörde die Finanzmittel gemäß Artikel 17 Absatz 1 Buchstabe d, die ihm für künftige Investitionsprojekte und/oder für den Ersatz vorhandener Vermögenswerte und Ressourcen zur Verfügung stehen.

9. The vertically integrated undertaking shall refrain from any action impeding or prejudicing the transmission

(9) Das vertikal integrierte Unternehmen unterlässt jede Handlung, die die Erfüllung der Verpflichtungen des

system operator from complying with its obligations in this Chapter and shall not require the transmission system operator to seek permission from the vertically integrated undertaking in fulfilling those obligations.

Fernleitungsnetzbetreibers nach diesem Kapitel behindern oder gefährden würde, und verlangt vom Fernleitungsnetzbetreiber nicht, bei der Erfüllung dieser Verpflichtungen die Zustimmung des vertikal integrierten Unternehmens einzuholen.

10. An undertaking which has been certified by the regulatory authority as being in compliance with the requirements of this Chapter shall be approved and designated as a transmission system operator by the Member State concerned. The certification procedure in either Article 10 of this Directive and Article 3 of Regulation (EC) No 715/2009 or in Article 11 of this Directive shall apply.

(10) Unternehmen, denen von der Regulierungsbehörde bescheinigt wurde, dass sie den Anforderungen dieses Kapitels genügen, werden von den betreffenden Mitgliedstaaten zugelassen und als Fernleitungsnetzbetreiber benannt. Es gilt das Zertifizierungsverfahren des Artikels 10 der vorliegenden Richtlinie und des Artikels 3 der Verordnung (EG) Nr. 715/2009 oder des Artikels 11 der vorliegenden Richtlinie.

Article 19
Independence of the staff and the management of the transmission system operator

Artikel 19
Unabhängigkeit des Personals und der Unternehmensleitung des Fernleitungsnetzbetreibers

1. Decisions regarding the appointment and renewal, working conditions including remuneration, and termination of the term of office, of the persons responsible for the management and/or members of the administrative bodies of the transmission system operator shall be taken by the Supervisory Body of the transmission system operator appointed in accordance with Article 20.

(1) Entscheidungen, die Ernennungen, Wiederernennungen, Beschäftigungsbedingungen einschließlich Vergütung und Vertragsbeendigung für Personen der Unternehmensleitung und/oder Mitglieder der Verwaltungsorgane des Fernleitungsnetzbetreibers betreffen, werden von dem gemäß Artikel 20 ernannten Aufsichtsorgan des Fernleitungsnetzbetreibers getroffen.

2. The identity of, and the conditions governing the term, the duration and the termination of office of, the persons nominated by the Supervisory Body for appointment or renewal as persons responsible for the executive management and/or as members of the administrative bodies of the transmission system operator, and the reasons for any proposed decision terminating such term of office, shall be notified to the regulatory authority. Those conditions and the decisions referred to in paragraph 1 shall become binding only if the regulatory authority has raised no objections within three weeks of notification.

The regulatory authority may object to the decisions referred to in paragraph 1 where:

(a) doubts arise as to the professional independence of a nominated person responsible for the management and/or member of the administrative bodies; or

(b) in the case of premature termination of a term of office, doubts exist regarding the justification of such premature termination.

3. No professional position or responsibility, interest or business relationship, directly or indirectly, with the vertically integrated undertaking or any part of it or its controlling shareholders other than the transmission

(2) Die Namen und die Regelungen in Bezug auf Funktion, Vertragslaufzeit und -beendigung für Personen, die vom Aufsichtsorgan als Personen der obersten Unternehmensleitung und/ oder Mitglieder der Verwaltungsorgane des Fernleitungsnetzbetreibers ernannt oder wiederernannt werden, und die Gründe für vorgeschlagene Entscheidungen zur Vertragsbeendigung sind der Regulierungsbehörde mitzuteilen. Die in Absatz 1 genannten Regelungen und Entscheidungen werden erst verbindlich, wenn die Regulierungsbehörde innerhalb von drei Wochen nach der Mitteilung keine Einwände erhebt.

Die Regulierungsbehörde kann Einwände gegen die in Absatz 1 genannte Entscheidung erheben,

a) wenn Zweifel an der beruflichen Unabhängigkeit einer ernannten Person der Unternehmensleitung und/oder eines ernannten Mitglieds der Verwaltungsorgane bestehen oder

b) wenn Zweifel an der Berechtigung einer vorzeitigen Vertragsbeendigung bestehen.

(3) Es dürfen in den letzten drei Jahren vor einer Ernennung von Personen der Unternehmensleitung und/ oder Mitglieder der Verwaltungsorgane des Fernleitungsnetzbetreibers, die diesem Absatz unterliegen, bei dem vertikal

system operator shall be exercised for a period of three years before the appointment of the persons responsible for the management and/or members of the administrative bodies of the transmission system operator who are subject to this paragraph.

integrierten Unternehmen, einem seiner Unternehmensteile oder bei anderen Mehrheitsanteilseignern als dem Fernleitungsnetzbetreiber weder direkt noch indirekt berufliche Positionen bekleidet oder berufliche Aufgaben wahrgenommen noch Interessens- oder Geschäftsbeziehungen zu ihnen unterhalten werden.

4. The persons responsible for the management and/or members of the administrative bodies, and employees of the transmission system operator shall have no other professional position or responsibility, interest or business relationship, directly or indirectly, with any other part of the vertically integrated undertaking or with its controlling shareholders.

(4) Die Personen der Unternehmensleitung und/oder Mitglieder der Verwaltungsorgane und die Beschäftigten des Fernleitungsnetzbetreibers dürfen bei anderen Unternehmensteilen des vertikal integrierten Unternehmens oder bei deren Mehrheitsanteilseignern weder direkt noch indirekt berufliche Positionen bekleiden oder berufliche Aufgaben wahrnehmen oder Interessens- oder Geschäftsbeziehungen zu ihnen unterhalten.

5. The persons responsible for the management and/or members of the administrative bodies, and employees of the transmission system operator shall hold no interest in or receive any financial benefit, directly or indirectly, from any part of the vertically integrated undertaking other than the transmission system operator. Their remuneration shall not depend on activities or results of the vertically integrated undertaking other than those of the transmission system operator.

(5) Die Personen der Unternehmensleitung und/oder Mitglieder der Verwaltungsorgane und die Beschäftigten des Fernleitungsnetzbetreibers dürfen – mit Ausnahme des Fernleitungsnetzbetreibers – weder direkt noch indirekt Beteiligungen an Unternehmensteilen des vertikal integrierten Unternehmens halten noch finanzielle Zuwendungen von diesen erhalten. Ihre Vergütung darf nicht an die Tätigkeiten oder Betriebsergebnisse des vertikal integrierten Unternehmens, soweit sie nicht den Fernleitungsnetzbetreiber betreffen, gebunden sein.

6. Effective rights of appeal to the regulatory authority shall be guaranteed for any complaints by the persons responsible for the management and/or members of the administrative bodies of the transmission system operator against premature terminations of their term of office.

(6) Im Falle von Beschwerden von Personen der Unternehmensleitung und/oder Mitgliedern der Verwaltungsorgane des Fernleitungsnetzbetreibers gegen vorzeitige Vertragsbeendigung ist die effektive Einlegung von Rechtsmitteln bei der Regulierungsbehörde zu gewährleisten.

7. After termination of their term of office in the transmission system operator, the persons responsible for its management and/or members of its administrative bodies shall have no professional position or responsibility, interest or business relationship with any part of the vertically integrated undertaking other than the transmission system operator, or with its controlling shareholders for a period of not less than four years.

(7) Nach Beendigung des Vertragsverhältnisses zum Fernleitungsnetzbetreiber dürfen Personen der Unternehmensleitung und/oder Mitgliedern der Verwaltungsorgane für mindestens vier Jahre bei anderen Unternehmensteilen des vertikal integrierten Unternehmens als dem Fernleitungsnetzbetreiber oder bei deren Mehrheitsanteilseignern keine beruflichen Positionen bekleiden oder berufliche Aufgaben wahrnehmen oder Interessens- oder Geschäftsbeziehungen zu ihnen unterhalten.

8. Paragraph 3 shall apply to the majority of the persons responsible for the management and/or members of the administrative bodies of the transmission system operator.

(8) Absatz 3 gilt für die Mehrheit der Angehörigen der Unternehmensleitung und/oder Mitglieder der Verwaltungsorgane des Fernleitungsnetzbetreibers.

The persons responsible for the management and/or members of the administrative bodies of the transmission system operator who are not subject to paragraph 3 shall have exercised no management or other relevant activity in the vertically integrated undertaking for a period of at least six months before their appointment.

Die Angehörigen der Unternehmensleitung und/oder Mitglieder der Verwaltungsorgane des Fernleitungsnetzbetreibers, für die Absatz 3 nicht gilt, dürfen in den letzten sechs Monaten vor ihrer Ernennung bei dem vertikal integrierten Unternehmen keine Führungstätigkeit oder andere einschlägige Tätigkeit ausgeübt haben.

The first subparagraph of this paragraph and paragraphs 4 to 7 shall be applicable to all the persons belonging to the executive management and to those directly reporting to them on matters related to the operation, maintenance or development of the network.

Unterabsatz 1 sowie die Absätze 4 bis 7 finden Anwendung auf alle Personen, die der obersten Unternehmensleitung angehören, sowie auf die ihnen unmittelbar unterstellten Personen, die mit dem Betrieb, der Wartung oder der Entwicklung des Netzes befasst sind.

Article 20
Supervisory Body

1. The transmission system operator shall have a Supervisory Body which shall be in charge of taking decisions which may have a significant impact on the value of the assets of the shareholders within the transmission system operator, in particular decisions regarding the approval of the annual and longer-term financial plans, the level of indebtedness of the transmission system operator and the amount of dividends distributed to shareholders. The decisions falling under the remit of the Supervisory Body shall exclude those that are related to the day to day activities of the transmission system operator and management of the network, and in relation to activities necessary for the preparation of the ten-year network development plan developed pursuant to Article 22.

2. The Supervisory Body shall be composed of members representing the vertically integrated undertaking, members representing third party shareholders and, where the relevant

Artikel 20
Aufsichtsorgan

(1) Der Fernleitungsnetzbetreiber verfügt über ein Aufsichtsorgan, dessen Aufgabe es ist, Entscheidungen, die von erheblichem Einfluss auf den Wert der Vermögenswerte der Anteilseigner beim Fernleitungsnetzbetreiber sind, insbesondere Entscheidungen im Zusammenhang mit der Genehmigung der jährlichen und der langfristigen Finanzpläne, der Höhe der Verschuldung des Fernleitungsnetzbetreibers und der Höhe der an die Anteilseigner auszuzahlenden Dividenden, zu treffen. Das Aufsichtsorgan hat keine Entscheidungsbefugnis in Bezug auf die laufenden Geschäfte des Fernleitungsnetzbetreibers und die Netzverwaltung und in Bezug auf die notwendigen Tätigkeiten zur Aufstellung des zehnjährigen Netzentwicklungsplans gemäß Artikel 22.

(2) Das Aufsichtsorgan besteht aus Vertretern des vertikal integrierten Unternehmens, Vertretern von dritten Anteilseignern und, sofern die einschlägigen Rechtsvorschriften eines Mitglied-

legislation of a Member State so provides, members representing other interested parties such as employees of the transmission system operator.

3. The first subparagraph of Article 19(2) and Article 19(3) to (7) shall apply to at least half of the members of the Supervisory Body minus one.

Point (b) of the second subparagraph of Article 19(2) shall apply to all the members of the Supervisory Body.

Article 21
Compliance programme and compliance officer

1. Member States shall ensure that transmission system operators establish and implement a compliance programme which sets out the measures taken in order to ensure that discriminatory conduct is excluded, and ensure that the compliance with that programme is adequately monitored. The compliance programme shall set out the specific obligations of employees to meet those objectives. It shall be subject to approval by the regulatory authority. Without prejudice to the powers of the national regulator, compliance with the program shall be independently monitored by a compliance officer.

staats dies vorsehen, Vertretern anderer Interessengruppen wie z.B. der Beschäftigten des Fernleitungsnetzbetreibers.

(3) Artikel 19 Absatz 2 Unterabsatz 1 sowie Artikel 19 Absätze 3 bis 7 finden auf zumindest die Hälfte der Mitglieder des Aufsichtsorgans abzüglich ein Mitglied Anwendung.

Artikel 19 Absatz 2 Unterabsatz 2 Buchstabe b findet auf alle Mitglieder des Aufsichtsorgans Anwendung.

Artikel 21
Gleichbehandlungsprogramm und Gleichbehandlungsbeauftragter

(1) Die Mitgliedstaaten stellen sicher, dass die Fernleitungsnetzbetreiber ein Gleichbehandlungsprogramm aufstellen und durchführen, in dem die Maßnahmen aufgeführt sind, mit denen sichergestellt wird, dass diskriminierende Verhaltensweisen ausgeschlossen werden und die Einhaltung des Programms angemessen überwacht wird. In dem Gleichbehandlungsprogramm ist festgelegt, welche besonderen Pflichten die Mitarbeiter im Hinblick auf die Erreichung dieser Ziele haben. Das Programm bedarf der Genehmigung durch die Regulierungsbehörde. Die Einhaltung des Programms wird unbeschadet der Befugnisse der nationa-
na-
len Regulierungsbehörde von einem Gleichbehandlungsbeauftragten unab-

hängig kontrolliert.

2. The compliance officer shall be appointed by the Supervisory Body, subject to the approval by the regulatory authority. The regulatory authority may refuse the approval of the compliance officer only for reasons of lack of independence or professional capacity. The compliance officer may be a natural or legal person. Article 19(2) to (8) shall apply to the compliance officer.

(2) Der Gleichbehandlungsbeauftragte wird vom Aufsichtsorgan ernannt, vorbehaltlich der Bestätigung durch die Regulierungsbehörde. Die Regulierungsbehörde kann der Ernennung des Gleichbehandlungsbeauftragten ihre Bestätigung nur aus Gründen mangelnder Unabhängigkeit oder mangelnder fachlicher Eignung verweigern. Der Gleichbehandlungsbeauftragte kann eine natürliche oder juristische Person sein. Artikel 19 Absätze 2 bis 8 findet auf den Gleichbehandlungsbeauftragten Anwendung.

3. The compliance officer shall be in charge of:

(3) Die Aufgaben des Gleichbehandlungsbeauftragten sind:

(a) monitoring the implementation of the compliance programme;

a) fortlaufende Kontrolle der Durchführung des Gleichbehandlungsprogramms;

(b) elaborating an annual report, setting out the measures taken in order to implement the compliance programme and submitting it to the regulatory authority;

b) Erarbeitung eines Jahresberichts, in dem die Maßnahmen zur Durchführung des Gleichbehandlungsprogramms dargelegt werden, und dessen Übermittlung an die Regulierungsbehörde;

(c) reporting to the Supervisory Body and issuing recommendations on the compliance programme and its implementation;

c) Berichterstattung an das Aufsichtsorgan und Abgabe von Empfehlungen zum Gleichbehandlungsprogramm und seiner Durchführung;

(d) notifying the regulatory authority on any substantial breaches with regard to the implementation of the

d) Unterrichtung der Regulierungsbehörde über erhebliche Verstöße bei der Durchführung des Gleichbehand-

compliance programme; and

(e) reporting to the regulatory authority on any commercial and financial relations between the vertically integrated undertaking and the transmission system operator.

4. The compliance officer shall submit the proposed decisions on the investment plan or on individual investments in the network to the regulatory authority. This shall occur at the latest when the management and/or the competent administrative body of the transmission system operator submits them to the Supervisory Body.

5. Where the vertically integrated undertaking, in the general assembly or through the vote of the members of the Supervisory Body it has appointed, has prevented the adoption of a decision with the effect of preventing or delaying investments, which under the ten-year network development plan, was to be executed in the following three years, the compliance officer shall report this to the regulatory authority, which then shall act in accordance with Article 22.

6. The conditions governing the mandate or the employment conditions of the compliance officer, including the duration of his mandate, shall be subject to approval by the regulatory au-

lungsprogramms, und

e) Berichterstattung an die Regulierungsbehörde über kommerzielle und finanzielle Beziehungen zwischen dem vertikal integrierten Unternehmen und dem Fernleitungsnetzbetreiber.

(4) Der Gleichbehandlungsbeauftragte übermittelt die vorgeschlagenen Entscheidungen zum Investitionsplan oder zu Einzelinvestitionen im Netz an die Regulierungsbehörde. Dies erfolgt spätestens dann, wenn die Unternehmensleitung und/oder das zuständige Verwaltungsorgan des Fernleitungsnetzbetreibers diese Unterlagen dem Aufsichtsorgan zuleitet.

(5) Hat das vertikal integrierte Unternehmen in der Hauptversammlung oder durch ein Votum der von ihm ernannten Mitglieder des Aufsichtsorgans die Annahme eines Beschlusses verhindert, wodurch Netzinvestitionen, die nach dem zehnjährigen Netzentwicklungsplan in den folgenden drei Jahren durchgeführt werden sollten, unterbunden oder hinausgezögert werden, so meldet der Gleichbehandlungsbeauftragte dies der Regulierungsbehörde, die dann gemäß Artikel 22 tätig wird.

(6) Die Regelungen zum Mandat und zu den Beschäftigungsbedingungen des Gleichbehandlungsbeauftragten, einschließlich der Dauer seines Mandats, bedürfen der Genehmigung durch

thority. Those conditions shall ensure the independence of the compliance officer, including by providing it with all the resources necessary for fulfilling his duties. During his mandate, the compliance officer shall have no other professional position, responsibility or interest, directly or indirectly, in or with any part of the vertically integrated undertaking or with its controlling shareholders.

die Regulierungsbehörde. Diese Regelungen müssen die Unabhängigkeit des Gleichbehandlungsbeauftragten gewährleisten und entsprechend sicherstellen, dass ihm die zur Erfüllung seiner Aufgaben erforderlichen Ressourcen zur Verfügung stehen. Der Gleichbehandlungsbeauftragte darf während der Laufzeit seines Mandats bei Unternehmensteilen des vertikal integrierten Unternehmens oder deren Mehrheitsanteilseignern weder direkt noch indirekt berufliche Positionen bekleiden oder berufliche Aufgaben wahrnehmen oder Interessensbeziehungen zu ihnen unterhalten.

7. The compliance officer shall report regularly, either orally or in writing, to the regulatory authority and shall have the right to report regularly, either orally or in writing, to the Supervisory Body of the transmission system operator.

(7) Der Gleichbehandlungsbeauftragte erstattet der Regulierungsbehörde regelmäßig mündlich oder schriftlich Bericht und ist befugt, dem Aufsichtsorgan des Fernleitungsnetzbetreibers regelmäßig mündlich oder schriftlich Bericht zu erstatten.

8. The compliance officer may attend all meetings of the management or administrative bodies of the transmission system operator, and those of the Supervisory Body and the general assembly. The compliance officer shall attend all meetings that address the following matters:

(8) Der Gleichbehandlungsbeauftragte ist berechtigt, an allen Sitzungen der Unternehmensleitung oder der Verwaltungsorgane des Fernleitungsnetzbetreibers sowie des Aufsichtsorgans und der Hauptversammlung teilzunehmen. Der Gleichbehandlungsbeauftragte nimmt an allen Sitzungen teil, in denen folgende Fragen behandelt werden:

(a) conditions for access to the network, as defined in Regulation (EC) No 715/2009, in particular regarding

a) Netzzugangsbedingungen nach Maßgabe der Verordnung (EG) Nr. 715/2009, insbesondere Tarife, Leis-

tariffs, third party access services, capacity allocation and congestion management, transparency, balancing and secondary markets;

tungen im Zusammenhang mit dem Zugang Dritter, Kapazitätszuweisung und Engpassmanagement, Transparenz, Ausgleich und Sekundärmärkte;

(b) projects undertaken in order to operate, maintain and develop the transmission system, including investments in new transport connections, in expansion of capacity and in optimisation of existing capacity;

b) Projekte für den Betrieb, die Wartung und den Ausbau des Fernleitungsnetzes, einschließlich der Investitionen in neue Transportverbindungen, in die Kapazitätsausweitung und in die Optimierung der vorhandenen Kapazität;

(c) energy purchases or sales necessary for the operation of the transmission system.

c) Verkauf oder Erwerb von Energie für den Betrieb des Fernleitungsnetzes.

9. The compliance officer shall monitor the compliance of the transmission system operator with Article 16.

(9) Der Gleichbehandlungsbeauftragte kontrolliert die Einhaltung des Artikels 16 durch den Fernleitungsnetzbetreiber.

10. The compliance officer shall have access to all relevant data and to the offices of the transmission system operator and to all the information necessary for the fulfilment of his task.

(10) Der Gleichbehandlungsbeauftragte hat Zugang zu allen einschlägigen Daten und zu den Geschäftsräumen des Fernleitungsnetzbetreibers sowie zu allen Informationen, die er zur Erfüllung seiner Aufgaben benötigt.

11. After prior approval by the regulatory authority, the Supervisory Body may dismiss the compliance officer. It shall dismiss the compliance officer for reasons of lack of independence or professional capacity upon request of the regulatory authority.

(11) Nach vorheriger Zustimmung der Regulierungsbehörde kann das Aufsichtsorgan den Gleichbehandlungsbeauftragten abberufen. Die Abberufung erfolgt auf Verlangen der Regulierungsbehörde aus Gründen mangelnder Unabhängigkeit oder mangelnder fachlicher Eignung.

12. The compliance officer shall have

(12) Der Gleichbehandlungsbeauf-

access to the offices of the transmission system operator without prior announcement.

tragte erhält ohne Vorankündigung Zugang zu den Geschäftsräumen des Fernleitungsnetzbetreibers.

Article 22
Network development and powers to make investment decisions

Artikel 22
Netzausbau und Befugnis zum Erlass von Investitionsentscheidungen

1. Every year, transmission system operators shall submit to the regulatory authority a ten-year network development plan based on existing and forecast supply and demand after having consulted all the relevant stakeholders. That network development plan shall contain efficient measures in order to guarantee the adequacy of the system and the security of supply.

(1) Die Fernleitungsnetzbetreiber legen der Regulierungsbehörde jedes Jahr nach Konsultation aller einschlägigen Interessenträger einen zehnjährigen Netzentwicklungsplan vor, der sich auf die derzeitige Lage und die Prognosen im Bereich von Angebot und Nachfrage stützt. Der Netzentwicklungsplan enthält wirksame Maßnahmen zur Gewährleistung der Angemessenheit des Netzes und der Versorgungssicherheit.

2. The ten-year network development plan shall, in particular:

(2) Zweck des zehnjährigen Netzentwicklungsplans ist es insbesondere,

(a) indicate to market participants the main transmission infrastructure that needs to be built or upgraded over the next ten years;

a) den Marktteilnehmern Angaben darüber zu liefern, welche wichtigen Übertragungsinfrastrukturen in den nächsten zehn Jahren errichtet oder ausgebaut werden müssen;

(b) contain all the investments already decided and identify new investments which have to be executed in the next three years; and

b) alle bereits beschlossenen Investitionen aufzulisten und die neuen Investitionen zu bestimmen, die in den nächsten zehn Jahren durchgeführt werden müssen, und

(c) provide for a time frame for all investment projects.

c) einen Zeitplan für alle Investitionsprojekte vorzugeben.

3. When elaborating the ten-year network development plan, the transmission system operator shall make reasonable assumptions about the evolution of the production, supply, consumption and exchanges with other countries, taking into account investment plans for regional and Community-wide networks, as well as investment plans for storage and LNG regasification facilities.

(3) Bei der Erarbeitung des zehnjährigen Netzentwicklungsplans legt der Fernleitungsnetzbetreiber angemessene Annahmen über die Entwicklung der Gewinnung, der Versorgung, des Verbrauchs und des Gasaustauschs mit anderen Ländern unter Berücksichtigung der Investitionspläne für regionale und gemeinschaftsweite Netze sowie der Investitionspläne für Speicheranlagen und LNG-Wiederverdampfungsanlagen zugrunde.

4. The regulatory authority shall consult all actual or potential system users on the ten-year network development plan in an open and transparent manner. Persons or undertakings claiming to be potential system users may be required to substantiate such claims. The regulatory authority shall publish the result of the consultation process, in particular possible needs for investments.

(4) Die Regulierungsbehörde führt offene und transparente Konsultationen zum zehnjährigen Netzentwicklungsplan mit allen tatsächlichen und potenziellen Netzbenutzern durch. Personen und Unternehmen, die den Status potenzieller Netzbenutzer beanspruch en, müssen diesen Anspruch belegen. Die Regulierungsbehörde veröffentlicht das Ergebnis der Konsultationen und verweist dabei insbesondere auf etwaigen Investitionsbedarf.

5. The regulatory authority shall examine whether the ten-year network development plan covers all investment needs identified during the consultation process, and whether it is consistent with the non-binding Community-wide ten-year network development plan (Community-wide network development plan) referred to in Article 8(3)(b) of Regulation (EC) No 715/2009. If any doubt arises as to the consistency with the Community-wide network development plan, the regula-

(5) Die Regulierungsbehörde prüft, ob der zehnjährige Netzentwicklungsplan den gesamten im Zuge der Konsultationen ermittelten Investitionsbedarf erfasst und ob die Kohärenz mit dem gemeinschaftsweit geltenden nicht bindenden zehnjährigen Netzentwicklungsplan („gemeinschaftsweiter Netzentwicklungsplan“) gemäß Artikel 8 Absatz 3 Buchstabe b der Verordnung (EG) Nr. 715/2009 gewahrt ist. Bestehen Zweifel an der Kohärenz mit dem gemeinschaftsweit geltenden nicht

tory authority shall consult the Agency. The regulatory authority may require the transmission system operator to amend its ten-year network development plan.

bindenden zehnjährigen Netzentwicklungsplan, so konsultiert die Regulierungsbehörde die Agentur. Die Regulierungsbehörde kann vom Fernleitungsnetzbetreiber die Änderung seines zehnjährigen Netzentwicklungsplans verlangen.

6. The regulatory authority shall monitor and evaluate the implementation of the ten-year network development plan.

(6) Die Regulierungsbehörde überwacht und evaluiert die Durchführung des zehnjährigen Netzentwicklungsplans.

7. In circumstances where the transmission system operator, other than for overriding reasons beyond its control, does not execute an investment, which, under the ten-year network development plan, was to be executed in the following three years, Member States shall ensure that the regulatory authority is required to take at least one of the following measures to ensure that the investment in question is made if such investment is still relevant on the basis of the most recent ten-year network development plan:

(7) Hat der Fernleitungsnetzbetreiber aus Gründen, die keine zwingenden, von ihm nicht zu beeinflussenden Gründe darstellen, eine Investition, die nach dem zehnjährigen Netzentwicklungsplan in den folgenden drei Jahren durchgeführt werden musste, nicht durchgeführt, so stellen die Mitgliedstaaten sicher, dass die Regulierungsbehörde verpflichtet ist, mindestens eine der folgenden Maßnahmen zu ergreifen, um die Durchführung der betreffenden Investition zu gewährleisten, sofern die Investition unter Zugrundelegung des jüngsten zehnjährigen Netzentwicklungsplans noch relevant ist:

(a) to require the transmission system operator to execute the investments in question;

a) Sie fordert den Fernleitungsnetzbetreiber zur Durchführung der betreffenden Investition auf, oder

(b) to organise a tender procedure open to any investors for the investment in question; or

b) sie leitet ein Ausschreibungsverfahren zur Durchführung der betreffenden Investition ein, das allen Investoren offen steht, oder

(c) to oblige the transmission system operator to accept a capital increase to finance the necessary investments and allow independent investors to participate in the capital.

c) sie verpflichtet den Fernleitungsnetzbetreiber, einer Kapitalaufstokkung im Hinblick auf die Finanzierung der notwendigen Investitionen zuzustimmen und unabhängigen Investoren eine Kapitalbeteiligung zu ermöglichen.

Where the regulatory authority has made use of its powers under point (b) of the first subparagraph, it may oblige the transmission system operator to agree to one or more of the following:

Macht die Regulierungsbehörde von ihren Befugnissen gemäß Unterabsatz 1 Buchstabe b Gebrauch, so kann sie den Fernleitungsnetzbetreiber dazu verpflichten, eine oder mehrere der folgenden Maßnahmen zu akzeptieren:

(a) financing by any third party;

a) Finanzierung durch Dritte;

(b) construction by any third party;

b) Errichtung durch Dritte;

(c) building the new assets concerned itself;

c) Errichtung der betreffenden neuen Anlagen durch diesen selbst;

(d) operating the new asset concerned itself.

d) Betrieb der betreffenden neuen Anlagen durch diesen selbst.

The transmission system operator shall provide the investors with all information needed to realise the investment, shall connect new assets to the transmission network and shall generally make its best efforts to facilitate the implementation of the investment project.

Der Fernleitungsnetzbetreiber stellt den Investoren alle erforderlichen Unterlagen für die Durchführung der Investition zur Verfügung, stellt den Anschluss der neuen Anlagen an das Fernleitungsnetz her und unternimmt alles, um die Durchführung des Investitionsprojekts zu erleichtern.

The relevant financial arrangements shall be subject to approval by the regulatory authority.

Die einschlägigen Finanzierungsvereinbarungen bedürfen der Genehmigung durch die Regulierungsbehörde.

8. Where the regulatory authority has made use of its powers under the first

(8) Macht die Regulierungsbehörde von ihren Befugnissen gemäß Absatz 7

subparagraph of paragraph 7, the relevant tariff regulations shall cover the costs of the investments in question.

Unterabsatz 1 Gebrauch, so werden die Kosten der betreffenden Investitionen durch die einschlägigen Tarifregelungen gedeckt.

Article 23
Decision-making powers regarding the connection of storage facilities, LNG regasification facilities and industrial customers to the transmission system

Artikel 23
Entscheidungsbefugnisse bezüglich des Anschlusses von Speicheranlagen, LNG-Wiederverdampfungsanlagen und Industriekunden an das Fernleitungsnetz

1. The transmission system operator shall establish and publish transparent and efficient procedures and tariffs for non-discriminatory connection of storage facilities, LNG regasification facilities and industrial customers to the transmission system. Those procedures shall be subject to approval by the regulatory authority.

(1) Die Fernleitungsnetzbetreiber sind verpflichtet, transparente und effiziente Verfahren und Tarife für den nicht-diskriminierenden Anschluss von Speicheranlagen, LNG-Wiederverdampfungsanlagen und Industriekunden an das Fernleitungsnetz festzulegen und zu veröffentlichen. Die Verfahren bedürfen der Genehmigung durch die Regulierungsbehörden.

2. The transmission system operator shall not be entitled to refuse the connection of a new storage facility, LNG regasification facility or industrial customer on the grounds of possible future limitations to available network capacities or additional costs linked with necessary capacity increase. The transmission system operator shall ensure sufficient entry and exit capacity for the new connection.

(2) Die Fernleitungsnetzbetreiber haben nicht das Recht, den Anschluss von neuen Speicheranlagen, LNG-Wiederverdampfungsanlagen und Industriekunden unter Berufung auf mögliche künftige Einschränkungen der verfügbaren Netzkapazitäten oder auf zusätzliche Kosten im Zusammenhang mit der notwendigen Kapazitätsaufstockung abzulehnen. Der Fernleitungsnetzbetreiber gewährleistet für den neuen Anschluss eine ausreichende Einspeise- und Ausspeisekapazität.

CHAPTER V
Distribution and supply

Article 24
Designation of distribution system operators

Member States shall designate, or shall require undertakings which own or are responsible for distribution systems to designate, for a period of time to be determined by Member States, having regard to considerations of efficiency and economic balance, one or more distribution system operators and shall ensure that those operators act in accordance with Articles 25, 26 and 27.

Article 25
Tasks of distribution system operators

1. Each distribution system operator shall be responsible for ensuring the long-term ability of the system to meet reasonable demands for the distribution of gas, and for operating, maintaining and developing under economic conditions a secure, reliable and efficient system in its area, with due regard for the environment and energy efficiency.

2. In any event, the distribution system operator shall not discriminate between system users or classes of sys-

KAPITEL V
Verteilung und Versorgung

Artikel 24
Benennung von Verteilernetzbetreibern

Die Mitgliedstaaten oder von diesen dazu aufgeforderte Unternehmen, die Eigentümer von Verteilernetzen sind oder die für sie verantwortlich sind, benennen für einen Zeitraum, den die Mitgliedstaaten unter Effizienzerwägungen und unter Berücksichtigung des wirtschaftlichen Gleichgewichts festlegen, einen oder mehrere Verteilernetzbetreiber und gewährleisten, dass diese Betreiber die Artikel 25, 26 und 27 einhalten.

Artikel 25
Aufgaben der Verteilernetzbetreiber

(1) Jeder Verteilernetzbetreiber trägt die Verantwortung dafür, auf lange Sicht die Fähigkeit des Netzes sicherzustellen, eine angemessene Nachfrage nach Verteilung von Erdgas zu befriedigen sowie unter wirtschaftlichen Bedingungen und unter gebührender Beachtung des Umweltschutzes und der Energieeffizienz in seinem Gebiet ein sicheres, zuverlässiges und leistungsfähiges Netz zu betreiben, zu warten und auszubauen.

(2) Der Verteilernetzbetreiber hat sich jeglicher Diskriminierung von Netzbenutzern oder Kategorien von Netzbe-

tem users, particularly in favour of its related undertakings.

nutzern, insbesondere zugunsten der mit ihm verbundenen Unternehmen, zu enthalten.

3. Each distribution system operator shall provide any other distribution, transmission, LNG, and/or storage system operator with sufficient information to ensure that the transport and storage of natural gas takes place in a manner compatible with the secure and efficient operation of the interconnected system.

(3) Jeder Verteilernetzbetreiber hat jedem anderen Betreiber eines Verteilernetzes, eines Fernleitungsnetzes, einer LNG-Anlage und/oder einer Speicheranlage ausreichende Informationen zu liefern, um zu gewährleisten, dass der Transport und die Speicherung von Erdgas in einer mit dem sicheren und effizienten Betrieb des Verbundnetzes zu vereinbarenden Weise erfolgt.

4. Each distribution system operator shall provide system users with the information they need for efficient access to, including use of, the system.

(4) Der Verteilernetzbetreiber stellt den Netzbenutzern die Informationen bereit, die sie für einen effizienten Netzzugang einschließlich der Nutzung des Netzes benötigen.

5. Where a distribution system operator is responsible for balancing the distribution system, rules adopted by it for that purpose shall be objective, transparent and non-discriminatory, including rules for the charging of system users for energy imbalance. Terms and conditions, including rules and tariffs, for the provision of such services by distribution system operators shall be established pursuant to a methodology compatible with Article 41(6) in a non-discriminatory and cost-reflective way and shall be published.

(5) Sofern einem Verteilernetzbetreiber der Ausgleich des Erdgasverteilernetzes obliegt, müssen die von ihm zu diesem Zweck festgelegten Regelungen objektiv, transparent und nichtdiskriminierend sein, einschließlich der Regelungen über die von den Netzbenutzern für Energieungleichgewichte zu zahlenden Entgelte. Die Bedingungen für die Erbringung dieser Leistungen durch die Netzbetreiber einschließlich Regelungen und Tarife werden gemäß einem mit Artikel 41 Absatz 6 zu vereinbarenden Verfahren in nichtdiskriminierender Weise und kostenorientiert festgelegt und veröffentlicht.

Article 26
Unbundling of distribution system operators

1. Where the distribution system operator is part of a vertically integrated undertaking, it shall be independent at least in terms of its legal form, organisation and decision making from other activities not relating to distribution. Those rules shall not create an obligation to separate the ownership of assets of the distribution system from the vertically integrated undertaking.

2. In addition to the requirements under paragraph 1, where the distribution system operator is part of a vertically integrated undertaking, it shall be independent in terms of its organisation and decision-making from the other activities not related to distribution. In order to achieve this, the following minimum criteria shall apply:

(a) those persons responsible for the management of the distribution system operator must not participate in company structures of the integrated natural gas undertaking responsible, directly or indirectly, for the day-to-day operation of the production, transmission and supply of natural gas;

Artikel 26
Entflechtung von Verteilernetzbetreibern

(1) Gehört der Verteilernetzbetreiber zu einem vertikal integrierten Unternehmen, so muss er zumindest hinsichtlich seiner Rechtsform, Organisation und Entscheidungsgewalt unabhängig von den übrigen Tätigkeitsbereichen sein, die nicht mit der Verteilung zusammenhängen. Diese Bestimmungen begründen keine Verpflichtung, eine Trennung in Bezug auf das Eigentum des vertikal integrierten Unternehmens an Vermögenswerten des Verteilernetzes vorzunehmen.

(2) Gehört der Verteilernetzbetreiber zu einem vertikal integrierten Unternehmen, so muss er zusätzlich zu den Anforderungen des Absatzes 1 hinsichtlich seiner Organisation und Entscheidungsgewalt unabhängig von den übrigen Tätigkeitsbereichen sein, die nicht mit der Verteilung zusammenhängen. Um dies zu erreichen, sind die folgenden Mindestkriterien anzuwenden:

a) In einem integrierten Erdgasunternehmen dürfen die für die Leitung des Verteilernetzbetreibers zuständigen Personen nicht betrieblichen Einrichtungen des integrierten Erdgasunternehmens angehören, die direkt oder indirekt für den laufenden Betrieb in den Bereichen Erdgasgewinnung,

-übertragung und -versorgung zuständig sind;

(b) appropriate measures must be taken to ensure that the professional interests of persons responsible for the management of the distribution system operator are taken into account in a manner that ensures that they are capable of acting independently;

b) Es sind geeignete Maßnahmen zu treffen, damit die berufsbedingten Interessen der für die Leitung des Verteilernetzbetreibers zuständigen Personen so berücksichtigt werden, dass ihre Handlungsunabhängigkeit gewährleistet ist.

(c) the distribution system operator must have effective decision-making rights, independent from the integrated natural gas undertaking, with respect to assets necessary to operate, maintain or develop the network. In order to fulfil those tasks, the distribution system operator shall have at its disposal the necessary resources including human, technical, financial and physical resources. This should not prevent the existence of appropriate coordination mechanisms to ensure that the economic and management supervision rights of the parent company in respect of return on assets, regulated indirectly in accordance with Article 41(6) in a subsidiary are protected. In particular, this shall enable the parent company to approve the annual financial plan, or any equivalent instrument, of the distribution system operator and to set global limits on the levels of indebtedness of its subsidiary. It shall not permit the parent company to give instructions regarding day-to-day operations, nor with respect to individual decisions concerning the

c) Der Verteilernetzbetreiber hat in Bezug auf Vermögenswerte, die für den Betrieb, die Wartung oder den Ausbau des Netzes erforderlich sind, tatsächliche Entscheidungsbefugnisse, die er unabhängig von dem integrierten Erdgasunternehmen ausübt. Um diese Aufgaben erfüllen zu können, muss der Verteilernetzbetreiber über die erforderlichen Ressourcen, einschließlich personeller, technischer, materieller und finanzieller Ressourcen, verfügen. Dies sollte geeigneten Koordinierungsmechanismen nicht entgegenstehen, mit denen sichergestellt wird, dass die wirtschaftlichen Befugnisse des Mutterunternehmens und seine Aufsichtsrechte über das Management im Hinblick auf die – gemäß Artikel 41 Absatz 6 indirekt geregelte – Rentabilität eines Tochterunternehmens geschützt werden. Dies ermöglicht es dem Mutterunternehmen insbesondere, den jährlichen Finanzplan oder ein gleichwertiges Instrument des Verteilernetzbetreibers zu genehmigen und generelle Grenzen für die Verschuldung seines Tochterunter-

construction or upgrading of distribution lines, that do not exceed the terms of the approved financial plan, or any equivalent instrument; and

nehmens festzulegen. Dies erlaubt es dem Mutterunternehmen nicht, Weisungen bezüglich des laufenden Betriebs oder einzelner Entscheidungen über den Bau oder die Modernisierung von Verteilerleitungen zu erteilen, die über den Rahmen des genehmigten Finanzplans oder eines gleichwertigen Instruments nicht hinausgehen, und

(d) the distribution system operator must establish a compliance programme, which sets out measures taken to ensure that discriminatory conduct is excluded, and ensure that observance of it is adequately monitored. The compliance programme shall set out the specific obligations of employees to meet that objective. An annual report, setting out the measures taken, shall be submitted by the person or body responsible for monitoring the compliance programme, the compliance officer of the distribution system operator, to the regulatory authority referred to in Article 39(1) and shall be published. The compliance officer of the distribution system operator shall be fully independent and shall have access to all the necessary information of the distribution system operator and any affiliated undertaking to fulfil his task.

d) der Verteilernetzbetreiber stellt ein Gleichbehandlungsprogramm auf, aus dem hervorgehen muss, welche Maßnahmen zum Ausschluss diskriminierenden Verhaltens getroffen werden, und gewährleistet die ausreichende Beobachtung der Einhaltung dieses Programms. In dem Gleichbehandlungsprogramm ist festgelegt, welche besonderen Pflichten die Mitarbeiter im Hinblick auf die Erreichung dieses Ziels haben. Die für die Beobachtung des Gleichbehandlungsprogramms zuständige Person oder Stelle, der Gleichbehandlungsbeauftragte des Verteilernetzbetreibers, legt der in Artikel 39 Absatz 1 genannten Regulierungsbehörde jährlich einen Bericht über die getroffenen Maßnahmen vor, der veröffentlicht wird. Der Gleichbehandlungsbeauftragte des Verteilernetzbetreibers ist völlig unabhängig und hat Zugang zu allen Informationen, über die der Verteilernetzbetreiber und etwaige verbundene Unternehmen verfügen und die der Gleichbehandlungsbeauftragte benötigt, um seine Aufgabe zu erfüllen.

3. Where the distribution system operator is part of a vertically integrated undertaking, the Member States shall ensure that the activities of the distribution system operator are monitored by regulatory authorities or other competent bodies so that it cannot take advantage of its vertical integration to distort competition. In particular, vertically integrated distribution system operators shall not, in their communication and branding, create confusion in respect of the separate identity of the supply branch of the vertically integrated undertaking.

(3) Ist der Verteilernetzbetreiber Teil eines vertikal integrierten Unternehmens, stellen die Mitgliedstaaten sicher, dass die Tätigkeiten des Verteilernetzbetreibers von den Regulierungsbehörden oder sonstigen zuständigen Stellen beobachtet werden, so dass er diesen Umstand nicht zur Verzerrung des Wettbewerbs nutzen kann. Insbesondere müssen vertikal integrierte Verteilernetzbetreiber in ihren Kommunikations- und Branding-Aktivitäten dafür Sorge tragen, dass eine Verwechslung in Bezug auf die eigene Identität der Versorgungssparte des vertikal integrierten Unternehmens ausgeschlossen ist.

4. Member States may decide not to apply paragraphs 1, 2 and 3 to integrated natural gas undertakings serving less than 100 000 connected customers.

(4) Die Mitgliedstaaten können beschließen, die Absätze 1, 2 und 3 nicht auf integrierte Erdgasunternehmen anzuwenden, die weniger als 100 000 angeschlossene Kunden beliefern.

Article 27
Confidentiality obligations of distribution system operators

Artikel 27
Vertraulichkeitspflichten von Verteilernetzbetreibern

1. Without prejudice to Article 30 or any other legal duty to disclose information, each distribution system operator shall preserve the confidentiality of commercially sensitive information obtained in the course of carrying out its business, and shall prevent information about its own activities which may be commercially advantageous

(1) Unbeschadet des Artikels 30 oder sonstiger gesetzlicher Verpflichtungen zur Offenlegung von Informationen wahrt der Verteilernetzbetreiber die Vertraulichkeit wirtschaftlich sensibler Informationen, von denen er bei der Ausübung seiner Geschäftstätigkeit Kenntnis erlangt, und verhindert, dass Informationen über seine eigenen Tä-

from being disclosed in a discriminatory manner.

2. Distribution system operators shall not, in the context of sales or purchases of natural gas by related undertakings, abuse commercially sensitive information obtained from third parties in the context of providing or negotiating access to the system.

Article 28
Closed distribution systems

1. Member States may provide for national regulatory authorities or other competent authorities to classify a system which distributes gas within a geographically confined industrial, commercial or shared services site and does not, without prejudice to paragraph 4, supply household customers, as a closed distribution system if:

(a) for specific technical or safety reasons, the operations or the production process of the users of that system are integrated; or

(b) that system distributes gas primarily to the owner or operator of the system or to their related undertakings.

tigkeiten, die wirtschaftliche Vorteile bringen können, in diskriminierender Weise offen gelegt werden.

(2) Verteilernetzbetreiber dürfen wirtschaftlich sensible Informationen, die sie von Dritten im Zusammenhang mit der Gewährung eines Netzzugangs oder mit Verhandlungen hierüber erhalten, beim Verkauf oder Erwerb von Erdgas durch verbundene Unternehmen nicht missbrauchen.

Artikel 28
Geschlossene Verteilernetze

(1) Die Mitgliedstaaten können veranlassen, dass ein Netz, über das in einem begrenzten Industrie- oder Gewerbegebiet oder einem Gebiet, in dem Leistungen gemeinsam genutzt werden, Erdgas verteilt wird, wobei – unbeschadet des Absatzes 4 – keine Haushaltskunden versorgt werden, von den nationalen Regulierungsbehörden oder sonstigen zuständigen Behörden als geschlossenes Netz eingestuft wird, wenn

a) die Tätigkeiten oder Produktionsverfahren der Benutzer dieses Netzes aus konkreten technischen oder sicherheitstechnischen Gründen verknüpft sind, oder

b) Erdgas über das Netz in erster Linie an den Netzeigentümer oder -betreiber oder an von dem Netzeigentümer oder -betreiber abhängige Unternehmen

verteilt wird.

2. Member States may provide for national regulatory authorities to exempt the operator of a closed distribution system from the requirement under Article 32(1) that tariffs, or the methodologies underlying their calculation, are approved prior to their entry into force in accordance with Article 41.

(2) Die Mitgliedstaaten können veranlassen, dass die nationalen Regulierungsbehörden den Betreiber eines geschlossenen Verteilernetzes von der Verpflichtung gemäß Artikel 32 Absatz 1 freistellen, wonach Tarife oder die Methoden zu ihrer Berechnung vor dem Inkrafttreten der Tarife gemäß Artikel 37 genehmigt werden.

3. Where an exemption is granted under paragraph 2, the applicable tariffs, or the methodologies underlying their calculation, shall be reviewed and approved in accordance with Article 41 upon request by a user of the closed distribution system.

(3) Wenn eine Freistellung nach Absatz 2 gewährt wird, werden die geltenden Tarife oder die Methoden zu ihrer Berechnung auf Verlangen eines Benutzers des geschlossenen Verteilernetzes gemäß Artikel 41 überprüft und genehmigt.

4. Incidental use by a small number of households with employment or similar associations with the owner of the distribution system and located within the area served by a closed distribution system shall not preclude an exemption under paragraph 2 being granted.

(4) Die gelegentliche Nutzung des Verteilernetzes durch eine geringe Anzahl von Haushalten, deren Personen ein Beschäftigungsverhältnis oder vergleichbare Beziehungen zum Eigentümer des Verteilernetzes unterhalten und die sich in dem durch ein geschlossenes Verteilernetz versorgten Gebiet befinden, steht der Gewährung der Freistellung nach Absatz 2 nicht entgegen.

Article 29
Combined operator

Article 26(1) shall not prevent the operation of a combined transmission, LNG, storage and distribution system operator provided that operator com-

Artikel 29
Kombinationsnetzbetreiber

Artikel 26 Absatz 1 steht dem gleichzeitigen Betrieb eines Fernleitungsnetzes, einer LNG-Anlage, einer Speicheranlage und eines Verteilernetzes

plies with Articles 9(1), or 14 and 15, or Chapter IV or falls under Article 49(6).

durch einen Betreiber nicht entgegen, sofern dieser Betreiber Artikel 9 Absatz 1 oder die Artikel 14 und 15 oder die Vorschriften des Kapitels IV, einhält oder in den Anwendungsbereich des Artikels 49 Absatz 6 fällt.

CHAPTER VI
Unbundling and transparency of accounts

Article 30
Right of access to accounts

1. Member States or any competent authority they designate, including the regulatory authorities referred to in Article 39(1) and the dispute settlement authorities referred to in Article 34(3), shall, insofar as necessary to carry out their functions, have right of access to the accounts of natural gas undertakings as set out in Article 31.

2. Member States and any designated competent authority, including the regulatory authorities referred to in Article 39(1) and the dispute settlement authorities, shall preserve the confidentiality of commercially sensitive information. Member States may provide for the disclosure of such information where this is necessary in order for the competent authorities to carry out their functions.

KAPITEL VI
Entflechtung und Transparenz der Rechnungslegung

Artikel 30
Recht auf Einsichtnahme in die Rechnungslegung

(1) Die Mitgliedstaaten oder jede von ihnen benannte zuständige Behörde, einschließlich der in Artikel 39 Absatz 1 genannten Regulierungsbehörden und der in Artikel 34 Absatz 3 genannten Stellen zur Beilegung von Streitigkeiten, haben, soweit dies zur Wahrnehmung ihrer Aufgaben erforderlich ist, das Recht auf Einsichtnahme in die in Artikel 31 genannte Rechnungslegung der Erdgasunternehmen.

(2) Die Mitgliedstaaten und die von ihnen benannten zuständigen Behörden, einschließlich der in Artikel 39 Absatz 1 genannten Regulierungsbehörden und der Stellen zur Beilegung von Streitigkeiten, wahren die Vertraulichkeit wirtschaftlich sensibler Informationen. Die Mitgliedstaaten können die Offenlegung derartiger Informationen vorsehen, wenn dies zur Wahrnehmung der Aufgaben der zuständi-

gen Behörden erforderlich ist.

Article 31
Unbundling of accounts

1. Member States shall take the necessary steps to ensure that the accounts of natural gas undertakings are kept in accordance with paragraphs 2 to 5 of this Article. Where natural gas undertakings benefit from a derogation from this provision on the basis of Article 49(2) and (4), they shall at least keep their internal accounts in accordance with this Article.

2. Natural gas undertakings, whatever their system of ownership or legal form, shall draw up, submit to audit and publish their annual accounts in accordance with the rules of national law concerning the annual accounts of limited liability companies adopted pursuant to the Fourth Council Directive 78/660/EEC of 25 July 1978 based on Article 44(2)(g)[22] of the Treaty on the annual accounts of certain types of companies.[23]

Artikel 31
Entflechtung der Rechnungslegung

(1) Die Mitgliedstaaten treffen die erforderlichen Maßnahmen, um sicherzustellen, dass die Rechnungslegung der Erdgasunternehmen gemäß den Absätzen 2 bis 5 des vorliegenden Artikels erfolgt. Erdgasunternehmen, die aufgrund von Artikel 49 Absätze 2 und 4 von dieser Bestimmung ausgenommen sind, haben zumindest ihre interne Rechnungslegung in Übereinstimmung mit diesem Artikel zu führen.

(2) Ungeachtet ihrer Eigentumsverhältnisse oder ihrer Rechtsform erstellen und veröffentlichen die Erdgasunternehmen ihre Jahresabschlüsse und lassen diese überprüfen, und zwar gemäß den nationalen Rechtsvorschriften über die Jahresabschlüsse von Gesellschaften, die im Rahmen der Vierten Richtlinie 78/660/EWG des Rates vom 25. Juli 1978 aufgrund von Artikel 44 Absatz 2 Buchstabe g[22] des Vertrages über den Jahresabschluss von Gesellschaften bestimmter Rechtsformen[23]

[22] The title of Directive 78/660/EEC has been adjusted to take account of the renumbering ofthe Articles of the Treaty establishing the European Community in accordance with Article 12 of the Treaty of Amsterdam; the original reference was to Article 54(3)(g).

[23] OJ L 222, 14.8.1978, p. 11.

[22] Der Titel der Richtlinie 78/660/EWG wurde angepasst, um der gemäß Artikel 12 des Vertrags von Amsterdam vorgenommenen Umnummerierung des Vertrags zur Gründung der Europäischen Gemeinschaft Rechnung zu tragen; die ursprüngliche Bezugnahme betraf Artikel 54 Absatz 3 Buchstabe g.

[23] ABl. L 222 vom 14.8.1978, S. 11.

erlassen worden sind

Undertakings which are not legally obliged to publish their annual accounts shall keep a copy thereof at the disposal of the public at their head office.

Unternehmen, die zur Veröffentlichung ihrer Jahresabschlüsse gesetzlich nicht verpflichtet sind, halten in ihrer Hauptverwaltung eine Ausfertigung ihres Jahresabschlusses für die Öffentlichkeit zur Verfügung.

3. Natural gas undertakings shall, in their internal accounting, keep separate accounts for each of their transmission, distribution, LNG and storage activities as they would be required to do if the activities in question were carried out by separate undertakings, with a view to avoiding discrimination, cross-subsidisation and distortion of competition. They shall also keep accounts, which may be consolidated, for other gas activities not relating to transmission, distribution, LNG and storage. Until 1 July 2007, they shall keep separate accounts for supply activities for eligible customers and supply activities for non-eligible customers. Revenue from ownership of the transmission or distribution network shall be specified in the accounts. Where appropriate, they shall keep consolidated accounts for other, non-gas activities. The internal accounts shall include a balance sheet and a profit and loss account for each activity.

(3) Zur Vermeidung von Diskriminierungen, Quersubventionen und Wettbewerbsverzerrungen führen Erdgasunternehmen in ihrer internen Rechnungslegung getrennte Konten für jede ihrer Tätigkeiten in den Bereichen Fernleitung, Verteilung, LNG und Speicherung in derselben Weise, wie sie dies tun müssten, wenn die betreffenden Tätigkeiten von separaten Unternehmen ausgeführt würden. Sie führen auch Konten für andere, nicht mit den Bereichen Fernleitung, Verteilung, LNG und Speicherung zusammenhängende Tätigkeiten im Erdgasbereich, wobei diese Konten konsolidiert sein können. Bis zum 1. Juli 2007 führen sie getrennte Konten für die Versorgung zugelassener Kunden bzw. nicht zugelassener Kunden. Einnahmen aus dem Eigentum am Fernleitungs- oder Verteilernetz weisen sie in den Konten gesondert aus. Gegebenenfalls führen sie konsolidierte Konten für ihre anderen Tätigkeiten außerhalb des Erdgasbereichs. Die interne Rechnungslegung schließt für jede Tätigkeit eine Bilanz sowie eine Gewinn- und Verlustrechnung ein.

4. The audit, referred to in paragraph 2, shall, in particular, verify that the obligation to avoid discrimination and cross-subsidies referred to in paragraph 3 is respected.

(4) Bei der Überprüfung gemäß Absatz 2 wird insbesondere untersucht, ob die Verpflichtung zur Vermeidung von Diskriminierung und Quersubventionen gemäß Absatz 3 eingehalten wird.

5. Undertakings shall specify in their internal accounting the rules for the allocation of assets and liabilities, expenditure and income as well as for depreciation, without prejudice to nationally applicable accounting rules, which they follow in drawing up the separate accounts referred to in paragraph 3. Those internal rules may be amended only in exceptional cases. Such amendments shall be mentioned and duly substantiated.

(5) Unbeschadet der innerstaatlich anwendbaren Vorschriften für die Rechnungslegung geben die Unternehmen in der internen Rechnungslegung die Regeln, einschließlich der Abschreibungsregeln, an, nach denen die Gegenstände des Aktiv- und Passivvermögens sowie die ausgewiesenen Aufwendungen und Erträge den gemäß Absatz 3 separat geführten Konten zugewiesen werden. Änderungen dieser internen Regeln sind nur in Ausnahmefällen zulässig. Diese Änderungen müssen erwähnt und ordnungsgemäß begründet werden.

6. The annual accounts shall indicate in notes any transaction of a certain size conducted with related undertakings.

(6) Im Anhang zum Jahresabschluss sind die Geschäfte größeren Umfangs, die mit verbundenen Unternehmen getätigt worden sind, gesondert aufzuführen.

CHAPTER VII
Organisation of access to the system

Article 32
Third-party access

1. Member States shall ensure the implementation of a system of third party access to the transmission and distribution system, and LNG facilities based on published tariffs, applicable to all

KAPITEL VII
Organisation des Netzzugangs

Artikel 32
Zugang Dritter

(1) Die Mitgliedstaaten gewährleisten die Einführung eines System für den Zugang Dritter zum Fernleitungs- und Verteilernetz und zu den LNG-Anlagen auf der Grundlage veröffent-

eligible customers, including supply undertakings, and applied objectively and without discrimination between system users. Member States shall ensure that those tariffs, or the methodologies underlying their calculation are approved prior to their entry into force in accordance with Article 41 by a regulatory authority referred to in Article 39(1) and that those tariffs – and the methodologies, where only methodologies are approved – are published prior to their entry into force.

lichter Tarife; die Zugangsregelung gilt für alle zugelassenen Kunden, einschließlich Versorgungsunternehmen, und wird nach objektiven Kriterien und ohne Diskriminierung von Netzbenutzern angewandt. Die Mitgliedstaaten stellen sicher, dass diese Tarife oder die Methoden zu ihrer Berechnung gemäß Artikel 41 von einer in Artikel 39 Absatz 1 genannten Regulierungsbehörde vor deren Inkrafttreten genehmigt werden und dass die Tarife und – soweit nur die Methoden einer Genehmigung unterliegen – die Methoden vor ihrem Inkrafttreten veröffentlicht werden.

2. Transmission system operators shall, if necessary for the purpose of carrying out their functions including in relation to cross-border transmission, have access to the network of other transmission system operators.

(2) Die Betreiber der Fernleitungsnetze erhalten zur Wahrnehmung ihrer Aufgaben, auch im Zusammenhang mit der grenzüberschreitenden Fernleitung, gegebenenfalls Zugang zu den Fernleitungsnetzen anderer Betreiber.

3. The provisions of this Directive shall not prevent the conclusion of long-term contracts in so far as they comply with Community competition rules

(3) Die Bestimmungen dieser Richtlinie stehen dem Abschluss von langfristigen Verträgen nicht entgegen, sofern diese mit den Wettbewerbsregeln der Gemeinschaft im Einklang stehen.

Article 33
Access to storage

1. For the organisation of access to storage facilities and linepack when technically and/or economically necessary for providing efficient access to the system for the supply of customers, as well as for the organisation of ac-

Artikel 33
Zugang zu Speicheranlagen

(1) Für den Zugang zu Speicheranlagen und Netzpufferung, der für einen effizienten Netzzugang im Hinblick auf die Versorgung der Kunden technisch und/oder wirtschaftlich erforderlich ist, sowie für den Zugang zu

cess to ancillary services, Member States may choose either or both of the procedures referred to in paragraphs 3 and 4. Those procedures shall operate in accordance with objective, transparent and non-discriminatory criteria.

Hilfsdiensten können die Mitgliedstaaten eines der in den Absätzen 3 und 4 vorgesehenen Verfahren oder beide Verfahren wählen. Diese Verfahren werden nach objektiven, transparenten und nicht diskriminierenden Kriterien angewandt.

The regulatory authorities where Member States have so provided or Member States shall define and publish criteria according to which the access regime applicable to storage facilities and linepack may be determined. They shall make public, or oblige storage and transmission system operators to make public, which storage facilities, or which parts of those storage facilities, and which linepack is offered under the different procedures referred to in paragraphs 3 and 4.

Die Mitgliedstaaten oder, wenn die Mitgliedstaaten dies vorgesehen haben, die Regulierungsbehörden definieren und veröffentlichen Kriterien, anhand deren beurteilt werden kann, welche Regelung auf den Zugang zu Speicheranlagen und Netzpufferung angewandt wird. Sie machen öffentlich bekannt, welche Speicheranlagen oder welche Teile der Speicheranlagen und welche Netzpufferungen nach den verschiedenen in den Absätzen 3 und 4 genannten Verfahren angeboten werden, oder verpflichten die Speicheranlagen- und Fernleitungsnetzbetreiber, die entsprechenden Informationen öffentlich bekannt zu machen.

The obligation referred to in the second sentence of the second subparagraph shall be without prejudice to the right of choice granted to Member States in the first subparagraph.

Die Verpflichtung in Unterabsatz 2 Satz 2 gilt unbeschadet des den Mitgliedstaaten im ersten Unterabsatz gewährten Rechts auf Wahl des Verfahrens.

2. The provisions of paragraph 1 shall not apply to ancillary services and temporary storage that are related to LNG facilities and are necessary for the re-gasification process and subsequent delivery to the transmission system.

(2) Absatz 1 gilt bei LNG-Anlagen nicht für Hilfsdienste und die vorübergehende Speicherung, die für die Wiederverdampfung und die anschließende Einspeisung in das Fernleitungsnetz erforderlich sind.

3. In the case of negotiated access, Member States or, where Member States have so provided, the regulatory authorities shall take the necessary measures for natural gas undertakings and eligible customers either inside or outside the territory covered by the interconnected system to be able to negotiate access to storage facilities and linepack, when technically and/or economically necessary for providing efficient access to the system, as well as for the organisation of access to other ancillary services. The parties shall be obliged to negotiate access to storage, linepack and other ancillary services in good faith.

(3) Beim Zugang auf Vertragsbasis treffen die Mitgliedstaaten oder, wenn die Mitgliedstaaten dies vorsehen, die Regulierungsbehörden die erforderlichen Maßnahmen, damit die Erdgasunternehmen und die zugelassenen Kunden, die sich innerhalb oder außerhalb des Verbundnetzgebiets befinden, einen Zugang zu Speicheranlagen und Netzpufferung aushandeln können, wenn dieser Zugang für einen effizienten Netzzugang sowie für den Zugang zu anderen Hilfsdiensten technisch und/oder wirtschaftlich erforderlich ist. Die Parteien sind verpflichtet, den Zugang zu Speicheranlagen, Netzpufferung und anderen Hilfsdiensten nach dem Grundsatz von Treu und Glauben auszuhandeln.

Contracts for access to storage, linepack and other ancillary services shall be negotiated with the relevant storage system operator or natural gas undertakings. The regulatory authorities where Member States have so provided or Member States shall require storage system operators and natural gas undertakings to publish their main commercial conditions for the use of storage, linepack and other ancillary services by 1 January 2005 and on an annual basis every year thereafter.

Die Verträge über den Zugang zu Speicheranlagen, Netzpufferung und anderen Hilfsdiensten werden mit dem Betreiber der betreffenden Speicheranlage oder den betreffenden Erdgasunternehmen ausgehandelt. Die Mitgliedstaaten oder, wenn die Mitgliedstaaten dies vorsehen, die Regulierungsbehörden verlangen von den Betreibern der Speicheranlagen und den Erdgasunternehmen, bis zum 1. Januar 2005 und in der Folge einmal jährlich ihre wesentlichen Geschäftsbedingungen für die Nutzung von Speicheranlagen, Netzpufferung und anderen Hilfsdiensten zu veröffentlichen.

When developing the conditions referred to in the second subparagraph,

Bei der Ausarbeitung dieser in Unterabsatz 2 genannten Geschäftsbedin-

storage operators and natural gas undertakings shall consult system users.

4. In the case of regulated access, the regulatory authorities where Member States have so provided or Member States shall take the necessary measures to give natural gas undertakings and eligible customers either inside or outside the territory covered by the interconnected system a right to access to storage, linepack and other ancillary services, on the basis of published tariffs and/or other terms and obligations for use of that storage and linepack, when technically and/or economically necessary for providing efficient access to the system, as well as for the organisation of access to other ancillary services. The regulatory authorities where Member States have so provided or Member States shall consult system users when developing those tariffs or the methodologies for those tariffs. The right of access for eligible customers may be given by enabling them to enter into supply contracts with competing natural gas undertakings other than the owner and/or operator of the system or a related undertaking.

gungen konsultieren die Betreiber der Speicheranlagen und die Erdgasunternehmen die Netzbenutzer.

(4) Im Fall eines geregelten Netzzugangs treffen die Mitgliedstaaten oder, wenn die Mitgliedstaaten dies vorsehen, die Regulierungsbehörden die erforderlichen Maßnahmen, damit die Erdgasunternehmen und die zugelassenen Kunden, die sich innerhalb oder außerhalb des Verbundnetzgebiets befinden, ein Recht auf Zugang zu Speicheranlagen, Netzpufferung und anderen Hilfsdiensten auf der Grundlage veröffentlichter Tarife und/oder sonstiger Bedingungen und Verpflichtungen für die Nutzung dieser Speicheranlagen und Netzpufferung haben, wenn dieser Zugang für einen effizienten Netzzugang sowie für den Zugang zu anderen Hilfsdiensten technisch und/oder wirtschaftlich erforderlich ist. Die Mitgliedstaaten oder, wenn die Mitgliedstaaten dies vorsehen, die Regulierungsbehörden konsultieren die Netzbenutzer bei der Ausarbeitung dieser Tarife oder der entsprechenden Methoden. Dieses Recht auf Zugang kann den zugelassenen Kunden dadurch gewährt werden, dass es ihnen ermöglicht wird, Versorgungsverträge mit anderen konkurrierenden Erdgasunternehmen als dem Eigentümer und/oder Betreiber des Netzes oder einem verbundenen Unternehmen zu schließen.

Article 34
Access to upstream pipeline networks

1. Member States shall take the necessary measures to ensure that natural gas undertakings and eligible customers, wherever they are located, are able to obtain access to upstream pipeline networks, including facilities supplying technical services incidental to such access, in accordance with this Article, except for the parts of such networks and facilities which are used for local production operations at the site of a field where the gas is produced. The measures shall be notified to the Commission in accordance with the provisions of Article 54.

2. The access referred to in paragraph 1 shall be provided in a manner determined by the Member State in accordance with the relevant legal instruments. Member States shall apply the objectives of fair and open access, achieving a competitive market in natural gas and avoiding any abuse of a dominant position, taking into account security and regularity of supplies, capacity which is or can reasonably be made available, and environmental protection. The following matters may be taken into account:

Artikel 34
Zugang zu den vorgelagerten Rohrleitungsnetzen

(1) Die Mitgliedstaaten treffen die erforderlichen Maßnahmen, um sicherzustellen, dass die Erdgas-Unternehmen und die zugelassenen Kunden ungeachtet ihres Standorts bzw. Wohnsitzes im Einklang mit diesem Artikel Zugang erhalten können zu den vorgelagerten Rohrleitungsnetzen, einschließlich der Einrichtungen, die die mit einem derartigen Zugang verbundenen technischen Dienstleistungen erbringen, jedoch mit Ausnahme der Netz- und Einrichtungsteile, die für örtliche Gewinnungstätigkeiten auf einem Gasfeld benutzt werden. Diese Maßnahmen werden der Kommission gemäß Artikel 54 mitgeteilt.

(2) Der Mitgliedstaat legt entsprechend den einschlägigen Rechtsinstrumenten fest, in welcher Weise der Zugang gemäß Absatz 1 zu ermöglichen ist. Die Mitgliedstaaten legen dabei folgende Ziele zugrunde: offener Zugang zu gerechten Bedingungen, Schaffung eines wettbewerbsbestimmten Erdgasmarkts und Vermeidung des Missbrauchs einer marktbeherrschenden Stellung, wobei einer gesicherten und regelmäßigen Versorgung, den bestehenden Kapazitäten und den Kapazitäten, die nach vernünftigem Ermessen verfügbar gemacht werden können, sowie dem Umweltschutz Rechnung getragen wird. Folgendes kann

berücksichtigt werden:

(a) the need to refuse access where there is an incompatibility of technical specifications which cannot reasonably be overcome;

a) die Notwendigkeit, den Zugang zu verweigern, wenn technische Spezifikationen nicht unter zumutbaren Bedingungen miteinander in Einklang zu bringen sind;

(b) the need to avoid difficulties which cannot reasonably be overcome and could prejudice the efficient, current and planned future production of hydrocarbons, including that from fields of marginal economic viability;

b) die Notwendigkeit der Vermeidung von nicht auf zumutbare Art und Weise zu überwindenden Schwierigkeiten, die die Effizienz der laufenden und der künftigen Kohlenwasserstoffgewinnung, auch bei Feldern mit geringer wirtschaftlicher Rentabilität, beeinträchtigen könnten;

(c) the need to respect the duly substantiated reasonable needs of the owner or operator of the upstream pipeline network for the transport and processing of gas and the interests of all other users of the upstream pipeline network or relevant processing or handling facilities who may be affected; and

c) die Notwendigkeit der Anerkennung gebührend belegter und angemessener Erfordernisse, die der Eigentümer oder Betreiber des vorgelagerten Rohrleitungsnetzes für Erdgastransport und -aufbereitung geltend macht, und der Wahrung der Interessen aller anderen möglicherweise betroffenen Benutzer des vorgelagerten Rohrleitungsnetzes oder der einschlägigen Aufbereitungs- oder Umschlagseinrichtungen; und

(d) the need to apply their laws and administrative procedures, in conformity with Community law, for the grant of authorisation for production or upstream development.

d) die Notwendigkeit der Anwendung der einzelstaatlichen Rechtsvorschriften und Verwaltungsverfahren zur Erteilung von Genehmigungen für Gewinnungstätigkeiten oder vorgelagerte Entwicklungstätigkeiten in Übereinstimmung mit dem Gemeinschaftsrecht.

3. Member States shall ensure that they have in place dispute-settlement arrangements, including an authority independent of the parties with access to all relevant information, to enable disputes relating to access to upstream pipeline networks to be settled expeditiously, taking into account the criteria in paragraph 2 and the number of parties which may be involved in negotiating access to such networks.

(3) Die Mitgliedstaaten gewährleisten eine Streitbeilegungsregelung – zu der auch eine von den Parteien unabhängige Stelle gehört, die zu allen einschlägigen Informationen Zugang hat –, mit der Streitigkeiten im Zusammenhang mit dem Zugang zu vorgelagerten Rohrleitungsnetzen zügig beigelegt werden können, wobei den in Absatz 2 genannten Kriterien und der Zahl der Parteien, die möglicherweise an der Verhandlung über den Zugang zu derartigen Netzen beteiligt sind, Rechnung zu tragen ist.

4. In the event of cross-border disputes, the dispute-settlement arrangements for the Member State having jurisdiction over the upstream pipeline network which refuses access shall be applied. Where, in cross-border disputes, more than one Member State covers the network concerned, the Member States concerned shall consult each other with a view to ensuring that the provisions of this Directive are applied consistently.

(4) Bei grenzüberschreitenden Streitigkeiten gilt die Streitbeilegungsregelung des Mitgliedstaats, der für das vorgelagerte Rohrleitungsnetz, das den Zugang verweigert, zuständig ist. Sind bei grenzübergreifenden Streitigkeiten mehrere Mitgliedstaaten für das betreffende Netz zuständig, so gewährleisten diese Mitgliedstaaten in gegenseitigem Benehmen, dass die vorliegende Richtlinie übereinstimmend angewandt wird.

Article 35
Refusal of access

1. Natural gas undertakings may refuse access to the system on the basis of lack of capacity or where the access to the system would prevent them from carrying out the public service obligations referred to in Article 3(2) which are assigned to them or on the basis of serious economic and financial diffi-

Artikel 35
Verweigerung des Zugangs

(1) Erdgasunternehmen können den Netzzugang verweigern, wenn sie nicht über die nötige Kapazität verfügen oder der Netzzugang sie daran hindern würde, die ihnen auferlegten gemeinwirtschaftlichen Verpflichtungen gemäß Artikel 3 Absatz 2 zu erfüllen, oder wenn in Bezug auf die in Ar-

culties with take-or-pay contracts having regard to the criteria and procedures set out in Article 48 and the alternative chosen by the Member State in accordance with paragraph 1 of that Article. Duly substantiated reasons shall be given for any such a refusal.

tikel 47 festgelegten Kriterien und Verfahren und die von dem Mitgliedstaat gemäß Artikel 48 Absatz 1 gewählte Alternative aufgrund von Verträgen mit unbedingter Zahlungsverpflichtung ernsthafte wirtschaftliche und finanzielle Schwierigkeiten bestehen. Die Verweigerung ist ordnungsgemäß zu begründen.

2. Member States may take the measures necessary to ensure that the natural gas undertaking refusing access to the system on the basis of lack of capacity or a lack of connection makes the necessary enhancements as far as it is economic to do so or when a potential customer is willing to pay for them. In circumstances where Member States apply Article 4(4), Member States shall take such measures.

(2) Die Mitgliedstaaten können die erforderlichen Maßnahmen ergreifen, um zu gewährleisten, dass Erdgasunternehmen, die den Netzzugang aufgrund unzureichender Kapazität oder eines mangelnden Netzverbunds verweigern, für den erforderlichen Ausbau Sorge tragen, soweit dies wirtschaftlich vertretbar ist oder wenn ein potenzieller Kunde bereit ist, hierfür zu zahlen. Wenden die Mitgliedstaaten Artikel 4 Absatz 4 an, so ergreifen sie diese Maßnahmen.

Article 36
New infrastructure

Artikel 36
Neue Infrastruktur

1. Major new gas infrastructure, i.e. interconnectors, LNG and storage facilities, may, upon request, be exempted, for a defined period of time, from the provisions of Articles 9, 32, 33 and 34 and Article 41(6), (8) and (10) under the following conditions:

(1) Große neue Erdgasinfrastrukturen, d. h. Verbindungsleitungen, LNG- und Speicheranlagen, können auf Antrag für einen bestimmten Zeitraum von den Bestimmungen der Artikel 9, 32, 33 und 34 sowie des Artikels 41 Absätze 6, 8 und 10 unter folgenden Voraussetzungen ausgenommen werden:

(a) the investment must enhance competition in gas supply and enhance security of supply;

a) durch die Investition werden der Wettbewerb bei der Gasversorgung und die Versorgungssicherheit verbessert;

(b) the level of risk attached to the investment must be such that the investment would not take place unless an exemption was granted;

b) das mit der Investition verbundene Risiko ist so hoch, dass die Investition ohne eine Ausnahmegenehmigung nicht getätigt würde;

(c) the infrastructure must be owned by a natural or legal person which is separate at least in terms of its legal form from the system operators in whose systems that infrastructure will be built;

c) die Infrastruktur muss Eigentum einer natürlichen oder juristischen Person sein, die zumindest der Rechtsform nach von den Netzbetreibern getrennt ist, in deren Netzen die Infrastruktur geschaffen wird;

(d) charges must be levied on users of that infrastructure; and

d) von den Nutzern dieser Infrastruktur werden Gebühren erhoben; und

(e) the exemption must not be detrimental to competition or the effective functioning of the internal market in natural gas, or the efficient functioning of the regulated system to which the infrastructure is connected.

e) die Ausnahme wirkt sich nicht nachteilig auf den Wettbewerb oder das effektive Funktionieren des Erdgasbinnenmarktes oder das effiziente Funktionieren des regulierten Netzes aus, an das die Infrastruktur angeschlossen ist.

2. Paragraph 1 shall also apply to significant increases of capacity in existing infrastructure and to modifications of such infrastructure which enable the development of new sources of gas supply.

(2) Absatz 1 gilt auch für erhebliche Kapazitätsaufstockungen bei vorhandenen Infrastrukturen und für Änderungen dieser Infrastrukturen, die die Erschließung neuer Gasversorgungsquellen ermöglichen.

3. The regulatory authority referred to in Chapter VIII may, on a case-by-case basis, decide on the exemption referred to in paragraphs 1 and 2.

(3) Die in Kapitel VIII genannte Regulierungsbehörde kann von Fall zu Fall über Ausnahmen nach den Absätzen 1 und 2 befinden.

4. Where the infrastructure in question is located in the territory of more than one Member State, the Agency may submit an advisory opinion to the regulatory authorities of the Member States concerned, which may be used as a basis for their decision, within two months from the date on which the request for exemption was received by the last of those regulatory authorities.

(4) Erstreckt sich die betreffende Infrastruktur über das Hoheitsgebiet von mehr als einem Mitgliedstaat, kann die Agentur den Regulierungsbehörden der betroffenen Mitgliedstaaten innerhalb von zwei Monaten ab dem Tag, an dem die letzte dieser Regulierungsbehörden den Antrag auf eine Ausnahme erhalten hat, eine Stellungnahme übermitteln, die die Grundlage für die Entscheidung der Regulierungsbehörden sein könnte.

Where all the regulatory authorities concerned agree on the request for exemption within six months of the date on which it was received by the last of the regulatory authorities, they shall inform the Agency of their decision.

Haben alle betroffenen Regulierungsbehörden innerhalb von sechs Monaten ab dem Tag, an dem die letzte Regulierungsbehörde den Antrag erhalten hat eine Einigung über die Entscheidung zur Gewährung einer Ausnahme erzielt, informieren sie die Agentur über diese Entscheidung.

The Agency shall exercise the tasks conferred on the regulatory authorities of the Member States concerned by the present Article:

Die der Regulierungsbehörde des betroffenen Mitgliedstaats durch diesen Artikel übertragenen Aufgaben werden von der Agentur wahrgenommen,

(a) where all regulatory authorities concerned have not been able to reach an agreement within a period of six months from the date on which the request for exemption was received by the last of those regulatory authorities; or

a) wenn alle betreffenden nationalen Regulierungsbehörden innerhalb eines Zeitraums von sechs Monaten ab dem Tag, an dem die letzte dieser Regulierungsbehörden den Antrag auf eine Ausnahme erhalten hat, keine Einigung erzielen konnten, oder

(b) upon a joint request from the regulatory authorities concerned.

b) wenn ein gemeinsames Ersuchen der betreffenden nationalen Regulierungsbehörden vorliegt.

All regulatory authorities concerned may, jointly, request that the period referred to in point (a) of the third subparagraph is extended by up to three months.

Alle betreffenden Regulierungsbehörden können in einem gemeinsamen Ersuchen beantragen, dass die unter Unterabsatz 3 Buchstabe a genannte Frist um bis zu drei Monate verlängert wird.

5. Before taking a decision, the Agency shall consult the relevant regulatory authorities and the applicants.

(5) Vor ihrer Entscheidung erfolgt eine Anhörung der zuständigen Regulierungsbehörden und der Antragsteller durch die Agentur.

6. An exemption may cover all or part of the capacity of the new infrastructure, or of the existing infrastructure with significantly increased capacity.

(6) Eine Ausnahme kann sich auf die gesamte Kapazität der neuen Infrastruktur oder der vorhandenen Infrastruktur, deren Kapazität erheblich vergrößert wurde, oder bestimmte Teile der Infrastruktur erstrecken.

In deciding to grant an exemption, consideration shall be given, on a case-by-case basis, to the need to impose conditions regarding the duration of the exemption and non-discriminatory access to the infrastructure. When deciding on those conditions, account shall, in particular, be taken of the additional capacity to be built or the modification of existing capacity, the time horizon of the project and national circumstances.

Bei der Entscheidung über die Gewährung einer Ausnahme wird in jedem Einzelfall der Notwendigkeit Rechnung getragen, Bedingungen für die Dauer der Ausnahme und den nicht diskriminierenden Zugang zu der neuen Infrastruktur aufzuerlegen. Bei der Entscheidung über diese Bedingungen werden insbesondere die neu zu schaffende Kapazität oder die Änderung der bestehenden Kapazität, der Zeithorizont des Vorhabens und die einzelstaatlichen Gegebenheiten berücksichtigt.

Before granting an exemption, the regulatory authority shall decide upon the rules and mechanisms for management and allocation of capacity. The rules shall require that all potential users of the infrastructure are in-

Vor der Gewährung einer Ausnahme entscheidet die Regulierungsbehörde über die Regeln und Mechanismen für das Kapazitätsmanagement und die Kapazitätszuweisung. Nach diesen Regeln werden alle potenziellen Nutzer

vited to indicate their interest in contracting capacity before capacity allocation in the new infrastructure, including for own use, takes place. The regulatory authority shall require congestion management rules to include the obligation to offer unused capacity on the market, and shall require users of the infrastructure to be entitled to trade their contracted capacities on the secondary market. In its assessment of the criteria referred to in points (a), (b) and (e) of paragraph 1, the regulatory authority shall take into account the results of that capacity allocation procedure.

der Infrastruktur dazu aufgefordert, ihr Interesse an der Kontrahierung von Kapazität zu bekunden, bevor Kapazität für die neue Infrastruktur, auch für den Eigenbedarf, vergeben wird. Die Regulierungsbehörde macht zur Auflage, in den Regeln für das Engpassmanagement vorzusehen, dass ungenutzte Kapazitäten auf dem Markt anzubieten sind und dass Nutzer der Infrastruktur das Recht haben, ihre kontrahierten Kapazitäten auf dem Sekundärmarkt zu handeln. Bei ihrer Bewertung der in Absatz 1 Buchstaben a, b und e genannten Kriterien berücksichtigt die Regulierungsbehörde die Ergebnisse des Verfahrens für die Kapazitätszuweisung.

The exemption decision, including any conditions referred to in the second subparagraph of this paragraph, shall be duly reasoned and published.

Die Entscheidung zur Gewährung einer Ausnahme – einschließlich der in Unterabsatz 2 des vorliegenden Absatzes genannten Bedingungen – ist ordnungsgemäß zu begründen und zu veröffentlichen.

7. Notwithstanding paragraph 3, Member States may provide that their regulatory authority or the Agency, as the case may be, shall submit, for the purposes of the formal decision, to the relevant body in the Member State its opinion on the request for an exemption. That opinion shall be published together with the decision.

(7) Unbeschadet des Absatzes 3 können die Mitgliedstaaten jedoch vorsehen, dass die Regulierungsbehörde bzw. die Agentur ihre Stellungnahme zu dem Antrag auf Gewährung einer Ausnahme der zuständigen Stelle des Mitgliedstaats zur förmlichen Entscheidung vorzulegen hat. Diese Stellungnahme wird zusammen mit der Entscheidung veröffentlicht.

8. The regulatory authority shall transmit to the Commission, without

(8) Die Regulierungsbehörde übermittelt der Kommission eine Kopie aller

delay, a copy of every request for exemption as of its receipt. The decision shall be notified, without delay, by the competent authority to the Commission, together with all the relevant information with respect to the decision. That information may be submitted to the Commission in aggregate form, enabling the Commission to reach a well-founded decision. In particular, the information shall contain:

Anträge auf Gewährung einer Ausnahme unverzüglich nach ihrem Eingang. Die zuständige Behörde teilt der Kommission unverzüglich die Entscheidung zusammen mit allen für die Entscheidung bedeutsamen Informationen mit. Diese Informationen können der Kommission in einer Zusammenfassung übermittelt werden, die der Kommission eine fundierte Entscheidung ermöglicht. Die Informationen enthalten insbesondere Folgendes:

(a) the detailed reasons on the basis of which the regulatory authority, or Member State, granted or refused the exemption together with a reference to paragraph 1 including the relevant point or points of that paragraph on which such decision is based, including the financial information justifying the need for the exemption;

a) eine ausführliche Begründung der durch die Regulierungsbehörde oder den Mitgliedstaat gewährten oder abgelehnten Ausnahme unter genauem Verweis auf Absatz 1 und den oder die Buchstaben jenes Absatzes, der der Entscheidung zugrunde liegt, einschließlich finanzieller Informationen, die die Notwendigkeit der Ausnahme rechtfertigen;

(b) the analysis undertaken of the effect on competition and the effective functioning of the internal market in natural gas resulting from the grant of the exemption;

b) eine Untersuchung bezüglich der Auswirkungen der Gewährung der Ausnahme auf den Wettbewerb und das effektive Funktionieren des Erdgasbinnenmarkts;

(c) the reasons for the time period and the share of the total capacity of the gas infrastructure in question for which the exemption is granted;

c) eine Begründung der Geltungsdauer der Ausnahme sowie des Anteils an der Gesamtkapazität der Gasinfrastruktur, für die die Ausnahme gewährt wird;

(d) in case the exemption relates to an interconnector, the result of the consultation with the regulatory authori-

d) sofern sich die Ausnahme auf eine Verbindungsleitung bezieht, das Ergebnis der Konsultation der betroffe-

ties concerned; and

(e) the contribution of the infrastructure to the diversification of gas supply.

9. Within a period of two months from the day following the receipt of a notification, the Commission may take a decision requiring the regulatory authority to amend or withdraw the decision to grant an exemption. That two-month period may be extended by an additional period of two months where further information is sought by the Commission. That additional period shall begin on the day following the receipt of the complete information. The initial two-month period may also be extended with the consent of both the Commission and the regulatory authority.

Where the requested information is not provided within the period set out in the request, the notification shall be deemed to be withdrawn unless, before the expiry of that period, either the period has been extended with the consent of both the Commission and the regulatory authority, or the regulatory authority, in a duly reasoned statement, has informed the Commission that it considers the notification to be complete.

The regulatory authority shall comply

nen Regulierungsbehörden; und

e) Angaben dazu, welchen Beitrag die Infrastruktur zur Diversifizierung der Gasversorgung leistet.

(9) Die Kommission kann innerhalb eines Zeitraums von zwei Monaten ab dem Tag nach dem Eingang einer Meldung beschließen, von der Regulierungsbehörde die Änderung oder den Widerruf der Entscheidung über die Gewährung der Ausnahme zu verlangen. Die Zweimonatsfrist kann um weitere zwei Monate verlängert werden, wenn die Kommission zusätzliche Informationen anfordert. Diese weitere Frist beginnt am Tag nach dem Eingang der vollständigen Informationen. Auch die erste Zweimonatsfrist kann mit Zustimmung der Kommission und der Regulierungsbehörde verlängert werden.

Wenn die angeforderten Informationen nicht innerhalb der in der Aufforderung festgesetzten Frist vorgelegt werden, gilt die Mitteilung als widerrufen, es sei denn, diese Frist wurde mit Zustimmung der Kommission und der Regulierungsbehörde vor ihrem Ablauf verlängert oder die Regulierungsbehörde hat die Kommission vor Ablauf der festgesetzten Frist in einer ordnungsgemäß begründeten Erklärung darüber unterrichtet, dass sie die Mitteilung als vollständig betrachtet.

Die Regulierungsbehörde kommt dem

with the Commission decision to amend or withdraw the exemption decision within a period of one month and shall inform the Commission accordingly.

Beschluss der Kommission zur Änderung oder zum Widerruf der Entscheidung über die Gewährung einer Ausnahme innerhalb von einem Monat nach und setzt die Kommission davon in Kenntnis.

The Commission shall preserve the confidentiality of commercially sensitive information.

Die Kommission behandelt wirtschaftlich sensible Informationen vertraulich.

The Commission's approval of an exemption decision shall lose its effect two years from its adoption in the event that construction of the infrastructure has not yet started, and five years from its adoption in the event that the infrastructure has not become operational unless the Commission decides that any delay is due to major obstacles beyond control of the person to whom the exemption has been granted.

Die durch die Kommission erfolgte Genehmigung einer Entscheidung zur Gewährung einer Ausnahme wird zwei Jahre nach ihrer Erteilung unwirksam, wenn mit dem Bau der Infrastruktur noch nicht begonnen wurde, und wird fünf Jahre nach ihrer Erteilung unwirksam, wenn die Infrastruktur nicht in Betrieb genommen wurde, es sei denn, die Kommission entscheidet, dass die Verzögerung auf Umstände zurückzuführen ist, auf die die Person, der die Ausnahme gewährt wurde, keinen Einfluss hat.

10. The Commission may adopt Guidelines for the application of the conditions laid down in paragraph 1 of this Article and to set out the procedure to be followed for the application of paragraphs 3, 6, 8 and 9 of this Article. Those measures, designed to amend non-essential elements of this Directive by supplementing it, shall be adopted in accordance with the regulatory procedure with scrutiny referred to in Article 51(3).

(10) Die Kommission kann Leitlinien für die Anwendung der in Absatz 1 dieses Artikels genannten Bedingungen und für die Festlegung des zur Anwendung der Absätze 3, 5, 7 und 8 dieses Artikels einzuhaltenden Verfahrens erlassen. Diese Maßnahmen zur Änderung nicht wesentlicher Bestimmungen dieser Richtlinie durch Ergänzung werden nach dem in Artikel 51 Absatz 3 genannten Regelungsverfahren mit Kontrolle erlassen.

Article 37
Market opening and reciprocity

1. Member States shall ensure that the eligible customers comprise:

(a) until 1 July 2004, eligible customers as specified in Article 18 of Directive 98/30/EC of the European Parliament and of the Council of 22 June 1998 concerning common rules for the internal market in natural gas.[24] Member States shall publish, by 31 January each year, the criteria for the definition of those eligible customers;

(b) from 1 July 2004, all non-household customers;

(c) from 1 July 2007, all customers.

2. To avoid imbalance in the opening of the gas markets:

(a) contracts for the supply with an eligible customer in the system of another Member State shall not be prohibited if the customer is eligible in both systems involved; and

(b) where transactions as described in point (a) are refused because the customer is eligible in only one of the two

Artikel 37
Marktöffnung und Gegenseitigkeit

(1) Die Mitgliedstaaten stellen sicher, dass folgende Kunden zugelassene Kunden sind:

a) bis zum 1. Juli 2004 alle zugelassenen Kunden entsprechend Artikel 18 der Richtlinie 98/30/EG des Europäischen Parlaments und des Rates vom 22. Juni 1998 betreffend gemeinsame Vorschriften für den Erdgasbinnenmarkt[24]. Die Mitgliedstaaten veröffentlichen bis zum 31. Januar jedes Jahres die Kriterien für die Definition dieser zugelassenen Kunden;

b) ab dem 1. Juli 2004 alle Nichthaushaltskunden;

c) ab dem 1. Juli 2007 alle Kunden.

(2) Ungleichgewichte bei der Öffnung der Gasmärkte werden wie folgt vermieden:

a) Lieferverträge mit einem zugelassenen Kunden aus dem Netz eines anderen Mitgliedstaats dürfen nicht untersagt werden, wenn der Kunde in beiden betreffenden Netzen als zugelassener Kunde betrachtet wird, und

b) werden Geschäfte nach Buchstabe a mit der Begründung abgelehnt, dass der Kunde nur in einem der beiden

[24] OJ L 204, 21.7.1998, p. 1.

[24] ABl. L 204 vom 21.7.1998, S. 1.

systems, the Commission may, taking into account the situation in the market and the common interest, oblige the refusing party to execute the requested supply, at the request of one of the Member States of the two systems.

Netze als zugelassener Kunde gilt, so kann die Kommission auf Antrag eines der Mitgliedstaaten, in denen sich die beiden Netze befinden, unter Berücksichtigung der Marktlage und des gemeinsamen Interesses der ablehnenden Partei auferlegen, die gewünschten Lieferungen auszuführen.

Article 38
Direct lines

1. Member States shall take the necessary measures to enable:

(a) natural gas undertakings established within their territory to supply the eligible customers through a direct line; and

(b) any such eligible customer within their territory to be supplied through a direct line by natural gas undertakings.

2. In circumstances where an authorisation (for example, licence, permission, concession, consent or approval) is required for the construction or operation of direct lines, the Member States or any competent authority they designate shall lay down the criteria for the grant of authorisations for the construction or operation of such lines in their territory. Those criteria shall be objective, transparent and non-discriminatory.

3. Member States may issue an au-

Artikel 38
Direktleitungen

(1) Die Mitgliedstaaten treffen die erforderlichen Maßnahmen, damit

a) in ihrem Hoheitsgebiet ansässige Erdgasunternehmen die zugelassenen Kunden über eine Direktleitung versorgen können, und

b) jeder zugelassene Kunde in ihrem Hoheitsgebiet von Erdgasunternehmen über eine Direktleitung versorgt werden kann.

(2) In Fällen, in denen eine Genehmigung (z. B. eine Lizenz, Erlaubnis, Konzession, Zustimmung oder Zulassung) für den Bau oder den Betrieb von Direktleitungen erforderlich ist, legen die Mitgliedstaaten oder eine von ihnen benannte zuständige Behörde die Kriterien für die Genehmigung des Baus oder des Betriebs einer Direktleitung in ihrem Hoheitsgebiet fest. Diese Kriterien müssen objektiv, transparent und nichtdiskriminierend sein.

(3) Die Mitgliedstaaten können die

thorisation to construct a direct line subject either to the refusal of system access on the basis of Article 35 or to the opening of a dispute-settlement procedure under Article 41.

Genehmigung zur Errichtung einer Direktleitung entweder von der Verweigerung des Netzzugangs auf der Grundlage des Artikels 35 oder von der Einleitung eines Streitbeilegungsverfahrens gemäß Artikel 41 abhängig machen.

CHAPTER VIII
National regulatory authorities

Article 39
Designation and independence of regulatory authorities

1. Each Member State shall designate a single national regulatory authority at national level.

2. Paragraph 1 of this Article shall be without prejudice to the designation of other regulatory authorities at regional level within Member States, provided that there is one senior representative for representation and contact purposes at Community level within the Board of Regulators of the Agency in accordance with Article 14(1) of Regulation (EC) No 713/2009.

3. By way of derogation from paragraph 1 of this Article, a Member State may designate regulatory authorities for small systems on a geographically separate region whose consumption, in 2008, accounted for less than 3% of the total consumption of the Member State of which it is part. That derogation shall be without prejudice to the

KAPITEL VIII
Nationale Regulierungsbehörden

Artikel 39
Benennung und Unabhängigkeit der Regulierungsbehörden

(1) Jeder Mitgliedstaat benennt auf nationaler Ebene eine einzige nationale Regulierungsbehörde.

(2) Absatz 1 des vorliegenden Artikels lässt die Benennung anderer Regulierungsbehörden auf regionaler Ebene in den Mitgliedstaaten unberührt, sofern es für Vertretungszwecke und als Ansprechpartner auf Gemeinschaftsebene innerhalb des Regulierungsrates der Agentur gemäß Artikel 14 Absatz 1 der Verordnung (EG) 713/2009 einen einzigen ranghohen Vertreter gibt.

(3) Abweichend von Absatz 1 des vorliegenden Artikels kann ein Mitgliedstaat Regulierungsbehörden für kleine Netze in einer geografisch eigenständigen Region benennen, deren Verbrauch im Jahr 2008 weniger als 3% des gesamten Verbrauchs des Mitgliedstaats, zu dem sie gehört, betragen hat. Diese Ausnahmeregelung

appointment of one senior representative for representation and contact purposes at Community level within the Board of Regulators of the Agency in compliance with Article 14(1) of Regulation (EC) No 713/2009.

lässt die Benennung eines einzigen ranghohen Vertreters für Vertretungszwecke und als Ansprechpartner auf Gemeinschaftsebene innerhalb des Regulierungsrates der Agentur für die Zusam-menarbeit der Energieregulierungsbehörden gemäß Artikel 14 Absatz 1 der Verordnung (EG) Nr. 713/2009 unberührt.

4. Member States shall guarantee the independence of the regulatory authority and shall ensure that it exercises its powers impartially and transparently. For this purpose, Member States shall ensure that, when carrying out the regulatory tasks conferred upon it by this Directive and related legislation, the regulatory authority:

(4) Die Mitgliedstaaten gewährleisten die Unabhängigkeit der Regulierungsbehörde und sorgen dafür, dass diese ihre Befugnisse unparteiisch und transparent ausübt. Hierzu stellen die Mitgliedstaaten sicher, dass die Regulierungsbehörde bei der Wahrnehmung der ihr durch diese Richtlinie und zugehörige Rechtsvorschriften übertragenen Regulierungsaufgaben

(a) is legally distinct and functionally independent from any other public or private entity;

a) rechtlich getrennt und funktional unabhängig von anderen öffentlichen und privaten Einrichtungen ist,

(b) ensures that its staff and the persons responsible for its management:

b) und sicherstellt, dass ihr Personal und ihr Management

(i) act independently from any market interest; and

i) unabhängig von Marktinteressen handelt und

(ii) do not seek or take direct instructions from any government or other public or private entity when carrying out the regulatory tasks. That requirement is without prejudice to close cooperation, as appropriate, with other relevant national authorities or to general policy guidelines issued by the

ii) bei der Wahrnehmung der Regulierungsaufgaben keine direkten Weisungen von Regierungsstellen oder anderen öffentlichen oder privaten Einrichtungen einholt oder entgegennimmt. Eine etwaige enge Zusammenarbeit mit anderen zuständigen nationalen Behörden oder allgemeine politische

government not related to the regulatory powers and duties under Article 41.

Leitlinien der Regierung, die nicht mit den Regulierungsaufgaben und -befugnissen nach Artikel 41 zusammenhängen, bleiben hiervon unberührt.

5. In order to protect the independence of the regulatory authority, Member States shall in particular ensure that:

(5) Zur Wahrung der Unabhängigkeit der Regulierungsbehörde stellen die Mitgliedstaaten insbesondere sicher,

(a) the regulatory authority can take autonomous decisions, independently from any political body, and has separate annual budget allocations, with autonomy in the implementation of the allocated budget, and adequate human and financial resources to carry out its duties; and

a) dass die Regulierungsbehörde unabhängig von allen politischen Stellen selbständige Entscheidungen treffen kann und ihr jedes Jahr separate Haushaltsmittel zugewiesen werden, damit sie den zugewiesenen Haushalt eigenverantwortlich ausführen kann und über eine für die Wahrnehmung ihrer Aufgaben angemessene personelle und finanzielle Ressourcenausstattung verfügt; und

(b) the members of the board of the regulatory authority or, in the absence of a board, the regulatory authority's top management are appointed for a fixed term of five up to seven years, renewable once.

b) dass die Mitglieder des Leitungsgremiums der Regulierungsbehörde oder, falls kein solches Gremium vorhanden ist, die Mitglieder des leitenden Managements der Regulierungsbehörde für eine Amtszeit von fünf bis sieben Jahren ernannt werden, die einmal verlängert werden kann.

In regard to point (b) of the first subparagraph, Member States shall ensure an appropriate rotation scheme for the board or the top management. The members of the board or, in the absence of a board, members of the top management may be relieved from office during their term only if they no longer fulfil the conditions set out in

Was Buchstabe b Unterabsatz 1 betrifft, stellen die Mitgliedstaaten sicher, dass für das Leitungsgremium oder das leitende Management ein geeignetes Rotationsverfahren besteht. Die Mitglieder des Leitungsgremiums der Regulierungsbehörde oder, falls kein solches vorhanden ist, die Mitglieder des leitenden Managements

this Article or have been guilty of misconduct under national law.

können während ihrer Amtszeit nur dann des Amtes enthoben werden, wenn sie nicht mehr die in diesem Artikel genannten Bedingungen erfüllen oder wenn sie sich eines Fehlverhaltens nach einzelstaatlichem Recht schuldig gemacht haben.

Article 40
General objectives of the regulatory authority

In carrying out the regulatory tasks specified in this Directive, the regulatory authority shall take all reasonable measures in pursuit of the following objectives within the framework of their duties and powers as laid down in Article 41, in close consultation with other relevant national authorities, including competition authorities, as appropriate, and without prejudice to their competencies:

(a) promoting, in close cooperation with the Agency, regulatory authorities of other Member States and the Commission, a competitive, secure and environmentally sustainable internal market in natural gas within the Community, and effective market opening for all customers and suppliers in the Community, and ensuring appropriate conditions for the effective and reliable operation of gas networks, taking into account long-term objectives;

Artikel 40
Allgemeine Ziele der Regulierungsbehörde

Bei der Wahrnehmung der in dieser Richtlinie genannten Regulierungsaufgaben trifft die Regulierungsbehörde alle zweckdienlichen Maßnahmen zur Erreichung folgender Ziele im Rahmen ihrer Aufgaben und Befugnisse gemäß Artikel 41, gegebenenfalls in engem Benehmen mit anderen relevanten nationalen Behörden einschließlich der Wettbewerbsbehörden und unbeschadet deren Zuständigkeiten:

a) Förderung – in enger Zusammenarbeit mit der Agentur, den Regulierungsbehörden der Mitgliedstaaten und der Kommission – eines wettbewerbsbestimmten, sicheren und ökologisch nachhaltigen Erdgasbinnenmarktes in der Gemeinschaft und effektive Öffnung des Marktes für alle Lieferanten und Kunden in der Gemeinschaft; sowie Sicherstellung geeigneter Bedingungen dafür, dass Gasnetze unter Berücksichtigung der langfristigen Ziele wirkungsvoll und zuverlässig betrieben werden;

(b) developing competitive and properly functioning regional markets within the Community in view of the achievement of the objectives referred to in point (a);

b) Entwicklung wettbewerbsbestimmter und gut funktionierender Regionalmärkte in der Gemeinschaft zur Verwirklichung des unter Buchstabe a genannten Ziels;

(c) eliminating restrictions on trade in natural gas between Member States, including developing appropriate cross-border transmission capacities to meet demand and enhancing the integration of national markets which may facilitate natural gas flow across the Community;

c) Aufhebung der bestehenden Beschränkungen des Erdgashandels zwischen den Mitgliedstaaten, einschließlich des Aufbaus geeigneter grenzüberschreitender Fernleitungskapazitäten im Hinblick auf die Befriedigung der Nachfrage und die Förderung der Integration der nationalen Märkte zur Erleichterung der Erdgasflüsse innerhalb der Gemeinschaft;

(d) helping to achieve, in the most cost-effective way, the development of secure, reliable and efficient non-discriminatory systems that are consumer oriented, and promoting system adequacy and, in line with general energy policy objectives, energy efficiency as well as the integration of large and small scale production of gas from renewable energy sources and distributed production in both transmission and distribution networks;

d) Beiträge zur möglichst kostengünstigen Verwirklichung der angestrebten Entwicklung verbraucherorientierter, sicherer, zuverlässiger und effizienter nichtdiskriminierender Systeme, Förderung der Angemessenheit der Systeme und, in Einklang mit den allgemeinen Zielen der Energiepolitik, der Energieeffizienz sowie der Einbindung von Gas aus erneuerbaren Energieträgern und dezentraler Erzeugung in großem und kleinem Maßstab sowohl in Fernleitungs- als auch in Verteilernetze;

(e) facilitating access to the network for new production capacity, in particular removing barriers that could prevent access for new market entrants and of gas from renewable energy sources;

e) Erleichterung der Aufnahme neuer Gewinnungsanlagen in das Netz, insbesondere durch Beseitigung von Hindernissen, die den Zugang neuer Marktteilnehmer und die Einspeisung von Gas aus erneuerbaren Energiequellen verhindern könnten;

(f) ensuring that system operators and system users are granted appropriate incentives, in both the short and the long term, to increase efficiencies in system performance and foster market integration;

f) Schaffung der entsprechenden Voraussetzungen, damit für Netzbetreiber und Netznutzer kurzfristig wie langfristig angemessene Anreize bestehen, Effizienzsteigerungen bei der Netzleistung zu gewährleisten und die Marktintegration zu fördern;

(g) ensuring that customers benefit through the efficient functioning of their national market, promoting effective competition and helping to ensure consumer protection;

g) Gewährleistung von Vorteilen für die Kunden durch ein effizientes Funktionieren des nationalen Marktes, Förderung eines effektiven Wettbewerbs und Beiträge zur Sicherstellung des Verbraucherschutzes;

(h) helping to achieve high standards of public service for natural gas, contributing to the protection of vulnerable customers and contributing to the compatibility of necessary data exchange processes for customer switching.

h) Beiträge zur Verwirklichung hoher Standards bei der Erfüllung gemeinwirtschaftlicher Verpflichtungen im Bereich Erdgas, zum Schutz benachteiligter Kunden und im Interesse der Kompatibilität der beim Anbieterwechsel von Kunden erforderlichen Datenaustauschverfahren.

Article 41
Duties and powers of the regulatory authority

Artikel 41
Aufgaben und Befugnisse der Regulierungsbehörde

1. The regulatory authority shall have the following duties:

(1) Die Regulierungsbehörde hat folgende Aufgaben:

(a) fixing or approving, in accordance with transparent criteria, transmission or distribution tariffs or their methodologies;

a) Sie ist dafür verantwortlich, anhand transparenter Kriterien die Fernleitungs- oder Verteilungstarife bzw. die entsprechenden Methoden festzulegen oder zu genehmigen.

(b) ensuring compliance of transmission and distribution system operators,

b) Sie gewährleistet, dass Fernleitungs- und Verteilernetzbetreiber –

and where relevant, system owners, as well as of any natural gas undertakings, with their obligations under this Directive and other relevant Community legislation, including as regards cross-border issues;

gegebenenfalls auch Netzeigentümer – sowie Erdgasunternehmen ihren aus dieser Richtlinie und anderen einschlägigen gemeinschaftlichen Rechtsvorschriften erwachsenden Verpflichtungen nachkommen, auch in Bezug auf Fragen grenzüberschreitender Natur.

(c) cooperating in regard to cross-border issues with the regulatory authority or authorities of the Member States concerned and with the Agency;

c) Sie arbeitet mit der Regulierungsbehörde bzw. den Behörden der betroffenen Mitgliedstaaten und mit der Agentur in grenzüberschreitenden Angelegenheiten zusammen.

(d) complying with, and implementing, any relevant legally binding decisions of the Agency and of the Commission;

d) Sie kommen allen einschlägigen rechtsverbindlichen Entscheidungen der Agentur und der Kommission nach und führen sie durch.

(e) reporting annually on its activity and the fulfilment of its duties to the relevant authorities of the Member States, the Agency and the Commission. Such reports shall cover the steps taken and the results obtained as regards each of the tasks listed in this Article;

e) Sie erstattet den zuständigen Behörden der Mitgliedstaaten, der Agentur und der Kommission jährlich Bericht über ihre Tätigkeit und die Erfüllung ihrer Aufgaben. In diesen Berichten ist für jede einzelne der in diesem Artikel genannten Aufgaben darzulegen, welche Maßnahmen getroffen und welche Ergebnisse erzielt wurden.

(f) ensuring that there are no cross-subsidies between transmission, distribution, storage, LNG and supply activities;

f) Sie sorgt dafür, dass Quersubventionen zwischen den Fernleitungs-, Verteilungs-, Speicher-, LNG- und Versorgungstätigkeiten verhindert werden.

(g) monitoring investment plans of the transmission system operators, and providing in its annual report an assessment of the investment plans of the transmission system operators as

g) Sie überwacht die Investitionspläne der Fernleitungsnetzbetreiber und legt mit ihrem Jahresbericht eine Beurteilung dieser Investitionspläne unter dem Gesichtspunkt ihrer Kohärenz mit

regards their consistency with the Community-wide network development plan referred to in Article 8(3)(b) of Regulation (EC) No 715/2009; such assessment may include recommendations to amend those investment plans;

(h) monitoring compliance with and reviewing the past performance of network security and reliability rules and setting or approving standards and requirements for quality of service and supply or contributing thereto together with other competent authorities;

(i) monitoring the level of transparency, including of wholesale prices, and ensuring compliance of natural gas undertakings with transparency obligations;

(j) monitoring the level and effectiveness of market opening and competition at wholesale and retail levels, including on natural gas exchanges, prices for household customers including prepayment systems, switching rates, disconnection rates, charges for and the execution of maintenance services and complaints by household customers, as well as any distortion or restriction of competition, including providing any relevant information, and bringing any relevant cases to the relevant competition authorities;

dem gemeinschaftsweiter Netzentwicklungsplan gemäß Artikel 8 Absatz 3 Buchstabe b der Verordnung (EG) Nr. 715/2009 vor, wobei diese Beurteilung Empfehlungen zur Änderung dieser Investitionspläne enthalten kann.

h) Sie überwacht die Einhaltung der Anforderungen und überprüft die bisherige Qualität in Bezug auf die Sicherheit und Zuverlässigkeit des Netzes, legt für die Dienstleistungs- und Versorgungsqualität geltende Normen und Anforderungen fest oder genehmigt sie oder leistet hierzu gemeinsam mit anderen zuständigen Behörden einen Beitrag.

i) Sie überwacht den Grad der Transparenz – auch im Fall der Großhandelspreise – und gewährleistet, dass die Erdgasunternehmen die Transparenzanforderungen erfüllen.

j) Sie überwacht den Grad und die Wirksamkeit der Marktöffnung und den Umfang des Wettbewerbs auf Großhandels- und Endkundenebene, einschließlich Erdgasbörsen, Preise für Haushaltskunden (einschließlich Vorauszahlungssysteme), Versorgerwechselraten, Abschaltraten, Gebühren für Wartungsdienste, Durchführung von Wartungsdiensten und Beschwerden von Haushaltskunden, sowie etwaige Wettbewerbsverzerrungen oder -beschränkungen, sie stellt relevante Informationen bereit und bringt einschlägige Fälle vor die zuständigen

Wettbewerbsbehörden.

(k) monitoring the occurrence of restrictive contractual practices, including exclusivity clauses which may prevent large non-household customers from contracting simultaneously with more than one supplier or restrict their choice to do so, and, where appropriate, informing the national competition authorities of such practices;

k) Sie überwacht etwaige restriktive Vertragspraktiken einschließlich Exklusivitätsbestimmungen, die große Nichthaushaltskunden daran hindern können, gleichzeitig mit mehreren Anbietern Verträge zu schließen, oder ihre Möglichkeiten dazu beschränken, und setzt gegebenenfalls die nationalen Wettbewerbsbehörden von solchen Praktiken in Kenntnis.

(l) respecting contractual freedom with regard to interruptible supply contracts as well as with regard to long-term contracts provided that they are compatible with Community law and consistent with Community policies;

l) Sie erkennt die Vertragsfreiheit in Bezug auf unterbrechbare Lieferverträge und langfristige Verträge an, sofern diese mit dem geltenden Gemeinschaftsrecht vereinbar sind und mit der Politik der Gemeinschaft in Einklang stehen.

(m) monitoring the time taken by transmission and distribution system operators to make connections and repairs;

m) Sie verfolgt, wie viel Zeit die Fernleitungs- und Verteilernetzbetreiber für die Herstellung von Anschlüssen und für Reparaturen benötigen.

(n) monitoring and reviewing the access conditions to storage, linepack and other ancillary services as provided for in Article 33. In the event that the access regime to storage is defined according to Article 33(3), that task shall exclude the reviewing of tariffs;

n) Sie überwacht und überprüft die Bedingungen für den Zugang zu Speicheranlagen, Netzpufferung und anderen Hilfsdiensten gemäß Artikel 33. Wird die Regelung für den Zugang zu Speicheranlagen gemäß Artikel 33 Absatz 3 festgelegt, ist die Überprüfung der Tarife nicht Bestandteil dieser Aufgabe.

(o) helping to ensure, together with other relevant authorities, that the consumer protection measures, including

o) Sie trägt zusammen mit anderen einschlägigen Behörden dazu bei, dass Maßnahmen zum Verbraucherschutz,

those set out in Annex I, are effective and enforced;

einschließlich der in Anhang I festgelegten Maßnahmen, wirksam sind und durchgesetzt werden.

(p) publishing recommendations, at least annually, in relation to compliance of supply prices with Article 3, and providing those to the competition authorities, where appropriate;

p) Sie veröffentlicht mindestens einmal jährlich Empfehlungen dafür, wie die Versorgungstarife Artikel 3 genügen sollen, und leitet sie gegebenenfalls an die Wettbewerbsbehörden weiter.

(q) ensuring access to customer consumption data, the provision for optional use, of an easily understandable harmonised format at national level for consumption data and prompt access for all customers to such data under point (h) of Annex I;

q) Sie gewährleistet den Zugang zu den Verbrauchsdaten der Kunden, die Bereitstellung – bei fakultativer Verwendung – eines leicht verständlichen einheitlichen Formats auf nationaler Ebene für die Erfassung der Verbrauchsdaten und den unverzüglichen Zugang für alle Verbraucher zu diesen Daten gemäß Anhang I Buchstabe h.

(r) monitoring the implementation of rules relating to the roles and responsibilities of transmission system operators, distribution system operators, suppliers and customers and other market parties pursuant to Regulation (EC) No 715/2009;

r) Sie überwacht die Umsetzung der Vorschriften betreffend die Aufgaben und Verantwortlichkeiten der Fern leitungsnetzbetreiber, Verteilernetzbetreiber, Versorgungsunternehmen und Kunden sowie anderer Marktteilnehmer gemäß der Verordnung (EG) Nr. 715/2009.

(s) monitoring the correct application of the criteria that determine whether a storage facility falls under Article 33(3) or (4); and

s) Sie überwacht die korrekte Anwendung der Kriterien, anhand deren beurteilt wird, ob eine Speicheranlage unter Artikel 33 Absatz 3 oder Artikel 32 Absatz 4 fällt, und

(t) monitoring the implementation of safeguards measures as referred to in Article 46;

t) sie überwacht die Durchführung der Schutzmaßnahmen gemäß Artikel 46.

(u) contributing to the compatibility of data exchange processes for the most important market processes at regional level.

u) Sie trägt zur Kompatibilität der Datenaustauschverfahren für die wichtigsten Marktprozesse auf regionaler Ebene bei.

2. Where a Member State has so provided, the monitoring duties set out in paragraph 1 may be carried out by other authorities than the regulatory authority. In such a case, the information resulting from such monitoring shall be made available to the regulatory authority as soon as possible.

(2) Ist dies in einem Mitgliedstaat vorgesehen, so können die Beobachtungsaufgaben gemäß Absatz 1 von anderen Behörden als der Regulierungsbehörde durchgeführt werden. In diesem Fall müssen die Informationen, die aus der Beobachtung hervorgehen, der Regulierungsbehörde so schnell wie möglich zur Verfügung gestellt werden.

While preserving their independence, without prejudice to their own specific competencies and consistent with the principles of better regulation, the regulatory authority shall, as appropriate, consult transmission system operators and, as appropriate, closely cooperate with other relevant national authorities when carrying out the duties set out in paragraph 1.

Bei der Wahrnehmung der Aufgaben gemäß Absatz 1 konsultiert die Regulierungsbehörde gegebenenfalls – unter Wahrung ihrer Unabhängigkeit und unbeschadet ihrer eigenen spezifischen Zuständigkeiten und im Einklang mit den Grundsätzen der besseren Rechtsetzung – die Fernleitungsnetzbetreiber und arbeiten gegebenenfalls eng mit anderen zuständigen nationalen Behörden zusammen.

Any approvals given by a regulatory authority or the Agency under this Directive are without prejudice to any duly justified future use of its powers by the regulatory authority under this Article or to any penalties imposed by other relevant authorities or the Commission.

Genehmigungen, die durch eine Regulierungsbehörde oder durch die Agentur nach dieser Richtlinie erteilt werden, berühren nicht die gebührend begründete künftige Ausübung ihrer Befugnisse nach diesem Artikel durch die Regulierungsbehörde oder etwaige Sanktionen, die von anderen zuständigen Behörden oder der Kommission verhängt werden.

3. In addition to the duties conferred upon it under paragraph 1 of this Article, when an independent system operator has been designated under Article 14, the regulatory authority shall:

(a) monitor the transmission system owner's and the independent system operator's compliance with their obligations under this Article, and issue penalties for non compliance in accordance with paragraph 4(d);

(b) monitor the relations and communications between the independent system operator and the transmission system owner so as to ensure compliance of the independent system operator with its obligations, and in particular approve contracts and act as a dispute settlement authority between the independent system operator and the transmission system owner in respect of any complaint submitted by either party pursuant to paragraph 11;

(c) without prejudice to the procedure under Article 14(2)(c), for the first ten-year network development plan, approve the investments planning and the multi-annual network development plan presented annually by the independent system operator;

(3) Wurde gemäß Artikel 14 ein unabhängiger Netzbetreiber benannt, so hat die Regulierungsbehörde zusätzlich zu den ihr gemäß Absatz 1 des vorliegenden Artikels übertragenen Aufgaben folgende Pflichten:

a) Sie beobachtet, ob der Eigentümer des Fernleitungsnetzes und der unabhängige Netzbetreiber ihren aus diesem Artikel erwachsenden Verpflichtungen nachkommen, und verhängt gemäß Absatz 4 Buchstabe d Sanktionen für den Fall, dass den Verpflichtungen nicht nachgekommen wird.

b) Sie überwacht die Beziehungen und die Kommunikation zwischen dem unabhängigen Netzbetreiber und dem Eigentümer des Fernleitungsnetzes, um sicherzustellen, dass der unabhängige Netzbetreiber seinen Verpflichtungen nachkommt, und genehmigt insbesondere Verträge und fungiert im Falle von Beschwerden einer Partei gemäß Absatz 11 als Streitbeilegungsinstanz zwischen dem unabhängigen Netzbetreiber und dem Eigentümer des Fernleitungsnetzes.

c) Unbeschadet des Verfahrens gemäß Artikel 14 Absatz 2 Buchstabe c genehmigt sie die vom unabhängigen Netzbetreiber jährlich vorzulegende Investitionsplanung für den ersten zehnjährigen Netzentwicklungsplan sowie den von ihm vorzulegenden mehrjährigen Netzentwicklungsplan.

(d) ensure that network access tariffs collected by the independent system operator include remuneration for the network owner or network owners, which provides for adequate remuneration of the network assets and of any new investments made therein, provided they are economically and efficiently incurred; and

d) Sie gewährleistet, dass die von unabhängigen Netzbetreibern erhobenen Netzzugangstarife ein Entgelt für den bzw. die Netzeigentümer enthalten, das für die Nutzung der Netzvermögenswerte und mit Blick auf etwaige neue Investitionen in das Netz angemessen ist, sofern diese wirtschaftlich und effizient getätigt werden, und

(e) have the powers to carry out inspections, including unannounced inspections, at the premises of transmission system owner and independent system operator.

e) sie verfügt über die Befugnis, in den Räumlichkeiten des Eigentümers des Fernleitungsnetzes und des unabhängigen Netzbetreibers auch ohne Ankündigung Kontrollen durchzuführen.

4. Member States shall ensure that regulatory authorities are granted the powers enabling them to carry out the duties referred to in paragraph 1, 3 and 6 in an efficient and expeditious manner. For this purpose, the regulatory authority shall have at least the following powers:

(4) Die Mitgliedstaaten stellen sicher, dass die Regulierungsbehörden mit den erforderlichen Befugnissen ausgestattet werden, die es ihnen ermöglichen, die in den Absätzen 1, 3 und 6 genannten Aufgaben effizient und rasch zu erfüllen. Hierzu muss die Regulierungsbehörde unter anderem über folgende Befugnisse verfügen: Zu diesem Zweck muss die Regulierungsbehörde unter anderem über folgende Befugnisse verfügen:

(a) to issue binding decisions on natural gas undertakings;

a) Erlass von Entscheidungen, die für Gasunternehmen bindend sind;

(b) to carry out investigations into the functioning of the gas markets, and to decide upon and impose any necessary and proportionate measures to promote effective competition and ensure the proper functioning of the market. Where appropriate, the regulatory au-

b) Durchführung von Untersuchungen zum Funktionieren der Erdgasmärkte und Entscheidung über und Verhängung von notwendigen und verhältnismäßigen Maßnahmen zur Förderung eines wirksamen Wettbewerbs und zur Gewährleistung des ordnungs-

thority shall also have the power to cooperate with the national competition authority and the financial market regulators or the Commission in conducting an investigation relating to competition law;

gemäßen Funktionierens des Marktes. Die Regulierungsbehörde erhält gegebenenfalls auch die Befugnis zur Zusammenarbeit mit der nationalen Wettbewerbsbehörde und Finanzmarktregulierungsbehörden oder der Kommission bei der Durchführung einer wettbewerbsrechtlichen Untersuchung;

(c) to require any information from natural gas undertakings relevant for the fulfilment of its tasks, including the justification for any refusal to grant third-party access, and any information on measures necessary to reinforce the network;

c) Anforderung der für die Wahrnehmung ihrer Aufgaben maßgeblichen Informationen bei den Erdgasunternehmen, einschließlich Begründungen für Verweigerungen des Zugangs Dritter und sonstiger Informationen über Maßnahmen zur Stabilisierung der Netze;

(d) to impose effective, proportionate and dissuasive penalties on natural gas undertakings not complying with their obligations under this Directive or any relevant legally binding decisions of the regulatory authority or of the Agency, or to propose to a competent court to impose such penalties. This shall include the power to impose or propose the imposition of penalties of up to 10% of the annual turnover of the transmission system operator or of up to 10% of the annual turnover of the vertically integrated undertaking on the transmission system operator or on the vertically integrated undertaking, as the case may be, for non compliance with their respective obligations pursuant to this Directive; and

d) Verhängung wirksamer, verhältnismäßiger und abschreckender Sanktionen gegen Erdgasunternehmen, die ihren aus dieser Richtlinie oder allen einschlägigen rechtsverbindlichen Entscheidungen der Regulierungsbehörde oder der Agentur erwachsenden Verpflichtungen nicht nachkommen, oder Vorschlag an ein zuständiges Gericht, derartige Sanktionen zu verhängen. Dies schließt die Befugnis ein, bei Nichteinhaltung der jeweiligen Verpflichtungen gemäß dieser Richtlinie gegen den Fernleitungsnetzbetreiber bzw. das vertikal integrierte Unternehmen Sanktionen in Höhe von bis zu 10% des Jahresumsatzes des Fernleitungsnetzbetreibers bzw. des vertikal integrierten Unternehmens zu verhängen oder vorzuschlagen, und

(e) appropriate rights of investigations and relevant powers of instructions for dispute settlement under paragraphs 11 and 12.

e) ausreichende Untersuchungsrechte und entsprechende Anweisungsbefugnisse mit Blick auf die Streitbeilegung gemäß den Absätzen 11 und 12.

5. In addition to the duties and powers conferred on it under paragraphs 1 and 4 of this Article, when a transmission system operator has been designated in accordance with Chapter IV, the regulatory authority shall be granted at least the following duties and powers:

(5) Zusätzlich zu den Aufgaben und Befugnissen, die ihr gemäß den Absätzen 1 und 4 des vorliegenden Artikels übertragen wurden, werden der Regulierungsbehörde für den Fall, dass ein Fernleitungsnetzbetreiber gemäß Kapitel IV benannt wurde, folgende Aufgaben und Befugnisse übertragen:

(a) to issue penalties in accordance with paragraph 4(d) for discriminatory behaviour in favour of the vertically integrated undertaking;

a) Verhängung von Sanktionen gemäß Absatz 4 Buchstabe d wegen diskriminierenden Verhaltens zugunsten des vertikal integrierten Unternehmens;

(b) to monitor communications between the transmission system operator and the vertically integrated undertaking so as to ensure compliance of the transmission system operator with its obligations;

b) Überprüfung des Schriftverkehrs zwischen dem Fernleitungsnetzbetreiber und dem vertikal integrierten Unternehmen, um sicherzustellen, dass der Fernleitungsnetzbetreiber seinen Verpflichtungen nachkommt;

(c) to act as dispute settlement authority between the vertically integrated undertaking and the transmission system operator in respect of any complaint submitted pursuant to paragraph 11;

c) als Streitbeilegungsstelle für Streitigkeiten zwischen dem vertikal integrierten Unternehmen und dem Fernleitungsnetzbetreiber bei Beschwerden gemäß Absatz 11 zu fungieren;

(d) to monitor commercial and financial relations including loans between the vertically integrated undertaking and the transmission system operator;

d) fortlaufende Kontrolle der geschäftlichen und finanziellen Beziehungen, einschließlich Darlehen, zwischen dem vertikal integrierten Unternehmen und dem Fernleitungsnetzbetreiber;

(e) to approve all commercial and financial agreements between the vertically integrated undertaking and the transmission system operator, on the condition that they comply with market conditions;

(f) to request justification from the vertically integrated undertaking when notified by the compliance officer in accordance with Article 21(4). Such justification shall in particular include evidence to the end that no discriminatory behaviour to the advantage of the vertically integrated undertaking has occurred;

(g) to carry out inspections, including unannounced inspections, on the premises of the vertically integrated undertaking and the transmission system operator; and

(h) to assign all or specific tasks of the transmission system operator to an independent system operator appointed in accordance with Article 14 in case of a persistent breach by the transmission system operator of its obligations under this Directive, in particular in case of repeated discriminatory behaviour to the benefit of the vertically integrated undertaking.

6. The regulatory authorities shall be responsible for fixing or approving sufficiently in advance of their entry

e) Genehmigung sämtlicher geschäftlichen und finanziellen Vereinbarungen zwischen dem vertikal integrierten Unternehmen und dem Fernleitungsnetzbetreiber, sofern sie marktüblichen Bedingungen entsprechen;

f) Anforderung einer Begründung beim vertikal integrierten Unternehmen im Falle einer Meldung des Gleichbehandlungsbeauftragten nach Artikel 21 Absatz 4. Die Begründung muss insbesondere den Nachweis enthalten, dass kein diskriminierendes Verhalten zugunsten des vertikal integrierten Unternehmens vorgelegen hat;

g) Durchführung von – auch unangekündigten – Kontrollen in den Geschäftsräumen des vertikal integrierten Unternehmens und des Fernleitungsnetzbetreibers, und

h) Übertragung aller oder bestimmter Aufgaben des Fernleitungsnetzbetreibers an einen gemäß Artikel 14 benannten unabhängigen Netzbetreiber, falls der Fernleitungsnetzbetreiber fortwährend gegen seine Verpflichtungen aus der Richtlinie verstößt, insbesondere im Falle eines wiederholten diskriminierenden Verhaltens zugunsten des vertikal integrierten Unternehmens.

(6) Den Regulierungsbehörden obliegt es, zumindest die Methoden zur Berechnung oder Festlegung folgender

into force at least the methodologies used to calculate or establish the terms and conditions for:

Bedingungen mit ausreichendem Vorlauf vor deren Inkrafttreten festzulegen oder zu genehmigen:

(a) connection and access to national networks, including transmission and distribution tariffs, and terms, conditions and tariffs for access to LNG facilities. Those tariffs or methodologies shall allow the necessary investments in the networks and LNG facilities to be carried out in a manner allowing those investments to ensure the viability of the networks and LNG facilities;

a) Anschluss und Zugang zu den nationalen Netzen, einschließlich Fernleitungs- und Verteilungstarife, und Bedingungen und Tarife für den Zugang zu LNG-Anlagen. Diese Tarife oder Methoden sind so zu gestalten, dass die notwendigen Investitionen in die Netze und LNG-Anlagen so vorgenommen werden können, dass die Lebensfähigkeit der Netze und LNG-Anlagen gewährleistet ist;

(b) the provision of balancing services which shall be performed in the most economic manner and provide appropriate incentives for network users to balance their input and off-takes. The balancing services shall be provided in a fair and non-discriminatory manner and be based on objective criteria; and

b) die Bedingungen für die Erbringung von Ausgleichsleistungen, die möglichst wirtschaftlich sind und den Netzbenutzern geeignete Anreize bieten, die Einspeisung und Abnahme von Gas auszugleichen. Die Ausgleichsleistungen werden auf faire und nichtdiskriminierende Weise erbracht und stützen sich auf objektive Kriterien, und

(c) access to cross-border infrastructures, including the procedures for the allocation of capacity and congestion management.

c) die Bedingungen für den Zugang zu grenzübergreifenden Infrastrukturen einschließlich der Verfahren für Kapazitätsvergabe und Engpassmanagement.

7. The methodologies or the terms and conditions referred to in paragraph 6 shall be published.

(7) Die in Absatz 6 genannten Methoden oder die Bedingungen werden veröffentlicht.

8. In fixing or approving the tariffs or methodologies and the balancing ser-

(8) Bei der Festsetzung oder Genehmigung der Tarife oder Methoden und

vices, the regulatory authorities shall ensure that transmission and distribution system operators are granted appropriate incentive, over both the short and long term, to increase efficiencies, foster market integration and security of supply and support the related research activities.

der Ausgleichsleistungen stellt die Regulierungsbehörde sicher, dass für die Fernleitungs- und Verteilerbetreiber angemessene Anreize geschaffen werden, sowohl kurzfristig als auch langfristig die Effizienz zu steigern, die Marktintegration und die Versorgungssicherheit zu fördern und entsprechende Forschungsarbeiten zu unterstützen.

9. The regulatory authorities shall monitor congestion management of national gas transmission networks including interconnectors, and the implementation of congestion management rules. To that end, transmission system operators or market operators shall submit their congestion management rules, including capacity allocation, to the national regulatory authorities. National regulatory authorities may request amendments to those rules.

(9) Die Regulierungsbehörden beobachten das Engpassmanagement in den nationalen Erdgasfernleitungsnetzen einschließlich der Verbindungsleitungen und die Durchsetzung der Regeln für das Engpassmanagement. Hierzu legen die Übertragungsnetzbetreiber oder Marktteilnehmer den nationalen Regulierungsbehörden ihre Regeln für das Engpassmanagement sowie für die Kapazitätsvergabe vor. Die nationalen Regulierungsbehörden können Änderungen dieser Regeln verlangen.

10. Regulatory authorities shall have the authority to require transmission, storage, LNG and distribution system operators, if necessary, to modify the terms and conditions, including tariffs and methodologies referred to in this Article, to ensure that they are proportionate and applied in a non-discriminatory manner. In the event that the access regime to storage is defined according to Article 33(3), that task shall exclude the modification of tariffs. In the event of delay in the fixing of

(10) Die Regulierungsbehörden sind befugt, falls erforderlich von Betreibern von Fernleitungsnetzen, Speicheranlagen, LNG-Anlagen und Verteilernetzen zu verlangen, die in diesem Artikel genannten Bedingungen, einschließlich der Tarife, zu ändern, um sicherzustellen, dass sie angemessen sind und nichtdiskriminierend angewendet werden. Wird die Regelung für den Zugang zu Speicheranlagen gemäß Artikel 33 Absatz 3 festgelegt, so ist die Überprüfung der Tarife nicht

transmission and distribution tariffs, regulatory authorities shall have the power to fix or approve provisional transmission and distribution tariffs or methodologies and to decide on the appropriate compensatory measures if the final tariffs or methodologies deviate from those provisional tariffs or methodologies.

Bestandteil dieser Aufgabe. Verzögert sich die Festlegung von Übertragungs- und Verteilungstarifen, sind die Regulierungsbehörden befugt, vorläufig geltende Übertragungs- und Verteilungstarife oder die entsprechenden Methoden festzulegen oder zu genehmigen und über geeignete Ausgleichsmaßnahmen zu entscheiden, falls die endgültigen Übertragungs- und Verteilungstarife oder Methoden von diesen vorläufigen Tarifen oder Methoden abweichen.

11. Any party having a complaint against a transmission, storage, LNG or distribution system operator in relation to that operator's obligations under this Directive may refer the complaint to the regulatory authority which, acting as dispute settlement authority, shall issue a decision within a period of two months after receipt of the complaint. That period may be extended by two months where additional information is sought by the regulatory authorities. That extended period may be further extended with the agreement of the complainant. The regulatory authority's decision shall have binding effect unless and until overruled on appeal.

(11) Jeder Betroffene, der in Bezug auf die von einem Betreiber im Rahmen dieser Richtlinie eingegangenen Verpflichtungen eine Beschwerde gegen einen Fernleitungs- oder Verteilernetzbetreiber oder den Betreiber einer Speicher- oder LNG-Anlage hat, kann damit die Regulierungsbehörde befassen, die als Streitbeilegungsstelle innerhalb eines Zeitraums von zwei Monaten nach Eingang der Beschwerde eine Entscheidung trifft. Diese Frist kann um zwei Monate verlängert werden, wenn die Regulierungsbehörde zusätzliche Informationen anfordert. Mit Zustimmung des Beschwerdeführers ist eine weitere Verlängerung dieser Frist möglich. Die Entscheidung der Regulierungsbehörde ist verbindlich, bis sie gegebenenfalls aufgrund eines Rechtsbehelfs aufgehoben wird.

12. Any party who is affected and who has a right to complain concerning a decision on methodologies taken pur-

(12) Jeder Betroffene, der hinsichtlich einer gemäß diesem Artikel getroffenen Entscheidung über die Methoden

suant to this Article or, where the regulatory authority has a duty to consult, concerning the proposed tariffs or methodologies, may, at the latest within two months, or a shorter time period as provided by Member States, following publication of the decision or proposal for a decision, submit a complaint for review. Such a complaint shall not have suspensive effect.

oder, soweit die Regulierungsbehörde eine Anhörungspflicht hat, hinsichtlich der vorgeschlagenen Tarife bzw. Methoden beschwerdeberechtigt ist, kann längstens binnen zwei Monaten bzw. innerhalb einer von den Mitgliedstaaten festgelegten kürzeren Frist nach Veröffentlichung der Entscheidung bzw. des Vorschlags für eine Entscheidung eine Beschwerde im Hinblick auf die Überprüfung der Entscheidung einlegen. Eine Beschwerde hat keine aufschiebende Wirkung.

13. Member States shall create appropriate and efficient mechanisms for regulation, control and transparency so as to avoid any abuse of a dominant position, in particular to the detriment of consumers, and any predatory behaviour. Those mechanisms shall take account of the provisions of the Treaty, and in particular Article 82 thereof.

(13) Die Mitgliedstaaten schaffen geeignete und wirksame Mechanismen für die Regulierung, die Kontrolle und die Sicherstellung der Transparenz, um den Missbrauch einer marktbeherrschenden Stellung zum Nachteil insbesondere der Verbraucher sowie Verdrängungspraktiken zu verhindern. Diese Mechanismen tragen den Bestimmungen des Vertrags, insbesondere Artikel 82, Rechnung.

14. Member States shall ensure that the appropriate measures are taken, including administrative action or criminal proceedings in conformity with their national law, against the natural or legal persons responsible where confidentiality rules imposed by this Directive have not been respected.

(14) Die Mitgliedstaaten gewährleisten, dass bei Verstößen gegen die in dieser Richtlinie vorgesehenen Geheimhaltungsvorschriften geeignete Maßnahmen, einschließlich der nach nationalem Recht vorgesehenen Verwaltungs- oder Strafverfahren, gegen die verantwortlichen natürlichen oder juristischen Personen ergriffen werden.

15. Complaints referred to in paragraphs 11 and 12 shall be without

(15) Beschwerden nach den Absätzen 11 und 12 lassen die nach dem Ge-

prejudice to the exercise of rights of appeal under Community or national law.

16. Decisions taken by regulatory authorities shall be fully reasoned and justified to allow for judicial review. The decisions shall be available to the public while preserving the confidentiality of commercially sensitive information.

17. Member States shall ensure that suitable mechanisms exist at national level under which a party affected by a decision of a regulatory authority has a right of appeal to a body independent of the parties involved and of any government.

Article 42
Regulatory regime for cross-border issues

1. Regulatory authorities shall closely consult and cooperate with each other, and shall provide each other and the Agency with any information necessary for the fulfilment of their tasks under this Directive. In respect of the information exchanged, the receiving authority shall ensure the same level of confidentiality as that required of the originating authority.

meinschaftsrecht und/ oder dem nationalen Recht möglichen Rechtsbehelfe unberührt.

(16) Die von den Regulierungsbehörden getroffenen Entscheidungen sind im Hinblick auf die gerichtliche Überprüfung in vollem Umfang zu begründen. Die Entscheidung ist Öffentlichkeit unter Wahrung der Vertraulichkeit wirtschaftlich sensibler Informationen zugänglich zu machen.

(17) Die Mitgliedstaaten stellen sicher, dass auf nationaler Ebene geeignete Mechanismen bestehen, in deren Rahmen eine von einer Entscheidung der Regulierungsbehörde betroffene Partei das Recht hat, bei einer von den beteiligen Parteien und Regierungen unabhängigen Stelle Beschwerde einzulegen.

Artikel 42
Regulierungssystem für grenzüberschreitende Aspekte

(1) Die Regulierungsbehörden konsultieren einander und arbeiten eng zusammen, und sie übermitteln einander und der Agentur sämtliche für die Erfüllung ihrer Aufgaben gemäß dieser Richtlinie erforderlichen Informationen. Hinsichtlich des Informationsaustauschs ist die einholende Behörde an den gleichen Grad an Vertraulichkeit gebunden wie die Auskunft erteilende Behörde.

2. Regulatory authorities shall cooperate at least at a regional level to:

(2) Die Regulierungsbehörden arbeiten zumindest auf regionaler Ebene zusammen,

(a) foster the creation of operational arrangements in order to enable an optimal management of the network, promote joint gas exchanges and the allocation of cross-border capacity, and to enable an adequate level of interconnection capacity, including through new interconnections, within the region and between regions to allow for development of effective competition and improvement of security of supply without discriminating between supply undertakings in different Member States;

a) um netztechnische Regelungen zu fördern, die ein optimales Netzmanagement ermöglichen, gemeinsame Strombörsen zu fördern und grenzüberschreitende Kapazitäten zuzuweisen und – u. a. durch neue Verbindungen – ein angemessenes Maß an Verbindungskapazitäten innerhalb der Region und zwischen den Regionen zu ermöglichen, damit sich ein effektiver Wettbewerb und eine bessere Versorgungssicherheit entwickeln können, ohne dass es zu einer Diskriminierung von Versorgungsunternehmen in einzelnen Mitgliedstaaten kommt,

(b) coordinate the development of all network codes for the relevant transmission system operators and other market actors; and

b) um die Aufstellung aller Netzkodizes für die betroffenen Fernleitungsnetzbetreiber und andere Marktteilnehmer zu koordinieren, und

(c) coordinate the development of the rules governing the management of congestion.

c) um die Ausarbeitung von Regeln für das Engpassmanagement zu koordinieren.

3. National regulatory authorities shall have the right to enter into cooperative arrangements with each other to foster regulatory cooperation.

(3) Die nationalen Regulierungsbehörden sind berechtigt, untereinander Kooperationsvereinbarungen zu schließen, um die Zusammenarbeit bei der Regulierungstätigkeit zu verstärken.

4. The actions referred to in paragraph 2 shall be carried out, as appropriate, in close consultation with other relevant national authorities and without

(4) Die in Absatz 2 genannten Maßnahmen werden gegebenenfalls in engem Benehmen mit anderen einschlägigen nationalen Behörden und unbe-

prejudice to their specific competencies.

schadet deren eigenen Zuständigkeiten durchgeführt.

5. The Commission may adopt Guidelines on the extent of the duties of the regulatory authorities to cooperate with each other and with the Agency. Those measures, designed to amend non-essential elements of this Directive by supplementing it, shall be adopted in accordance with the regulatory procedure with scrutiny referred to in Article 51(3).

(5) Die Kommission kann Leitlinien erlassen, in denen festgelegt ist, in welchem Umfang die Regulierungsbehörden untereinander und mit der Agentur zusammenarbeiten. Diese Maßnahmen zur Änderung nicht wesentlicher Bestimmungen dieser Richtlinie durch Ergänzung werden nach dem in Artikel 51 Absatz 3 genannten Regelungsverfahren mit Kontrolle erlassen.

Article 43
Compliance with the Guidelines

Artikel 43
Einhaltung der Leitlinien

1. Any regulatory authority and the Commission may request the opinion of the Agency on the compliance of a decision taken by a regulatory authority with the Guidelines referred to in this Directive or in Regulation (EC) No 715/2009.

(1) Jede Regulierungsbehörde wie auch die Kommission können die Agentur um eine Stellungnahme dazu ersuchen, ob eine von einer Regulierungsbehörde getroffene Entscheidung im Einklang mit den gemäß dieser Richtlinie oder der Verordnung (EG) Nr. 715/2009.

2. The Agency shall provide its opinion to the regulatory authority which has requested it or to the Commission, respectively, and to the regulatory authority which has taken the decision in question within three months from the date of receipt of the request.

(2) Die Agentur unterbreitet der anfragenden Regulierungsbehörde bzw. der Kommission sowie der Regulierungsbehörde, die die fragliche Entscheidung getroffen hat, innerhalb von drei Monaten nach dem Eingang des Ersuchens ihre Stellungnahme.

3. Where the regulatory authority which has taken the decision does not comply with the Agency's opinion within four months from the date of

(3) Kommt die Regulierungsbehörde, die die Entscheidung getroffen hat, der Stellungnahme der Agentur nicht innerhalb von vier Monaten nach dem

receipt of that opinion, the Agency shall inform the Commission accordingly.

Eingang der Stellungnahme nach, so unterrichtet die Agentur die Kommission entsprechend.

4. Any regulatory authority may inform the Commission where it considers that a decision relevant for cross border-trade taken by another regulatory authority does not comply with the Guidelines referred to in this Directive or in Regulation (EC) No 715/2009 within two months from the date of that decision.

(4) Jede Regulierungsbehörde, die der Auffassung ist, dass eine von einer anderen Regulierungsbehörde getroffene Entscheidung von Belang für den grenzüberschreitenden Handel nicht im Einklang mit den gemäß dieser Richtlinie oder der Verordnung (EG) Nr. 715/2009 erlassenen Leitlinien steht, kann die Kommission innerhalb von zwei Monaten ab dem Tag, an dem die fragliche Entscheidung ergangen ist, davon in Kenntnis setzen.

5. Where the Commission, within two months of having been informed by the Agency in accordance with paragraph 3, or by a regulatory authority in accordance with paragraph 4, or on its own initiative, within three months from the date of the decision, finds that the decision of a regulatory authority raises serious doubts as to its compatibility with the Guidelines referred to in this Directive or in Regulation (EC) No 715/2009, the Commission may decide to examine the case further. In such a case, it shall invite the regulatory authority and the parties to the proceedings before the regulatory authority to submit observations.

(5) Gelangt die Kommission innerhalb von zwei Monaten, nachdem sie gemäß Absatz 3 von der Agentur oder gemäß Absatz 4 von einer Regulierungsbehörde informiert wurde, oder innerhalb von drei Monaten nach dem Tag, an dem die Entscheidung getroffen wurde, von sich aus zu der Einschätzung, dass die Entscheidung einer Regulierungsbehörde ernsthafte Zweifel hinsichtlich ihrer Vereinbarkeit mit den gemäß dieser Richtlinie oder der Verordnung (EG) Nr. 715/2009 erlassenen Leitlinien begründet, kann die Kommission die weitere Prüfung des Falls beschließen. In einem solchen Fall lädt sie die betreffende Regulierungsbehörde und die betroffenen Parteien zu dem Verfahren vor der Regulierungsbehörde, damit sie Stellung nehmen können.

6. Where the Commission takes a decision to examine the case further, it shall, within four months of the date of such decision, issue a final decision:

(6) Beschließt die Kommission, den Fall weiter zu prüfen, so erlässt sie innerhalb von vier Monaten nach dem Tag, an dem dieser Beschluss gefasst wurde, die endgültige Entscheidung,

(a) not to raise objections against the decision of the regulatory authority; or

a) keine Einwände gegen die Entscheidung der Regulierungsbehörde zu erheben oder

(b) to require the regulatory authority concerned to withdraw its decision on the basis that the Guidelines have not been complied with.

b) von der betreffenden Regulierungsbehörde einen Widerruf ihrer Entscheidung zu verlangen, weil die Leitlinien nicht eingehalten wurden.

7. Where the Commission has not taken a decision to examine the case further or a final decision within the time-limits set in paragraphs 5 and 6 respectively, it shall be deemed not to have raised objections to the decision of the regulatory authority.

(7) Beschließt die Kommission nicht innerhalb der in den Absätzen 5 und 6 genannten Fristen, den Fall weiter zu prüfen oder eine endgültige Entscheidung zu erlassen, wird davon ausgegangen, dass sie keine Einwände gegen die Entscheidung der Regulierungsbehörde erhebt.

8. The regulatory authority shall comply with the Commission decision to withdraw its decision within a period of two months and shall inform the Commission accordingly.

(8) Die Regulierungsbehörde kommt der Entscheidung der Kommission über den Widerruf der Entscheidung der Regulierungsbehörde innerhalb von zwei Monaten nach und setzt die Kommission davon in Kenntnis.

9. The Commission may adopt Guidelines setting out the details of the procedure to be followed by the regulatory authorities, the Agency and the Commission as regards the compliance of decisions taken by regulatory authorities with the Guidelines referred to in this Article. Those measures, de-

(9) Die Kommission kann Leitlinien zur Festlegung der Modalitäten des Verfahrens erlassen, das von den Regulierungsbehörden, der Agentur und der Kommission bei der Prüfung der Vereinbarkeit von Entscheidungen der Regulierungsbehörden mit den in diesem Artikel genannten Leitlinien an-

signed to amend non-essential elements of this Directive by supplementing it, shall be adopted in accordance with the regulatory procedure with scrutiny referred to in Article 51(3).

Article 44
Record keeping

1. Member States shall require supply undertakings to keep at the disposal of the national authorities, including the regulatory authority, the national competition authorities and the Commission, for the fulfilment of their tasks, for at least five years, the relevant data relating to all transactions in gas supply contracts and gas derivatives with wholesale customers and transmission system operators as well as storage and LNG operators.

2. The data shall include details on the characteristics of the relevant transactions such as duration, delivery and settlement rules, the quantity, the dates and times of execution and the transaction prices and means of identifying the wholesale customer concerned, as well as specified details of all unsettled gas supply contracts and gas derivatives.

zuwenden ist. Diese Maßnahmen zur Änderung nicht wesentlicher Bestimmung dieser Richtlinie durch Ergänzung werden nach dem in Artikel 51 Absatz 3 genannten Regelungsverfahren mit Kontrolle erlassen.

Artikel 44
Aufbewahrungspflichten

(1) Die Mitgliedstaaten verlangen von den Versorgungsunternehmen, dass sie die relevanten Daten über sämtliche mit Großhandelskunden und Fernleitungsnetzbetreibern sowie mit Betreibern von Speicheranlagen und LNG-Anlagen im Rahmen von Gasversorgungsverträgen und Gasderivaten getätigten Transaktionen für die Dauer von mindestens fünf Jahren aufbewahren und den nationalen Behörden einschließlich der Regulierungsbehörde, der nationalen Wettbewerbsbehörden und der Kommission zur Erfüllung ihrer Aufgaben bei Bedarf zur Verfügung stellen.

(2) Die Daten enthalten genaue Angaben zu den Merkmalen der relevanten Transaktionen wie Laufzeit-, Liefer- und Abrechnungsbestimmungen, Menge, Datum und Uhrzeit der Ausführung, Transaktionspreise und Formen der Identifizierung des betreffenden Großhandelskunden sowie bestimmte Angaben zu sämtlichen offenen Positionen in/nicht abgerechneten Gasversorgungsverträgen und Gasderivaten.

3. The regulatory authority may decide to make available to market participants elements of this information provided that commercially sensitive information on individual market players or individual transactions is not released. This paragraph shall not apply to information about financial instruments which fall within the scope of Directive 2004/39/EC.

(3) Die Regulierungsbehörde kann beschließen, bestimmte dieser Informationen den Marktteilnehmern zugänglich zu machen, vorausgesetzt, es werden keine wirtschaftlich sensiblen Daten über einzelne Marktakteure oder einzelne Transaktionen preisgegeben. Dieser Absatz gilt nicht für Informationen über Finanzinstrumente, die unter die Richtlinie 2004/39/EG fallen.

4. To ensure the uniform application of this Article, the Commission may adopt Guidelines which define the methods and arrangements for record keeping as well as the form and content of the data that shall be kept. Those measures, designed to amend non-essential elements of this Directive by supplementing it, shall be adopted in accordance with the regulatory procedure with scrutiny referred to in Article 51(3).

(4) Zur Gewährleistung der einheitlichen Anwendung dieses Artikels kann die Kommission Leitlinien erlassen, in denen die Methoden und Regelungen der Datenaufbewahrung sowie Form und Inhalt der aufzubewahrenden Daten festgelegt werden. Diese Maßnahmen zur Änderung nicht wesentlicher Bestimmungen dieser Richtlinie durch Ergänzung werden nach dem in Artikel 51 Absatz 3 genannten Regelungsverfahren mit Kontrolle erlassen.

5. With respect to transactions in gas derivatives of supply undertakings with wholesale customers and transmission system operators as well as storage and LNG operators, this Article shall apply only once the Commission has adopted the Guidelines referred to in paragraph 4.

(5) Für mit Großhandelskunden und Fernleitungsnetzbetreibern sowie Betreibern von Speicheranlagen und LNG-Anlagen getätigte Transaktionen mit Gasderivaten von Versorgungsunternehmen gilt dieser Artikel nur, sobald die Kommission die Leitlinien gemäß Absatz 4 erlassen hat.

6. The provisions of this Article shall not create additional obligations towards the authorities referred to in paragraph 1 for entities falling within the scope of Directive 2004/39/EC.

(6) Die Bestimmungen dieses Artikels begründen für Rechtspersonen, die unter die Richtlinie 2004/39/EG fallen, keine zusätzlichen Verpflichtungen gegenüber den in Absatz 1 genannten Behörden.

7. In the event that the authorities referred to in paragraph 1 need access to data kept by entities falling within the scope of Directive 2004/39/EC, the authorities responsible under that Directive shall provide them with the required data.

(7) Müssen die in Absatz 1 genannten Behörden Zugang zu Daten haben, die von Unternehmen aufbewahrt werden, die unter die Richtlinie 2004/39/EG fallen, übermitteln die nach jener Richtlinie zuständigen Behörden ihnen die erforderlichen Daten.

CHAPTER IX
Retail markets

Article 45
Retail markets

In order to facilitate the emergence of well functioning and transparent retail markets in the Community, Member States shall ensure that the roles and responsibilities of transmission system operators, distribution system operators, supply undertakings and customers and if necessary other market parties are defined with respect to contractual arrangements, commitment to customers, data exchange and settlement rules, data ownership and metering responsibility.

Those rules shall be made public, be designed with the aim to facilitate customers' and suppliers' access to networks and they shall be subject to review by the regulatory authorities or other relevant national authorities.

KAPITEL IX
Endkundenmärkte

Artikel 45
Endkundenmärkte

Um das Entstehen gut funktionierender und transparenter Endkundenmärkte in der Gemeinschaft zu erleichtern, stellen die Mitgliedstaaten sicher, dass die Aufgaben und Zuständigkeiten der Fernleitungsnetzbetreiber, Verteilernetzbetreiber, Versorgungsunternehmen und Kunden sowie gegebenenfalls anderer Marktteilnehmer hinsichtlich der vertraglichen Vereinbarungen, der Verpflichtungen gegenüber den Kunden, der Regeln für Datenaustausch und Abrechnung, des Eigentums an den Daten und der Zuständigkeit für die Verbrauchserfassung festgelegt werden.

Diese Regeln, die zu veröffentlichen sind, werden so konzipiert, dass sie den Zugang der Kunden und Versorger zu den Netzen erleichtern, und unterliegen der Nachprüfbarkeit durch die Regulierungsbehörden oder andere zuständige einzelstaatliche Behörden.

CHAPTER X
Final provisions

Article 46
Safeguard measures

1. In the event of a sudden crisis in the energy market or where the physical safety or security of persons, apparatus or installations or system integrity is threatened, a Member State may temporarily take the necessary safeguard measures.

2. Such measures shall cause the least possible disturbance to the functioning of the internal market and shall be no wider in scope than is strictly necessary to remedy the sudden difficulties which have arisen.

3. The Member State concerned shall, without delay, notify those measures to the other Member States, and to the Commission, which may decide that the Member State concerned must amend or abolish such measures, insofar as they distort competition and adversely affect trade in a manner which is at variance with the common interest.

Article 47
Level playing field

1. Measures that the Member States may take pursuant to this Directive in order to ensure a level playing field

KAPITEL X
Schlussbestimmungen

Artikel 46
Schutzmaßnahmen

(1) Treten plötzliche Marktkrisen im Energiesektor auf oder ist die Sicherheit von Personen, Geräten oder Anlagen oder die Unversehrtheit des Netzes gefährdet, so kann ein Mitgliedstaat vorübergehend die notwendigen Schutzmaßnahmen treffen.

(2) Diese Maßnahmen dürfen nur die geringstmöglichen Störungen im Funktionieren des Binnenmarktes hervorrufen und nicht über das zur Behebung der plötzlich aufgetretenen Schwierigkeiten unbedingt erforderliche Maß hinausgehen.

(3) Der betreffende Mitgliedstaat teilt diese Maßnahmen unverzüglich den anderen Mitgliedstaaten und der Kommission mit; diese kann beschließen, dass der betreffende Mitgliedstaat diese Maßnahmen zu ändern oder aufzuheben hat, soweit sie den Wettbewerb verzerren und den Handel in einem Umfang beeinträchtigen, der dem gemeinsamen Interesse zuwiderläuft.

Artikel 47
Gleiche Ausgangsbedingungen

(1) Maßnahmen, die die Mitgliedstaaten gemäß dieser Richtlinie treffen können, um gleiche Ausgangsbedin-

shall be compatible with the Treaty, notably Article 30 thereof, and with the legislation of the Community.

gungen zu gewährleisten, müssen mit dem Vertrag, insbesondere Artikel 30, und den Rechtsvorschriften der Gemeinschaft vereinbar sein.

2. The measures referred to in paragraph 1 shall be proportionate, non-discriminatory and transparent. Those measures may be put into effect only following the notification to and approval by the Commission.

(2) Die in Absatz 1 genannten Maßnahmen müssen verhältnismäßig, nichtdiskriminierend und transparent sein. Diese Maßnahmen können erst angewendet werden, nachdem sie der Kommission mitgeteilt und von ihr gebilligt wurden.

3. The Commission shall act on the notification referred to in paragraph 2 within two months of the receipt of the notification. That period shall begin on the day following receipt of the complete information. In the event that the Commission has not acted within that two-month period, it shall be deemed not to have raised objections to the notified measures.

(3) Die Kommission wird innerhalb von zwei Monaten nach Eingang der Mitteilung gemäß Absatz 2 tätig. Diese Frist beginnt am Tag nach dem Eingang der vollständigen Informationen. Wird die Kommission nicht innerhalb dieser Frist von zwei Monaten tätig, so wird davon ausgegangen, dass sie keine Einwände gegen die mitgeteilten Maßnahmen hat.

Article 48
Derogations in relation to take-or-pay commitments

1. If a natural gas undertaking encounters, or considers it would encounter, serious economic and financial difficulties because of its take-or-pay commitments accepted in one or more gas-purchase contracts, it may send an application for a temporary derogation from Article 32 to the Member State concerned or the designated competent authority. Applications shall, in accordance with the choice of Member

Artikel 48
Ausnahmen im Zusammenhang mit unbedingten Zahlungsverpflichtungen

(1) Entstehen einem Erdgasunternehmen aufgrund eines oder mehrerer Gaslieferverträge mit unbedingter Zahlungsverpflichtung ernsthafte wirtschaftliche und finanzielle Schwierigkeiten oder werden solche Schwierigkeiten befürchtet, so kann es bei dem betreffenden Mitgliedstaat oder der benannten zuständigen Behörde eine befristete Ausnahme von Artikel 32 beantragen. Die Anträge sind in jedem

States, be presented on a case-by-case basis either before or after refusal of access to the system. Member States may also give the natural gas undertaking the choice of presenting an application either before or after refusal of access to the system. Where a natural gas undertaking has refused access, the application shall be presented without delay. The applications shall be accompanied by all relevant information on the nature and extent of the problem and on the efforts undertaken by the natural gas undertaking to solve the problem.

einzelnen Fall je nach Wahl des Mitgliedstaats entweder vor oder nach der Verweigerung des Netzzugangs zu stellen. Die Mitgliedstaaten können es dem Erdgasunternehmen auch freistellen, ob es einen Antrag vor oder nach der Verweigerung des Netzzugangs stellen möchte. Hat ein Erdgasunternehmen den Zugang verweigert, ist der Antrag unverzüglich zu stellen. Den Anträgen sind alle sachdienlichen Angaben über die Art und den Umfang des Problems und die von dem Erdgasunternehmen zu dessen Lösung unternommenen Anstrengungen beizufügen.

If alternative solutions are not reasonably available, and taking into account paragraph 3, the Member State or the designated competent authority may decide to grant a derogation.

Stehen nach vernünftigem Ermessen keine Alternativlösungen zur Verfügung, so kann der Mitgliedstaat oder die benannte zuständige Behörde unter Beachtung des Absatzes 3 eine Ausnahme gewähren.

2. The Member State, or the designated competent authority, shall notify the Commission without delay of its decision to grant a derogation, together with all the relevant information with respect to the derogation. That information may be submitted to the Commission in an aggregated form, enabling the Commission to reach a well-founded decision. Within eight weeks of receipt of that notification, the Commission may request that the Member State or the designated competent authority concerned amend or withdraw the decision to grant a dero-

(2) Der Mitgliedstaat oder die benannte zuständige Behörde übermittelt der Kommission unverzüglich ihre Entscheidung über die Gewährung einer Ausnahme zusammen mit allen einschlägigen Informationen zu der betreffenden Ausnahme. Diese Informationen können der Kommission in einer Zusammenfassung übermittelt werden, anhand deren die Kommission eine fundierte Entscheidung treffen kann. Die Kommission kann binnen acht Wochen nach Eingang der Mitteilung verlangen, dass der betreffende Mitgliedstaat bzw. die betreffende be-

gation.

nannte zuständige Behörde die Entscheidung über die Gewährung einer Ausnahme ändert oder widerruft.

If the Member State or the designated competent authority concerned does not comply with that request within a period of four weeks, a final decision shall be taken expeditiously in accordance with the advisory procedure referred to in Article 51(2).

Kommt der betreffende Mitgliedstaat bzw. die betreffende benannte zuständige Behörde der Aufforderung nicht binnen vier Wochen nach, so wird nach dem in Artikel 51 Absatz 2 genannten Beratungsverfahren umgehend eine endgültige Entscheidung getroffen.

The Commission shall preserve the confidentiality of commercially sensitive information.

Die Kommission behandelt wirtschaftlich sensible Informationen vertraulich.

3. When deciding on the derogations referred to in paragraph 1, the Member State, or the designated competent authority, and the Commission shall take into account, in particular, the following criteria:

(3) Der Mitgliedstaat oder die benannte zuständige Behörde und die Kommission berücksichtigen bei der Entscheidung über die Ausnahmen nach Absatz 1 insbesondere folgende Kriterien:

(a) the objective of achieving a competitive gas market;

a) das Ziel der Vollendung eines wettbewerbsbestimmten Gasmarktes;

(b) the need to fulfil public-service obligations and to ensure security of supply;

b) die Notwendigkeit, gemeinwirtschaftliche Verpflichtungen zu erfüllen und die Versorgungssicherheit zu gewährleisten;

(c) the position of the natural gas undertaking in the gas market and the actual state of competition in that market;

c) die Stellung des Erdgasunternehmens auf dem Gasmarkt und die tatsächliche Wettbewerbslage auf diesem Markt;

(d) the seriousness of the economic and financial difficulties encountered

d) die Schwere der aufgetretenen wirtschaftlichen und finanziellen Schwie-

by natural gas undertakings and transmission undertakings or eligible customers;

rigkeiten von Erdgasunternehmen und Fernleitungsunternehmen bzw. zugelassenen Kunden;

(e) the dates of signature and terms of the contract or contracts in question, including the extent to which they allow for market changes;

e) den Zeitpunkt der Unterzeichnung sowie die Bedingungen des betreffenden Vertrags oder der betreffenden Verträge und inwieweit diese Marktänderungen berücksichtigen;

(f) the efforts made to find a solution to the problem;

f) die zur Lösung des Problems unternommenen Anstrengungen;

(g) the extent to which, when accepting the take-or-pay commitments in question, the undertaking could reasonably have foreseen, having regard to the provisions of this Directive, that serious difficulties were likely to arise;

g) inwieweit das Unternehmen beim Eingehen der betreffenden unbedingten Zahlungsverpflichtungen unter Berücksichtigung dieser Richtlinie vernünftigerweise mit dem wahrscheinlichen Auftreten von ernsten Schwierigkeiten hätte rechnen können;

(h) the level of connection of the system with other systems and the degree of interoperability of those systems; and

h) das Ausmaß, in dem das Netz mit anderen Netzen verbunden ist, sowie den Grad an Interoperabilität dieser Netze, und

(i) the effects the granting of a derogation would have on the correct application of this Directive as regards the smooth functioning of the internal market in natural gas.

i) die Auswirkungen, die die Genehmigung einer Ausnahme für die korrekte Anwendung dieser Richtlinie in Bezug auf das einwandfreie Funktionieren des Erdgasbinnenmarktes haben würde.

A decision on a request for a derogation concerning take-or-pay contracts concluded before 4 August 2003 should not lead to a situation in which it is impossible to find economically viable alternative outlets. Serious dif-

Eine Entscheidung über einen Ausnahmeantrag in Bezug auf Verträge mit unbedingter Zahlungsverpflichtung, die vor dem 4. August 2003 geschlossen worden sind, sollte nicht zu einer Lage führen, in der es unmöglich

ficulties shall in any case be deemed not to exist when the sales of natural gas do not fall below the level of minimum offtake guarantees contained in gas-purchase take-or-pay contracts or in so far as the relevant gas-purchase take-or-pay contract can be adapted or the natural gas undertaking is able to find alternative outlets.

ist, wirtschaftlich tragfähige Absatzalternativen zu finden. Auf jeden Fall wird davon ausgegangen, dass keine ernsthaften Schwierigkeiten vorliegen, wenn die Erdgasverkäufe nicht unter die in Gaslieferverträgen mit unbedingter Zahlungsverpflichtung vereinbarte garantierte Mindestabnahmemenge sinken oder sofern der betreffende Gasliefervertrag mit unbedingter Zahlungsverpflichtung angepasst werden oder das Erdgasunternehmen Absatzalternativen finden kann.

4. Natural gas undertakings which have not been granted a derogation as referred to in paragraph 1 of this Article shall not refuse, or shall no longer refuse, access to the system because of take-or-pay commitments accepted in a gas purchase contract. Member States shall ensure that the relevant provisions of Articles 32 to 44 are complied with.

(4) Erdgasunternehmen, die keine Ausnahmegenehmigung nach Absatz 1 des vorliegenden Artikels erhalten haben, dürfen den Netzzugang wegen im Rahmen eines Gasliefervertrags eingegangener unbedingter Zahlungsverpflichtungen nicht bzw. nicht länger verweigern. Die Mitgliedstaaten stellen sicher, dass alle einschlägigen Bestimmungen der Artikel 32 bis 44, eingehalten werden.

5. Any derogation granted under the above provisions shall be duly substantiated. The Commission shall publish the decision in the Official Journal of the European Union.

(5) Die im Rahmen der obigen Bestimmungen genehmigten Ausnahmen müssen ordnungsgemäß begründet werden. Die Kommission veröffentlicht die Entscheidung im Amtsblatt der Europäischen Union.

6. The Commission shall, within 4 August 2008, submit a review report on the experience gained from the application of this Article, so as to allow the European Parliament and the Council to consider, in due course, the

(6) Die Kommission legt bis zum 4. August 2008 einen Bericht über die bei der Anwendung dieses Artikels gemachten Erfahrungen vor, damit das Europäische Parlament und der Rat zu gegebener Zeit prüfen können, ob die-

need to adjust it.

ser Artikel angepasst werden muss.

Article 49
Emergent and isolated markets

1. Member States not directly connected to the interconnected system of any other Member State and having only one main external supplier may derogate from Articles 4, 9, 37 and/or 38. A supply undertaking having a market share of more than 75% shall be considered to be a main supplier. Any such derogation shall automatically expire where at least one of the conditions referred to in this subparagraph no longer applies. Any such derogation shall be notified to the Commission.

Cyprus may derogate from Articles 4, 9, 37 and/or 38. Such derogation shall expire from the moment when Cyprus is not qualifying as an isolated market.

Articles 4, 9, 37 and/or 38 shall not apply to Estonia, Latvia and/or Finland until any of those Member States is directly connected to the interconnected system of any Member State other than Estonia, Latvia, Lithuania and Finland. This subparagraph is without prejudice to derogations under the first subparagraph of this paragraph.

2. A Member State, qualifying as an emergent market, which, because of

Artikel 49
Entstehende und isolierte Märkte

(1) Mitgliedstaaten, die nicht direkt an das Verbundnetz eines anderen Mitgliedstaats angeschlossen sind und nur einen externen Hauptlieferanten haben, können von den Artikeln 4, 9, 37 und/oder 38 abweichen. Als Hauptlieferant gilt ein Versorgungsunternehmen mit einem Marktanteil von mehr als 75%. Eine Ausnahme endet automatisch, sobald mindestens eine der in diesem Unterabsatz genannten Bedingungen nicht mehr gegeben ist. Alle derartigen Ausnahmen sind der Kommission mitzuteilen.

Zypern kann von den Artikeln 4, 9, 37 und/oder 38 abweichen. Diese Ausnahme endet, sobald Zypern nicht mehr als isolierter Markt anzusehen ist.

Die Artikel 4, 9, 37 und/ oder 38 gelten für Estland, Lettland und/oder Finnland erst ab dem Zeitpunkt, zu dem einer dieser Mitgliedstaaten direkt an das Verbundnetz eines anderen Mitgliedstaats mit Ausnahme von Estland, Lettland, Litauen und Finnland angeschlossen ist. Ausnahmen gemäß Unterabsatz 1 dieses Absatzes bleiben von diesem Unterabsatz unberührt.

(2) Ein als entstehender Markt eingestufter Mitgliedstaat, der durch die An-

the implementation of this Directive, would experience substantial problems may derogate from Articles 4 and 9, Article 13(1) and (3), Articles 14 and 24, Article 25(5), Articles 26, 31 and 32, Article 37(1) and/or Article 38. Such derogation shall automatically expire from the moment when the Member State no longer qualifies as an emergent market. Any such derogation shall be notified to the Commission.

wendung dieser Richtlinie in erhebliche Schwierigkeiten geriete, kann von Artikel 4, Artikel 9, Artikel 13 Absätze 1 und 3, Artikel 14, Artikel 24, Artikel 25 Absatz 5, Artikel 26, Artikel 31, Artikel 32, Artikel 37 Absatz 1 und/oder Artikel 38 abweichen. Diese Ausnahme endet automatisch, sobald der betreffende Mitgliedstaat nicht mehr als entstehender Markt anzusehen ist. Alle derartigen Ausnahmen sind der Kommission mitzuteilen.

Cyprus may derogate from Articles 4 and 9, Article 13(1) and (3), Articles 14 and 24, Article 25(5), Articles 26, 31 and 32, Article 37(1) and/or Article 38. Such derogation shall expire from the moment when Cyprus is not quailfying as an emergent market.

Zypern kann von den Artikeln 4 und 9, Artikel 13 Absätze 1 und 3, den Artikeln 14 und 24, Artikel 25 Absatz 5, den Artikeln 26, 31 und 32, Artikel 37 Absatz 1 und/oder Artikel 38 abweichen. Diese Ausnahme endet, sobald Zypern nicht mehr als entstehender Markt anzusehen ist.

3. On the date at which the derogation referred to in the first subparagraph of paragraph 2 expires, the definition of eligible customers shall result in an opening of the market equal to at least 33% of the total annual gas consumption of the national gas market. Two years thereafter, Article 37(1)(b) shall apply, and three years thereafter, Article 37(1)(c) shall apply. Until Article 37(1)(b) applies the Member State referred to in paragraph 2 of this Article may decide not to apply Article 32 as far as ancillary services and temporary storage for the re-gasification process and its subsequent delivery to the transmission system are concerned.

(3) Zu dem Zeitpunkt, zu dem die in Absatz 2 Unterabsatz 1 genannte Ausnahme endet, muss die Definition der zugelassenen Kunden eine Marktöffnung bewirken, die sich auf mindestens 33% des jährlichen Gesamterdgasverbrauchs auf dem innerstaatlichen Erdgasmarkt erstreckt. Zwei Jahre nach diesem Zeitpunkt gilt Artikel 37 Absatz 1 Buchstabe b und drei Jahre nach diesem Zeitpunkt gilt Artikel 37 Absatz 1 Buchstabe c. Bis zum Beginn der Anwendung des Artikels 37 Absatz 1 Buchstabe b können die in Absatz 2 des vorliegenden Artikels genannten Mitgliedstaaten beschließen, Artikel 32 nicht anzuwenden, so-

weit es sich um Hilfsdienste und die vorübergehende Speicherung für die Wiederverdampfung und die anschließende Einspeisung in das Fernleitungsnetz handelt.

4. Where the implementation of this Directive would cause substantial problems in a geographically limited area of a Member State, in particular concerning the development of the transmission and major distribution infrastructure, and with a view to encouraging investments, the Member State may apply to the Commission for a temporary derogation from Articles 4 and 9, Article 13(1) and (3), Articles 14 and 24, Article 25(5), Articles 26, 31 and 32, Article 37(1) and/or Article 38 for developments within that area.

(4) Falls die Anwendung dieser Richtlinie in einem begrenzten Gebiet eines Mitgliedstaats, insbesondere hinsichtlich des Ausbaus der Fernleitungsinfrastruktur und größerer Verteilungsinfrastrukturen, erhebliche Schwierigkeiten verursachen würde, kann der Mitgliedstaat zur Förderung von Investitionen bei der Kommission für Entwicklungen in diesem Gebiet eine befristete Ausnahme von den Artikeln 4 und 9, Artikel 13 Absätze 1 und 3, den Artikeln 14 und 24, Artikel 25 Absatz 5, den Artikeln 26, 31 und 32, sowie von Artikel 37 Absatz 1 und/oder Artikel 38 beantragen.

5. The Commission may grant the derogation referred to in paragraph 4, taking into account, in particular, the following criteria:

(5) Die Kommission kann die in Absatz 4 genannte Ausnahme unter Berücksichtigung insbesondere der nachstehenden Kriterien genehmigen:

– the need for infrastructure investments, which would not be economic to operate in a competitive market environment,

– Bedarf an Infrastrukturinvestitionen, die in einem wettbewerbsbestimmten Marktumfeld nicht rentabel wären;

– the level and pay-back prospects of investments required,

– Umfang der erforderlichen Investitionen und Amortisationsaussichten;

– the size and maturity of the gas system in the area concerned,

– Größe und Entwicklungsstand des Gasnetzes in dem betreffenden Gebiet;

– the prospects for the gas market concerned,

– the geographical size and characteristics of the area or region concerned, and socioeconomic and demographic factors.

For gas infrastructure other than distribution infrastructure, a derogation may be granted only if no gas infrastructure has been established in the area or if gas infrastructure has been established for less than 10 years. The temporary derogation shall not exceed 10 years from the time gas is first supplied in the area.

For distribution infrastructure a derogation may be granted for a period not exceeding 20 years from when gas is first supplied through the said infrastructure in the area.

6. Article 9 shall not apply to Cyprus, Luxembourg and/or Malta.

7. The Commission shall inform the Member States of applications made under paragraph 4 prior to taking a decision pursuant to paragraph 5, taking into account respect for confidentiality. That decision, as well as the dero-

– Aussichten für den betreffenden Gasmarkt;

– geografische Größe und Merkmale des betreffenden Gebiets oder der betreffenden Region sowie sozioökonomische und demografische Faktoren.

Im Falle einer Gasinfrastruktur, bei der es sich nicht um eine Verteilerinfrastruktur handelt, darf eine Ausnahme nur genehmigt werden, wenn in diesem Gebiet noch keine Gasinfrastruktur errichtet worden ist oder die Errichtung einer derartigen Infrastruktur weniger als zehn Jahre zurückliegt. Die befristete Ausnahme darf nicht für einen Zeitraum von mehr als zehn Jahren ab der ersten Versorgung mit Gas in dem betreffenden Gebiet gewährt werden.

Im Falle einer Verteilerinfrastruktur kann eine Ausnahme für einen Zeitraum von höchstens 20 Jahren ab dem Zeitpunkt genehmigt werden, zu dem in dem betreffenden Gebiet erstmalig Gas über die genannte Infrastruktur geliefert wurde.

(6) Artikel 9 gilt nicht für Zypern, Luxemburg und/oder Malta.

(7) Vor einer Entscheidung nach Absatz 5 unterrichtet die Kommission die Mitgliedstaaten unter Wahrung der Vertraulichkeit über die gemäß Absatz 4 gestellten Anträge. Diese Entscheidung sowie die Ausnahmen nach den

gations referred to in paragraphs 1 and 2, shall be published in the Official Journal of the European Union.

Absätzen 1 und 2 werden im Amtsblatt der Europäischen Union veröffentlicht.

8. Greece may derogate from Articles 4, 24, 25, 26, 32, 37 and/or 38 of this Directive for the geographical areas and time periods specified in the licences issued by it, prior to 15 March 2002 and in accordance with Directive 98/30/EC, for the development and exclusive exploitation of distribution networks in certain geographical areas.

(8) Griechenland darf hinsichtlich Aufbau und Alleinnutzung von Verteilernetzen in bestimmten geografischen Gebieten von den Artikeln 4, 24, 25, 26, 32, 37 und/oder 38 dieser Richtlinie in Bezug auf die geografischen Gebiete und Zeiträume abweichen, die in den von Griechenland vor dem 15. März 2002 gemäß der Richtlinie 98/30/EG ausgestellten Genehmigungen angegeben sind.

Article 50
Review procedure

In the event that in the report referred to in Article 52(6), the Commission reaches the conclusion that, given the effective manner in which network access has been carried out in a Member State – which gives rise to fully effective, non-discriminatory and unhindered network access – certain obligations imposed by this Directive on undertakings (including those with respect to legal unbundling for distribution system operators) are not proportionate to the objective pursued, the Member State in question may submit a request to the Commission for exemption from the requirement in question.

Such request shall be notified, without

Artikel 50
Überprüfungsverfahren

Falls die Kommission in dem Bericht nach Artikel 52 Absatz 6 feststellt, dass aufgrund der effektiven Verwirklichung des Netzzugangs in einem Mitgliedstaat, die in jeder Hinsicht einen tatsächlichen, nicht diskriminierenden und ungehinderten Netzzugang bewirkt, bestimmte in dieser Richtlinie vorgesehene Vorschriften für Unternehmen (einschließlich der Vorschriften für die rechtliche Entflechtung von Verteilernetzbetreibern) nicht in einem ausgewogenen Verhältnis zum verfolgten Ziel stehen, kann der betreffende Mitgliedstaat bei der Kommission einen Antrag auf Freistellung von der Einhaltung der betreffenden Vorschrift einreichen.

Der Mitgliedstaat übermittelt den Ant-

delay, by the Member State to the Commission, together with all the relevant information necessary to demonstrate that the conclusion reached in the report on effective network access being ensured will be maintained.

Within three months of its receipt of a notification, the Commission shall adopt an opinion with respect to the request by the Member State concerned, and where appropriate, submit proposals to the European Parliament and to the Council to amend the relevant provisions of this Directive. The Commission may propose, in the proposals to amend this Directive, to exempt the Member State concerned from specific requirements subject to that Member State implementing equally effective measures as appropriate.

Article 51
Committee

1. The Commission shall be assisted by a committee.

2. Where reference is made to this paragraph, Articles 3 and 7 of Decision 1999/468/EC shall apply, having regard to the provisions of Article 8 thereof.

3. Where reference is made to this paragraph, Article 5a(1) to (4), and Ar-

rag unverzüglich der Kommission zusammen mit allen relevanten Angaben, die für den Nachweis erforderlich sind, dass die in dem Bericht getroffene Feststellung, wonach ein tatsächlicher Netzzugang sichergestellt ist, auch weiterhin zutreffen wird.

Innerhalb von drei Monaten nach Erhalt einer Mitteilung nimmt die Kommission zu dem Antrag des betreffenden Mitgliedstaats Stellung und legt dem Europäischen Parlament und dem Rat gegebenenfalls Vorschläge zur Änderung der betreffenden Bestimmungen der Richtlinie vor. Die Kommission kann in den Vorschlägen zur Änderung der Richtlinie vorschlagen, den betreffenden Mitgliedstaat von spezifischen Anforderungen auszunehmen, sofern dieser Mitgliedstaat erforderlichenfalls Maßnahmen durchführt, die in gleicher Weise wirksam sind.

Artikel 51
Ausschuss

(1) Die Kommission wird von einem Ausschuss unterstützt.

(2) Wird auf diesen Absatz Bezug genommen, so gelten die Artikel 3 und 7 des Beschlusses 1999/468/EG unter Beachtung von dessen Artikel 8.

(3) Wird auf diesen Absatz Bezug genommen, so gelten Artikel 5a Absätze

ticle 7 of Decision 1999/468/EC shall apply, having regard to the provisions of Article 8 thereof.

Article 52
Reporting

1. The Commission shall monitor and review the application of this Directive and submit an overall progress report to the European Parliament and the Council for the first time by 31 December 2004, and thereafter on an annual basis. The progress report shall cover at least:

(a) the experience gained and progress made in creating a complete and fully operational internal market in natural gas and the obstacles that remain in this respect including aspects of market dominance, concentration in the market, predatory or anti-competitive behaviour;

(b) the derogations granted under this Directive, including implementation of the derogation provided for in Article 26(4) with a view to a possible revision of the threshold;

(c) the extent to which the unbundling and tarification requirements contained in this Directive have been successful in ensuring fair and non-discriminatory access to the Community's gas

1 bis 4 und Artikel 7 des Beschlusses 1999/468/EG unter Beachtung von dessen Artikel 8.

Artikel 52
Berichterstattung

(1) Die Kommission überwacht und überprüft die Anwendung dieser Richt linie und legt dem Europäischen Parlament und dem Rat zum ersten Mal bis 31. Dezember 2004 und danach jedes Jahr einen Gesamtfortschrittsbericht über die erzielten Fortschritte vor. In diesem Fortschrittsbericht wird mindestens Folgendes behandelt:

a) die bei der Schaffung eines vollendeten und einwandfrei funktionierenden Erdgasbinnenmarkts gewonnenen Erfahrungen und erzielten Fortschritte sowie die noch bestehenden Hindernisse, einschließlich der Aspekte Marktbeherrschung, Marktkonzentration, Verdrängungspraktiken oder wettbewerbsfeindliches Verhalten;

b) die im Rahmen dieser Richtlinie genehmigten Ausnahmen, einschließlich der Anwendung der Ausnahme nach Artikel 26 Absatz 4 im Hinblick auf eine etwaige Überprüfung der Schwelle;

c) die Frage, inwieweit sich die Entflechtungs- und Tarifierungsbestimmungen dieser Richtlinie als geeignet erwiesen haben, einen gerechten und nichtdiskriminierenden Zugang zum

system and equivalent levels of competition, as well as the economic, environmental and social consequences of the opening of the gas market for customers;

(d) an examination of issues relating to system capacity levels and security of supply of natural gas in the Community, and in particular the existing and projected balance between demand and supply, taking into account the physical capacity for exchanges between areas and the development of storage (including the question of the proportionality of market regulation in that field);

(e) special attention will be given to the measures taken in Member States to cover peak demand and to deal with shortfalls of one or more suppliers;

(f) a general assessment of the progress achieved with regard to bilateral relations with third countries which produce and export or transport natural gas, including progress in market integration, trade and access to the networks of such third countries;

(g) the need for possible harmonisation requirements which are not linked to

Erdgasnetz der Gemeinschaft und eine gleichwertige Wettbewerbsintensität zu gewährleisten, und welche wirtschaftlichen, umweltbezogenen und sozialen Auswirkungen die Öffnung des Erdgasmarkts auf die Kunden hat;

d) eine Untersuchung der Fragen, die mit der Kapazität des Erdgasnetzes und der Sicherheit der Erdgasversorgung in der Gemeinschaft und insbesondere mit dem bestehenden und dem erwarteten Gleichgewicht zwischen Angebot und Nachfrage zusammenhängen, unter Berücksichtigung der zwischen verschiedenen Gebieten bestehenden realen Austauschkapazitäten des Netzes und des Ausbaus von Speicherkapazitäten (einschließlich der Frage der Verhältnismäßigkeit der Marktregulierung in diesem Bereich);

e) besondere Aufmerksamkeit wird den Maßnahmen der Mitgliedstaaten zur Bedienung von Nachfragespitzen und zur Bewältigung von Ausfällen eines oder mehrerer Versorger gewidmet;

f) eine allgemeine Bewertung der Fortschritte in den bilateralen Beziehungen zu Drittländern, die Erdgas gewinnen und exportieren oder transportieren, einschließlich der Fortschritte bei Marktintegration, Handel und Zugang zu den Netzen dieser Drittländer;

g) die Frage, ob ein Harmonisierungsbedarf besteht, der nicht mit den Be-

the provisions of this Directive.

stimmungen dieser Richtlinie zusammenhängt.

Where appropriate, the progress report may include recommendations and measures to counteract the negative effects of market dominance and market concentration.

Gegebenenfalls kann dieser Fortschrittsbericht auch Empfehlungen und Maßnahmen enthalten, um negativen Auswirkungen von Marktbeherrschung und Marktkonzentration entgegenzuwirken.

In the report, the Commission, in consultation with the ENTSO for Gas, may also consider the feasibility of the creation, by transmission system operators, of a single European transmission system operator.

Ferner kann die Kommission in dem Bericht in Konsultation mit dem ENTSO (Gas) prüfen, ob die Schaffung eines einzigen europäischen Fernleitungsnetzbetreibers durch die Fernleitungsnetzbetreiber möglich ist.

2. Every two years, the progress report referred to in paragraph 1 shall also include an analysis of the different measures taken in Member States to meet public service obligations, together with an examination of the effectiveness of those measures, and, in particular, their effects on competition in the gas market. Where appropriate, the report may include recommendations as to the measures to be taken at national level to achieve high public service standards or measures intended to prevent market foreclosure.

(2) Alle zwei Jahre werden in dem Fortschrittsbericht nach Absatz 1 ferner die verschiedenen in den Mitgliedstaaten zur Erfüllung gemeinwirtschaftlicher Verpflichtungen getroffenen Maßnahmen analysiert und auf ihre Wirksamkeit und insbesondere ihre Auswirkungen auf den Wettbewerb auf dem Erdgasmarkt untersucht. Gegebenenfalls kann der Bericht Empfehlungen für Maßnahmen enthalten, die auf einzelstaatlicher Ebene zur Gewährleistung eines hohen Standards der gemeinwirtschaftlichen Leistungen oder zur Verhinderung einer Marktabschottung zu ergreifen sind.

3. The Commission shall, by 3 March 2013, submit, as part of the general review, to the European Parliament and the Council, a detailed specific report outlining the extent to which the un-

(3) Die Kommission legt dem Europäischen Parlament und dem Rat bis 3. März 2013 als Teil der allgemeinen Überprüfung einen ausführlichen konkreten Bericht vor, in dem sie dar-

bundling requirements under Chapter IV have been successful in ensuring full and effective independence of transmission system operators, using effective and efficient unbundling as a benchmark.

legt, inwieweit es mit den Entflechtungsvorschriften gemäß Kapitel IV gelungen ist, die volle, effektive Unabhängigkeit der Fernleitungsnetzbetreiber sicherzustellen; dabei wird die effektive und effiziente Entflechtung als Maßstab zugrunde gelegt.

4. For the purpose of its assessment under paragraph 3, the Commission shall take into account, in particular, the following criteria: fair and non-discriminatory network access, effective regulation, the development of the network to meet market needs, undistorted incentives to invest, the development of interconnection infrastructure, effective competition in the energy markets of the Community and the security of supply situation in the Community.

(4) Für ihre Einschätzung gemäß Absatz 3 zieht die Kommission insbesondere folgende Kriterien heran: fairer und nichtdiskriminierender Netzzugang, wirksame Regulierung, an den Marktbedürfnissen ausgerichtete Netzentwicklung, wettbewerbsneutrale Investitionsanreize, Entwicklung der Verbindungsinfrastruktur, effektiver Wettbewerb auf den Energiemärkten der Gemeinschaft und Versorgungssicherheit in der Gemeinschaft.

5. Where appropriate, and in particular in the event that the detailed specific report referred to in paragraph 3 determines that the conditions referred to in paragraph 4 have not been guaranteed in practice, the Commission shall submit proposals to the European Parliament and the Council to ensure fully effective independence of transmission system operators by 3 March 2014.

(5) Sollte aus dem ausführlichen konkreten Bericht gemäß Absatz 3 gegebenenfalls hervorgehen, dass die praktische Umsetzung der Bedingungen gemäß Absatz 4 nicht gewährleistet wurde, so legt die Kommission dem Europäischen Parlament und dem Rat Vorschläge vor, um die in jeder Hinsicht effektive Unabhängigkeit der Fernleitungsnetzbetreiber bis zum 3. März 2014 sicherzustellen.

6. The Commission shall, no later than 1 January 2006, forward to the European Parliament and Council, a detailed report outlining progress in creating the internal market in natural gas.

(6) Die Kommission legt dem Europäischen Parlament und dem Rat spätestens am 1. Januar 2006 einen detaillierten Bericht über die Fortschritte bei der Schaffung des Erdgasbinnenmark-

That report shall, in particular, consider:

tes vor. In dem Bericht wird insbesondere Folgendes geprüft:

– existence of non-discriminatory network access,

– das Bestehen eines nichtdiskriminierenden Netzzugangs,

– effective regulation,

– die Wirksamkeit der Regulierung,

– the development of interconnection infrastructure, the conditions of transit, and the security of supply situation in the Community,

– die Entwicklung der Verbindungsinfrastruktur, die Transitbedingungen und der Stand der Versorgungssicherheit in der Gemeinschaft,

– the extent to which the full benefits of the opening of the market are accruing to small enterprises and household customers, notably with respect to public service standards,

– die Frage, inwieweit der volle Nutzen der Marktöffnung Kleinunternehmen und Haushaltskunden zugute kommt, insbesondere im Hinblick auf die Qualitätsstandards der gemeinwirtschaftlichen Leistungen,

– the extent to which markets are in practice open to effective competition, including aspects of market dominance, market concentration and predatory or anti-competitive behaviour,

– die Frage, inwieweit die Märkte in der Praxis tatsächlich wettbewerbsoffen sind, einschließlich der Aspekte Marktbeherrschung, Marktkonzentration, Verdrängungspraktiken oder wettbewerbsfeindliches Verhalten,

– the extent to which customers are actually switching suppliers and renegotiating tariffs,

– die Frage, inwieweit die Kunden tatsächlich den Versorger wechseln und die Tarife neu aushandeln,

– price developments, including supply prices, in relation to the degree of the opening of markets,

– die Preisentwicklungen, auch bei den Beschaffungspreisen, gemessen am Grad der Marktöffnung,

– whether effective and non-discriminatory third-party access to gas storage exists when technically and/or economically necessary for providing ef-

– die Frage, ob Dritten effektiver und nicht diskriminierender Zugang zur Gasspeicherung gewährt wird, der für einen effizienten Netzzugang tech-

ficient access to the system,

– the experience gained in the application of this Directive as far as the effective independence of system operators in vertically integrated undertakings is concerned and whether other measures in addition to functional independence and separation of accounts have been developed which have effects equivalent to legal unbundling.

Where appropriate, the Commission shall submit proposals to the European Parliament and the Council, in particular to guarantee high public service standards.

Where appropriate, the Commission shall submit proposals to the European Parliament and the Council, in particular to ensure full and effective independence of distribution system operators before 1 July 2007. Where necessary, those proposals shall, in conformity with competition law, also concern measures to address issues of market dominance, market concentration and predatory or anti-competitive behaviour.

nisch und/oder wirtschaftlich erforderlich ist,

– die bei der Anwendung dieser Richtlinie gewonnenen Erfahrungen, was die tatsächliche Unabhängigkeit von Netzbetreibern in vertikal integrierten Unternehmen betrifft, sowie die Frage, ob neben der funktionalen Unabhängigkeit und der Trennung der Rechnungslegung weitere Maßnahmen konzipiert wurden, die in ihrer Wirkung der rechtlichen Entflechtung gleichkommen.

Gegebenenfalls unterbreitet die Kommission dem Europäischen Parlament und dem Rat Vorschläge insbesondere mit dem Ziel, hohe Qualitätsstandards der gemeinwirtschaftlichen Leistungen zu gewährleisten.

Gegebenenfalls unterbreitet die Kommission dem Europäischen Parlament und dem Rat Vorschläge insbesondere mit dem Ziel, die uneingeschränkte und tatsächliche Unabhängigkeit von Verteilernetzbetreibern bis zum 1. Juli 2007 sicherzustellen. Falls erforderlich, beziehen sich diese Vorschläge in Übereinstimmung mit dem Wettbewerbsrecht auch auf Maßnahmen zur Behandlung von Problemen der Marktbeherrschung, Marktkonzentration, Verdrängungspraktiken oder des wettbewerbsfeindlichen Verhaltens.

Article 53
Repeal

Directive 2003/55/EC is repealed from 3 March 2011 without prejudice to the obligations of Member States concerning the deadlines for transposition and application of the said Directive. References to the repealed Directive shall be construed as references to this Directive and shall be read in accordance with the correlation table in Annex II.

Artikel 53
Aufhebung von Rechtsvorschriften

Die Richtlinie 2003/55/EG wird zum 3. März 2011 aufgehoben; die Verpflichtungen der Mitgliedstaaten hinsichtlich der Fristen für ihre Umsetzung und Anwendung werden davon nicht berührt. Verweisungen auf die aufgehobene Richtlinie gelten als Verweisungen auf die vorliegende Richtlinie und sind nach Maßgabe der Entsprechungstabelle in Anhang II zu lesen.

Article 54
Transposition

1. Member States shall bring into force the laws, regulations and administrative provisions necessary to comply with this Directive by 3 March 2011. They shall forthwith inform the Commission thereof.

They shall apply those measures from 3 March 2011 with the exception of Article 11, which they shall apply from 3 March 2013.

Where Member States adopt those measures, they shall contain a reference to this Directive or be accompanied by such a reference on the occasion of their official publication. The methods of making such reference shall be laid down by Member States.

Artikel 54
Umsetzung

(1) Die Mitgliedstaaten setzen die Rechts- und Verwaltungsvorschriften in Kraft, die erforderlich sind, um dieser Richtlinie spätestens am 3. März 2011 nachzukommen. Sie setzen die Kommission unverzüglich davon in Kenntnis.

Sie wenden diese Vorschriften ab 3. März 2011 an, mit Ausnahme von Artikel 11, den sie ab 3. März 2013 anwenden.

Wenn die Mitgliedstaaten diese Vorschriften erlassen, nehmen sie in den Vorschriften selbst oder durch einen Hinweis bei der amtlichen Veröffentlichung auf diese Richtlinie Bezug. Die Mitgliedstaaten regeln die Einzelheiten der Bezugnahme.

2. Member States shall communicate to the Commission the text of the main provisions of national law which they adopt in the field covered by this Directive.

(2) Die Mitgliedstaaten teilen der Kommission den Wortlaut der wichtigsten innerstaatlichen Rechtsvorschriften mit, die sie auf dem unter diese Richtlinie fallenden Gebiet erlassen.

Article 55
Entry into force

This Directive shall enter into force on the 20th day following its publication in the Official Journal of the European Union.

Artikel 55
Inkrafttreten

Diese Richtlinie tritt am zwanzigsten Tag nach ihrer Veröffentlichung im Amtsblatt der Europäischen Union in Kraft.

Article 56
Addressees

This Directive is addressed to the Member States.

Artikel 56
Adressaten

Diese Richtlinie ist an die Mitgliedstaaten gerichtet.

ANHANG 1

MEASURES ON CONSUMER PROTECTION

1. Without prejudice to Community rules on consumer protection, in particular Directive 97/7/EC of the European Parliament and of the Council of 20 May 1997 on the protection of consumers in respect of distance[25] contracts and Council Directive 93/13/EEC of 5 April 1993 on unfair terms in consumer contracts,[26] the measures referred to in Article 3 are to ensure that customers:

(a) have a right to a contract with their gas service provider that specifies:

- the identity and address of the supplier,

– the services provided, the service quality levels offered, as well as the time for the initial connection,

– the types of maintenance service offered,

– the means by which up-to-date information on all applicable tariffs and maintenance charges may be obtained,

[25] OJ L 144, 4.6.1997, p. 19.
[26] OJ L 95, 21.4.1993, p. 29.

MASSNAHMEN ZUM SCHUTZ DER KUNDEN

(1) Unbeschadet der Verbraucherschutzvorschriften der Gemeinschaft, insbesondere der Richtlinie 97/7/EG des Europäischen Parlaments und des Rates vom 20. Mai 1997 über den Verbraucherschutz bei Vertragsabschlüssen im Fernabsatz[25] und der Richtlinie 93/13/EG des Rates vom 5. April 1993 über missbräuchliche Klauseln in Verbraucherverträgen[26], soll mit den in Artikel 3 genannten Maßnahmen sichergestellt werden, dass die Kunden

a) Anspruch auf einen Vertrag mit ihren Anbietern von Gasdienstleistungen haben, in dem Folgendes festgelegt ist:

– Name und Anschrift des Anbieters,

– erbrachte Leistungen und angebotene Leistungs-Qualitätsstufen sowie Zeitbedarf für den Erstanschluss,

– die Art der angebotenen Wartungsdienste,

– Art und Weise, wie aktuelle Informationen über alle geltenden Tarife und Wartungsentgelte erhältlich sind,

[25] ABl. L 144 vom 4.6.1997, S. 19.
[26] ABl. L 95 vom 21.4.1993, S. 29.

– the duration of the contract, the conditions for renewal and termination of services and of the contract, and whether withdrawal from the contract without charge is permitted,

– any compensation and the refund arrangements which apply if contracted service quality levels are not met including inaccurate and delayed billing,

– the method of initiating procedures for settlement of disputes in accordance with point (f); and,

– information relating to consumer rights, including on the complaint handling and all of the information referred to in this point, clearly communicated through billing or the natural gas undertaking's web site,

Conditions shall be fair and well-known in advance. In any event, that information should be provided prior to the conclusion or confirmation of the contract. Where contracts are concluded through intermediaries, the information relating to the matters set out in this point shall also be provided prior to the conclusion of the contract;

(b) are given adequate notice of any intention to modify contractual conditions and are informed about their right of withdrawal when the notice is given. Service providers shall notify their subscribers directly of any in-

– Vertragsdauer, Bedingungen für eine Verlängerung und Beendigung der Leistungen und des Vertragsverhältnisses sowie Zulässigkeit eines kostenfreien Rücktritts vom Vertrag,

– etwaige Entschädigungs- und Erstattungsregelungen bei Nichteinhaltung der vertraglich vereinbarten Leistungsqualität einschließlich fehlerhafter und verspäteter Rechnungserstellung,

– Vorgehen zur Einleitung von Streitbeilegungsverfahren gemäß Buchstabe f und

– Informationen über Verbraucherrechte, einschließlich der Behandlung von Beschwerden und der in diesem Buchstaben genannten Informationen, auf der Website des Rechnungs- und Erdgasunternehmen.

Die Bedingungen müssen gerecht und im Voraus bekannt sein. Diese Informationen sollten in jedem Fall vor Abschluss oder Bestätigung des Vertrags übermittelt werden. Auch bei Abschluss des Vertrags durch Vermittler müssen die in diesem Buchstaben genannten Informationen vor Vertragsabschluss bereitgestellt werden;

b) rechtzeitig über eine beabsichtigte Änderung der Vertragsbedingungen und dabei über ihr Rücktrittsrecht unterrichtet werden. Die Dienstleister teilen ihren Kunden direkt und in transparenter und verständlicher Weise jede

crease in charges, at an appropriate time no later than one normal billing period after the increase comes into effect in a transparent and comprehensible manner. Member States shall ensure that customers are free to withdraw from contracts if they do not accept the new conditions notified to them by their gas service provider;

Gebührenerhöhung mit angemessener Frist mit, auf jeden Fall jedoch vor Ablauf der normalen Abrechnungsperiode, die auf die Gebührenerhöhung folgt. Die Mitgliedstaaten stellen sicher, dass es den Kunden freisteht, den Vertrag zu lösen, wenn sie die neuen Bedingungen nicht akzeptieren, die ihnen ihr Gasdienstleister mitgeteilt hat;

(c) receive transparent information on applicable prices and tariffs and on standard terms and conditions, in respect of access to and use of gas services;

c) transparente Informationen über geltende Preise und Tarife sowie über die Standardbedingungen für den Zugang zu Gasdienstleistungen und deren Inanspruchnahme erhalten;

(d) are offered a wide choice of payment methods, which do not unduly discriminate between customers. Prepayment systems shall be fair and adequately reflect likely consumption. Any difference in terms and conditions shall reflect the costs to the supplier of the different payment systems. General terms and conditions shall be fair and transparent. They shall be given in clear and comprehensible language and shall not include non-contractual barriers to the exercise of customers' rights, for example excessive contractual documentation. Customers shall be protected against unfair or misleading selling methods;

d) über ein breites Spektrum an Zahlungsmodalitäten verfügen können, durch die sie nicht unangemessen benachteiligt werden. Die Vorauszahlungssysteme sind fair und spiegeln den wahrscheinlichen Verbrauch angemessen wider. Die Unterschiede in den Vertragsbedingungen spiegeln die Kosten wider, die dem Lieferanten durch die unterschiedlichen Zahlungssysteme entstehen. Die allgemeinen Vertragsbedingungen müssen fair und transparent sein. Sie müssen klar und verständlich abgefasst sein und dürfen keine außervertraglichen Hindernisse enthalten, durch die die Kunden an der Ausübung ihrer Rechte gehindert werden, zum Beispiel eine übermäßige Zahl an Vertragsunterlagen. Die Kunden müssen gegen unfaire oder irreführende Verkaufsmethoden geschützt sein;

(e) are not charged for changing supplier;

(f) benefit from transparent, simple and inexpensive procedures for dealing with their complaints. In particular, all consumers shall have the right to a good standard of service and complaint handling by their gas service provider. Such out-of-court dispute settlements procedures shall enable disputes to be settled fairly and promptly, preferably within three months, with provision, where warranted, for a system of reimbursement and/or compensation. They should, wherever possible, be in line with the principles set out in Commission Recommendation 98/257/EC of 30 March 1998 on the principles applicable to the bodies responsible for out-of-court settlement of consumer disputes;[27]

(g) connected to the gas system are informed about their rights to be supplied, under the national legislation applicable, with natural gas of a specified quality at reasonable prices;

(h) have at their disposal their consumption data, and shall be able to, by explicit agreement and free of charge,

[27] OJ L 115, 17.4.1998, p. 31.

e) den Lieferanten ohne Berechnung von Gebühren wechseln können;

f) transparente, einfache und kostengünstige Verfahren zur Behandlung ihrer Beschwerden in Anspruch nehmen können. Insbesondere haben alle Kunden Anspruch auf eine gute Qualität der Dienstleistung und die Behandlung ihrer Beschwerden durch ihren Gasversorger. Diese Verfahren zur außergerichtlichen Einigung müssen eine gerechte und zügige Beilegung von Streitfällen, vorzugsweise innerhalb von drei Monaten ermöglichen und für berechtigte Fälle ein Erstattungs- und/oder Entschädigungssystem vorsehen. Sie sollten, soweit möglich, den in der Empfehlung 98/257/EG der Kommission vom 30. März 1998 betreffend die Grundsätze für Einrichtungen, die für die außergerichtliche Beilegung von Verbraucherrechtsstreitigkeiten[27] zuständig sind, dargelegten Grundsätzen entsprechen;

g) soweit sie an das Gasnetz angeschlossen sind, über ihre gemäß dem einschlägigen einzelstaatlichen Recht bestehenden Rechte auf Versorgung mit Erdgas einer bestimmten Qualität zu angemessenen Preisen informiert werden;

h) Zugang zu ihren Verbrauchsdaten haben und durch ausdrückliche Zustimmung und gebührenfrei einem be-

[27] ABl. L 115 vom 17.4.1998, S. 31.

give any registered supply undertaking access to its metering data. The party responsible for data management shall be obliged to give those data to the undertaking. Member States shall define a format for the data and a procedure for suppliers and consumers to have access to the data. No additional costs shall be charged to the consumer for that service;

liebigen registrierten Lieferanten Zugang zu ihren Messdaten gewähren können. Die für die Datenverwaltung zuständige Stelle ist verpflichtet, diese Daten an das betreffende Unternehmen weiterzugeben. die Mitgliedstaaten legen ein Format für die Erfassung der Daten fest sowie ein Verfahren, um Versorgern und Kunden Zugang zu den Daten zu verschaffen; Den Kunden dürfen dafür keine zusätzlichen Kosten in Rechnung gestellt werden;

(i) are properly informed of actual gas consumption and costs frequently enough to enable them to regulate their own gas consumption. That information shall be given by using a sufficient time frame, which takes account of the capability of customer's metering equipment. Due account shall be taken of the cost-efficiency of such measures. No additional costs shall be charged to the consumer for that service;

i) häufig genug in angemessener Form über ihren tatsächlichen Gasverbrauch und ihre Gaskosten informiert werden, um ihren eigenen Gasverbrauch regulieren zu können. Die Angaben werden in einem ausreichenden Zeitrahmen erteilt, der der Kapazität der Messvorrichtungen des Kunden Rechnung trägt. Die Kostenwirksamkeit dieser Maßnahmen wird gebührend berücksichtigt. Den Kunden dürfen dafür keine zusätzlichen Kosten in Rechnung gestellt werden;

(j) receive a final closure account following any change of natural gas supplier no later than six weeks after the change of supplier has taken place.

j) spätestens sechs Wochen nach einem Wechsel des Erdgasversorgers eine Abschlussrechnung erhalten.

2. Member States shall ensure the implementation of intelligent metering systems that shall assist the active participation of consumers in the gas supply market. The implementation of those metering systems may be subject to an economic assessment of all the

(2) Die Mitgliedstaaten sorgen dafür, dass intelligente Messsysteme eingeführt werden, durch die die aktive Beteiligung der Kunden am Gasversorgungsmarkt unterstützt wird. Die Einführung dieser Messsysteme kann einer wirtschaftlichen Bewertung unter-

long-term costs and benefits to the market and the individual consumer or which form of intelligent metering is economically reasonable and cost-effective and which timeframe is feasible for their distribution.

liegen, bei der alle langfristigen Kosten und Vorteile für den Markt und die einzelnen Kunden geprüft werden sowie untersucht wird, welche Art des intelligenten Messens wirtschaftlich vertretbar und kostengünstig ist und in welchem zeitlichen Rahmen die Einführung praktisch möglich ist.

Such assessment shall take place by 3 September 2012.

Diese Bewertung erfolgt bis 3. September 2012.

Subject to that assessment, Member States or any competent authority they designate, shall prepare a timetable for the implementation of intelligent metering systems.

Anhand dieser Bewertung erstellen die Mitgliedstaaten oder die von ihnen benannten zuständigen Behörden einen Zeitplan für die Einführung intelligenter Messsysteme.

The Member States or any competent authority they designate, shall ensure the interoperability of those metering systems to be implemented within their territories and shall have due regard to the use of appropriate standards and best practice and the importance of the development of the internal market in natural gas.

Die Mitgliedstaaten oder die von ihnen benannten zuständigen Behörden sorgen für die Interoperabilität der Messsysteme, die in ihrem Hoheitsgebiet eingesetzt werden sollen, und tragen der Anwendung geeigneter Normen und bewährter Verfahren sowie der großen Bedeutung, die dem Ausbau des Erdgasbinnenmarkts zukommt, gebührend Rechnung.

ANHANG 2

CORRELATION TABLE

(nicht abgedruckt)

ENTSPRECHUNGSTABELLE

(nicht abgedruckt)

VERORDNUNG (EG) NR. 715/2009

über die Bedingungen für den Zugang zu den Erdgasfernleitungsnetzen und zur Aufhebung der Verordnung (EG) Nr. 1775/2005

REGULATION (EC) No 715/2009 OF THE EUROPEAN PARLIAMENT AND OF THE COUNCIL

of 13 July 2009

on conditions for access to the natural gas transmission networks and repealing Regulation (EC) No 1775/2005

(Text with EEA relevance)

THE EUROPEAN PARLIAMENT AND THE COUNCIL OF THE EUROPEAN UNION,

Having regard to the Treaty establishing the European Community, and in particular Article 95 thereof,

Having regard to the proposal from the Commission,

Having regard to the opinion of the European Economic and Social Committee,[28]

Having regard to the opinion of the Committee of the Regions,[29]

VERORDNUNG (EG) Nr. 715/2009 DES EUROPÄISCHEN PARLAMENTS UND DES RATES

vom 13. Juli 2009

über die Bedingungen für den Zugang zu den Erdgasfernleitungsnetzen und zur Aufhebung der Verordnung (EG) Nr. 1775/2005

(Text von Bedeutung für den EWR)

DAS EUROPÄISCHE PARLAMENT UND DER RAT DER EUROPÄISCHEN UNION –

gestützt auf den Vertrag zur Gründung der Europäischen Gemeinschaft, insbesondere auf Artikel 95,

auf Vorschlag der Kommission,

nach Stellungnahme des Europäischen Wirtschafts- und Sozialausschusses[28],

nach Stellungnahme des Ausschusses der Regionen[29],

---

[28] OJ C 211, 19.8.2008, p. 23.
[29] OJ C 172, 5.7.2008, p. 55.

[28] ABl. C 211 vom19.8.2008, S. 23.
[29] ABl. C 172 vom 5.7.2008, S. 55.

Acting in accordance with the procedure laid down in Article 251 of the Treaty[30]

Whereas:

(1) The internal market in natural gas, which has been progressively implemented since 1999, aims to deliver real choice for all consumers in the Community, be they citizens or businesses, new business opportunities and more cross-border trade, so as to achieve efficiency gains, competitive prices and higher standards of service, and to contribute to security of supply and sustainability.

(2) Directive 2003/55/EC of the European Parliament and of the Council of 26 June 2003 concerning common rules for the internal market in natural gas[31] and Regulation (EC) No 1775/2005 of the European Parliament and of the Council of 28 September

gemäß dem Verfahren des Artikels 251 des Vertrags[30],

in Erwägung nachstehender Gründe:

(1) Der Erdgasbinnenmarkt, der seit 1999 schrittweise geschaffen wird, soll allen privaten und gewerblichen Verbrauchern in der Gemeinschaft eine echte Wahl ermöglichen, neue Geschäftschancen für die Unternehmen eröffnen sowie den grenzüberschreitenden Handel fördern und auf diese Weise Effizienzgewinne, wettbewerbsfähige Preise und höhere Dienstleistungsstandards bewirken und zu mehr Versorgungssicherheit und Nachhaltigkeit beitragen.

(2) Die Richtlinie 2003/55/EG des Europäischen Parlaments und des Rates vom 26. Juni 2003 über gemeinsame Vorschriften für den Erdgasbinnenmarkt[31] und die Verordnung (EG) Nr. 1775/2005 des Europäischen Parlaments und des Rates vom 28. Septem-

---

[30] Opinion of the European Parliament of 9 July 2008 (not yet published in the Official Journal), Council Common Position of 9 January 2009 (OJ C 75E, 31.3.2009, p. 38) and Position of the European Parliament of 22 April 2009 (not yet published in the Official Journal). Council Decision of 25 June 2009.

[31] OJ L 176, 15.7.2003, p. 57.

[30] Stellungnahme des Europäischen Parlaments vom 9. Juli 2008 (noch nicht im Amtsblatt veröffentlicht), Gemeinsamer Standpunkt des Rates vom 9. Januar 2009 (ABl. C 75E vom 31.3.2009, S. 38) und Standpunkt des Europäischen Parlamentsvom 22. April 2009 (noch nicht im Amtsblatt veröffentlicht). Beschluss des Rates vom 25. Juni 2009.

[31] ABl. L 176 vom 15.7.2003, S. 57.

2005 on conditions for access to the natural gas transmission networks[32] have made significant contributions towards the creation of such an internal market in natural gas.

ber 2005 über die Bedingungen für den Zugang zu den Erdgasfernleitungsnetzen[32] waren ein wichtiger Beitrag zur Schaffung des Erdgasbinnenmarkts.

(3) Experience gained in the implementation and monitoring of a first set of Guidelines for Good Practice, adopted by the European Gas Regulatory Forum (the Madrid Forum) in 2002, demonstrates that in order to ensure the full implementation of the rules set out in those guidelines in all Member States, and in order to provide a minimum guarantee of equal market access conditions in practice, it is necessary to provide for them to become legally enforceable.

(3) Die Erfahrung mit der Umsetzung und Beobachtung des ersten Pakets von Leitlinien für die gute Praxis, das 2002 vom Europäischen Erdgasregulierungsforum (Madrider Forum) angenommen wurde, zeigt, dass diese rechtlich durchsetzbar sein müssen, damit die vollständige Umsetzung der in den Leitlinien festgelegten Regeln in allen Mitgliedstaaten gewährleistet ist und damit in der Praxis eine Mindestgarantie für gleiche Marktzugangsbedingungen gegeben ist.

(4) A second set of common rules entitled 'the Second Guidelines for Good Practice' was adopted at the meeting of the Madrid Forum on 24 and 25 September 2003 and the purpose of this Regulation is to lay down, on the basis of those guidelines, basic principles and rules regarding network access and third party access services, congestion management, transparency, balancing and the trading of capacity rights.

(4) Ein zweites Paket gemeinsamer Regeln mit dem Titel „Zweite Leitlinien für die gute Praxis" wurde auf der Tagung des Madrider Forums vom 24. und 25. September 2003 angenommen; das Ziel der vorliegenden Verordnung ist, auf der Grundlage jener Leitlinien Grundprinzipien und Regeln für den Netzzugang und für Dienstleistungen für den Zugang Dritter, für das Engpassmanagement, die Transparenz, den Ausgleich von Mengenabweichungen und den Handel mit Kapazitätsrechten festzulegen.

(5) Directive 2009/73/EC of the European Parliament and of the Council of

(5) Die Richtlinie 2009/73/EG des Europäischen Parlaments und des Rates

[32] OJ L 289, 3.11.2005, p. 1.

[32] ABl. L 289 vom 3.11.2005, S. 1.

13 July 2009 concerning common rules for the internal market in natural gas provides for the possibility of a combined transmission and distribution system operator. The rules set out in this Regulation do not therefore require modification of the organisation of national transmission and distribution systems that are consistent with the relevant provisions of that Directive.

vom 13. Juli 2009 über gemeinsame Vorschriften für den Erdgasbinnenmarkt gestattet den gleichzeitigen Betrieb eines Fernleitungsnetzes und eines Verteilernetzes durch ein und denselben Betreiber. Die in dieser Verordnung festgelegten Regeln machen somit keine Neuorganisation der nationalen Fernleitungs-und Verteilernetze erforderlich, die den einschlägigen Bestimmungen jener Richtlinie entsprechen.

(6) High-pressure pipelines linking up local distributors to the gas network which are not primarily used in the context of local distribution are included in the scope of this Regulation.

(6) Hochdruckfernleitungen, die lokale Verteiler an das Erdgasnetz anschließen und nicht in erster Linie im Zusammenhang mit der lokalen Erdgasverteilung benutzt werden, fallen in den Anwendungsbereich dieser Verordnung.

(7) It is necessary to specify the criteria according to which tariffs for access to the network are determined, in order to ensure that they fully comply with the principle of non-discrimination and the needs of a well-functioning internal market and take fully into account the need for system integrity and reflect the actual costs incurred, insofar as such costs correspond to those of an efficient and structurally comparable network operator and are transparent, whilst including appropriate return on investments, and, where appropriate, taking account of the benchmarking of tariffs by the regulatory authorities.

(7) Die Kriterien für die Festlegung der Tarife für den Netzzugang müssen angegeben werden, um sicherzustellen, dass sie dem Grundsatz der Nichtdiskriminierung und den Erfordernissen eines gut funktionierenden Binnenmarktes vollständig entsprechen, die erforderliche Netzintegrität in vollem Umfang berücksichtigen und die Ist-Kosten widerspiegeln, soweit diese Kosten denen eines effizienten und strukturell vergleichbaren Netzbetreibers entsprechen, transparent sind und gleichzeitig eine angemessene Kapitalrendite umfassen, sowie gegebenenfalls die Tarifvergleiche der Regulierungsbehörden berücksichtigen.

(8) In calculating tariffs for access to networks, it is important to take account of the actual costs incurred, insofar as such costs correspond to those of an efficient and structurally comparable network operator, and are transparent, as well as of the need to provide appropriate return on investments and incentives to construct new infrastructure, including special regulatory treatment for new investments as provided for in Directive 2009/73/EC. In that respect, and in particular if effective pipeline-to-pipeline competition exists, the benchmarking of tariffs by the regulatory authorities will be a relevant consideration.

(8) Bei der Berechnung der Tarife für den Netzzugang müssen die Ist-Kosten, soweit diese Kosten denen eines effizienten und strukturell vergleichbaren Netzbetreibers entsprechen und transparent sind, sowie die Notwendigkeit, angemessene Kapitalrenditen und Anreize für den Bau neuer Infrastrukturen zu bieten, einschließlich einer besonderen Regulierung neuer Investitionen gemäß der Richtlinie 2009/73/EG berücksichtigt werden. In dieser Hinsicht und insbesondere, wenn ein tatsächlicher Leitungswettbewerb zwischen verschiedenen Fernleitungen gegeben ist, sind Tarifvergleiche durch die Regulierungsbehörden als relevante Methode zu berücksichtigen.

(9) The use of market-based arrangements, such as auctions, to determine tariffs has to be compatible with the provisions laid down in Directive 2009/73/EC.

(9) Die Verwendung von marktorientierten Verfahren, wie etwa Versteigerungen, zur Festlegung von Tarifen muss mit den Bestimmungen der Richtlinie 2009/73/EG vereinbar sein.

(10) A common minimum set of third-party access services is necessary to provide a common minimum standard of access in practice throughout the Community, to ensure that third party access services are sufficiently compatible and to allow the benefits accruing from a well-functioning internal market in natural gas to be exploited.

(10) Ein gemeinsamer Mindestbestand an Dienstleistungen für den Zugang Dritter ist nötig, damit in der Praxis in der gesamten Gemeinschaft ein gemeinsamer Mindeststandard für den Netzzugang gegeben und sichergestellt ist, dass die Dienstleistungen für den Zugang Dritter in ausreichendem Umfang kompatibel sind, und damit die aus einem gut funktionierenden Erdgasbinnenmarkt resultierenden Nutzeffekte ausgeschöpft werden können.

(11) At present, there are obstacles to the sale of gas on equal terms, without discrimination or disadvantage in the Community. In particular, non-discriminatory network access and an equally effective level of regulatory supervision do not yet exist in each Member State, and isolated markets persist.

(12) A sufficient level of cross-border gas interconnection capacity should be achieved and market integration fostered in order to complete the internal market in natural gas.

(13) The Communication of the Commission of 10 January 2007 entitled 'An Energy Policy for Europe' highlighted the importance of completing the internal market in natural gas and creating a level playing field for all natural gas undertakings in the Community. The Communications of the Commission of 10 January 2007 entitled 'Prospects for the internal gas and electricity market' and 'Inquiry pursuant to Article 17 of Regulation (EC) No 1/2003 into the European gas and electricity sectors (Final Report)' demonstrated that the present rules and measures neither provide the necessary framework nor provide for the creation of interconnection capacities to achieve the objective of a well-functioning, efficient and open internal market.

(11) Derzeit gibt es jedoch Hindernisse für den Verkauf von Erdgas in der Gemeinschaft zu gleichen Bedingungen und ohne Diskriminierung oder Benachteiligung. Insbesondere gibt es noch nicht in allen Mitgliedstaaten einen nichtdiskriminierenden Netzzugang und eine gleichermaßen wirksame Regulierungsaufsicht, und es bestehen immer noch isolierte Märkte.

(12) Zur Vollendung des Erdgasbinnenmarkts sollte für ausreichende grenzüberschreitende Gasfernleitungskapazitäten gesorgt und die Marktintegration gefördert werden.

(13) In der Mitteilung der Kommission vom 10. Januar 2007 mit dem Titel „Eine Energiepolitik für Europa" wurde dargelegt, wie wichtig es ist, den Erdgasbinnenmarkt zu vollenden und für alle Erdgasunternehmen in der Gemeinschaft gleiche Bedingungen zu schaffen. Die Mitteilung der Kommission an das Europäische Parlament und den Rat mit dem Titel „Aussichten für den Erdgas- und den Elektrizitätsbinnenmarkt" und die Mitteilung der Kommission mit dem Titel „Untersuchung der europäischen Gas- und Elektrizitätssektoren gemäß Artikel 17 der Verordnung (EG) Nr. 1/2003 (Abschlussbericht)" haben deutlich gemacht, dass die derzeitigen Vorschriften und Maßnahmen weder den notwendigen Rahmen bieten noch die Schaffung von Verbindungskapazitäten gewährleisten, die erforderlich

sind, um das Ziel eines gut funktionierenden, effizienten und offenen Binnenmarktes zu verwirklichen.

(14) In addition to thoroughly implementing the existing regulatory framework, the regulatory framework for the internal market in natural gas set out in Regulation (EC) No 1775/2005 should be adapted in line with those communications.

(14) Über eine gründliche Umsetzung des bestehenden Regulierungsrahmens hinaus sollte der in der Verordnung (EG) Nr. 1775/2005 festgelegte Regulierungsrahmen für den Erdgasbinnenmarkt im Einklang mit diesen Mitteilungen angepasst werden.

(15) In particular, increased cooperation and coordination among transmission system operators is required to create network codes for providing and managing effective and transparent access to the transmission networks across borders, and to ensure coordinated and sufficiently forward looking planning and sound technical evolution of the transmission system in the Community, including the creation of interconnection capacities, with due regard to the environment. The network codes should be in line with framework guidelines which are non-binding in nature (framework guidelines) and which are developed by the Agency for the Cooperation of Energy Regulators established by Regulation (EC) No 713/2009 of the European Parliament and of the Council of 13 July 2009 establishing an Agency for the Cooperation of Energy Regulators (the Agency). The Agency should have a role in reviewing, based on matters of fact, draft network codes, including their compliance with the

(15) Es ist insbesondere eine stärkere Zusammenarbeit und Koordinierung zwischen den Fernleitungsnetzbetreibern erforderlich, um Netzkodizes für die Bereitstellung und die Handhabung des konkreten und transparenten Zugangs zu den Fernleitungsnetzen über die Grenzen hinweg zu schaffen und eine abgestimmte, ausreichend zukunftsorientierte Planung und solide technische Entwicklung des Fernleitungsnetzes in der Gemeinschaft, einschließlich der Schaffung von Verbindungskapazitäten, unter gebührender Berücksichtigung der Umwelt sicherzustellen. Die Netzkodizes sollten den von der durch die Verordnung (EG) Nr. 713/2009 des Europäischen Parlaments und des Rates vom 13. Juli 2009 zur Gründung einer Agentur für die Zusammenarbeit der Energieregulierungsbehörden eingerichteten Agentur für die Zusammenarbeit der Energieregulierungsbehörden („Agentur“) entwickelten Rahmenleitlinien, die ihrem Wesen nach nicht bindend sind (Rahmenleitlinien), folgen. Die Agentur

framework guidelines, and it should be enabled to recommend them for adoption by the Commission. The Agency should assess proposed amendments to the network codes and it should be enabled to recommend them for adoption by the Commission. Transmission system operators should operate their networks in accordance with those network codes.

(16) In order to ensure optimal management of the gas transmission network in the Community a European Network of Transmission System Operators for Gas (the ENTSO for Gas), should be established. The tasks of the ENTSO for Gas should be carried out in compliance with Community competition rules which remain applicable to the decisions of the ENTSO for Gas. The tasks of the ENTSO for Gas should be well-defined and its working method should ensure efficiency, transparency and the representative nature of the ENTSO for Gas. The network codes prepared by the ENTSO for Gas are not intended to replace the necessary national network codes for non cross-border issues. Given that more effective progress may be achieved through an approach at regional level, transmission system operators should set up regional structures within the overall cooperation structure, whilst ensuring that results

sollte bei der auf tatsächliche Umstände gestützten Prüfung der Entwürfe von Netzkodizes – einschließlich der Frage, ob die Netzkodizes den Rahmenleitlinien entsprechen – mitwirken und diese der Kommission zur Annahme empfehlen können. Die Agentur sollte ferner geplante Änderungen der Netzkodizes begutachten und diese der Kommission zur Annahme empfehlen können. Die Fernleitungsnetzbetreiber sollten ihre Netze nach diesen Netzkodizes betreiben.

(16) Um die optimale Verwaltung des Erdgasfernleitungsnetzes in der Gemeinschaft zu gewährleisten, sollte ein Europäischer Verbund der Fernleitungsnetzbetreiber für Gas („ENTSO (Gas)") gegründet werden. Die Aufgaben des ENTSO (Gas) sollten unter Einhaltung der Wettbewerbsvorschriften der Gemeinschaft durchgeführt werden, die für die Entscheidungen des ENTSO (Gas) weiter gelten. Die Aufgaben des ENTSO (Gas) sollten genau definiert werden, und seine Arbeitsmethode sollte so konzipiert sein, dass sie Effizienz, Transparenz und die repräsentative Natur des ENTSO (Gas) gewährleistet. Die vom ENTSO (Gas) ausgearbeiteten Netzkodizes sollen die für rein inländische Angelegenheiten erforderlichen nationalen Netzkodizes nicht ersetzen. Da durch einen Ansatz, der auf die regionale Ebene abstellt, wirksamere Fortschritte erzielt werden können, sollten die Fernleitungsnetzbetreiber innerhalb der Gesamtstruk-

at regional level are compatible with network codes and non-binding ten-year network development plans at Community level. Cooperation within such regional structures presupposes effective unbundling of network activities from production and supply activities. In the absence of such unbundling, regional cooperation between transmission system operators gives rise to a risk of anti-competitive conduct. Member States should promote cooperation and monitor the effectiveness of the network operations at regional level. Cooperation at regional level should be compatible with progress towards a competitive and efficient internal market in gas.

tur, die der Zusammenarbeit dient, regionale Strukturen schaffen und gleichzeitig sicherstellen, dass die auf regionaler Ebene erzielten Ergebnisse mit den auf Gemeinschaftsebene festgelegten Netzkodizes und nicht bindenden zehnjährigen Netzentwicklungsplänen vereinbar sind. Die Zusammenarbeit innerhalb solcher regionalen Strukturen setzt die effektive Trennung der Netztätigkeiten von den Erzeugungs- und Versorgungstätigkeiten voraus. Fehlt eine solche Trennung, so kann es bei der regionalen Zusammenarbeit zwischen den Übertragungsnetzbetreibern zu wettbewerbswidrigem Verhalten kommen. Die Mitgliedstaaten sollten auf regionaler Ebene die Zusammenarbeit fördern und die Effektivität des Netzes beobachten. Die Zusammenarbeit auf regionaler Ebene sollte mit den Fortschritten bei der Schaffung eines wettbewerbsbestimmten und effizienten Erdgasbinnenmarkts vereinbar sein.

(17) All market participants have an interest in the work expected of the ENTSO for Gas. An effective consultation process is therefore essential and existing structures set up to facilitate and streamline the consultation process, such as the European Association for the Streamlining of Energy Exchange, national regulators or the Agency should play an important role.

(17) Alle Marktteilnehmer haben ein Interesse an der Arbeit, die vom ENTSO (Gas) erwartet wird. Effektive Konsultationen sind daher unerlässlich und vorhandene Einrichtungen, die zur Erleichterung und zur Straffung des Konsultationsprozesses geschaffen wurden, z.B. die Europäische Gesellschaft zur Vereinfachung/ Harmonisierung des Gashandels, nationale Regulierungsbehörden oder die Agentur, sollten eine wichtige Rolle spielen.

(18) In order to ensure greater transparency regarding the development of the gas transmission network in the Community, the ENTSO for Gas should draw up, publish and regularly update a non-binding Community-wide ten-year network development plan (Community-wide network development plan). Viable gas transmission networks and necessary regional interconnections, relevant from a commercial or security of supply point of view, should be included in that network development plan.

(19) To enhance competition through liquid wholesale markets for gas, it is vital that gas can be traded independently of its location in the system. The only way to do this is to give network users the freedom to book entry and exit capacity independently, thereby creating gas transport through zones instead of along contractual paths. The preference for entry-exit systems to facilitate the development of competition was already expressed by most stakeholders at the 6th Madrid Forum on 30 and 31 October 2002. Tariffs should not be dependent on the transport route. The tariff set for one or more entry points should therefore not be related to the tariff set for one or more exit points, and vice versa.

(18) Um größere Transparenz beim Aufbau des Erdgasfernleitungsnetzes in der Gemeinschaft zu gewährleisten, sollte der ENTSO (Gas) einen nicht bindenden gemeinschaftsweiten zehnjährigen Netzentwicklungsplan („gemeinschaftsweiter Netzentwicklungsplan") erstellen, veröffentlichen und regelmäßig aktualisieren. Praktikable Erdgasfernleitungsnetze und erforderliche regionale Netzverbindungen, die aus wirtschaftlicher Sicht oder im Hinblick auf die Versorgungssicherheit relevant sind, sollten in diesem Netzentwicklungsplan enthalten sein.

(19) Für die Verbesserung des Wettbewerbs durch liquide Großhandelsgasmärkte ist von entscheidender Bedeutung, dass Gas unabhängig davon, wo es sich im Netz befindet, gehandelt werden kann. Dies lässt sich nur dadurch erreichen, dass den Netznutzern die Möglichkeit eingeräumt wird, Ein- und Ausspeisekapazitäten unabhängig voneinander zu buchen, was zur Folge hat, dass der Gastransport durch Zonen erfolgt, statt Vertragswegen zu folgen. Bereits auf dem 6. Madrider Forum am 30./31. Oktober 2002 haben die meisten Interessengruppen ihre Präferenz für Einspeise-/Ausspeisesysteme zur Förderung des Wettbewerbs geäußert. Die Tarife sollten nicht von der Transportroute abhängig sein. Der für einen oder mehrere Einspeisepunkte festgelegte Tarif sollte daher nicht mit dem für einen oder mehrere Ausspeisepunkte festgelegten Tarif verknüpft

sein und umgekehrt.

(20) References to harmonised transport contracts in the context of non-discriminatory access to the network of transmission system operators do not mean that the terms and conditions of the transport contracts of a particular system operator in a Member State must be the same as those of another transmission system operator in that Member State or in another Member State, unless minimum requirements are set which must be met by all transport contracts.

(20) Im Kontext des nichtdiskriminierenden Netzzugangs für Fernleitungsnetzbetreiber ist unter harmonisierten Transportverträgen nicht zu verstehen, dass die Bedingungen in den Transportverträgen eines bestimmten Fernleitungsnetzbetreibers eines Mitgliedstaats mit den Bedingungen in den Transportverträgen eines anderen Fernleitungsnetzbetreibers dieses oder eines anderen Mitgliedstaats identisch sein müssen, es sei denn, dass Mindestanforderungen festgelegt sind, denen alle Transportverträge genügen müssen.

(21) There is substantial contractual congestion in the gas networks. The congestion-management and capacity-allocation principles for new or newly negotiated contracts are therefore based on the freeing-up of unused capacity by enabling network users to sublet or resell their contracted capacities and the obligation of transmission system operators to offer unused capacity to the market, at least on a day-ahead and interruptible basis. Given the large proportion of existing contracts and the need to create a true level playing field between users of new and existing capacity, those principles should be applied to all contracted capacity, including existing contracts.

(21) In den Gasnetzen bestehen erhebliche vertraglich bedingte Engpässe. Die Grundsätze des Engpassmanagements und der Kapazitätszuweisung bei neuen oder neu verhandelten Verträgen beruhen daher auf der Freigabe ungenutzter Kapazitäten, wobei es den Netznutzern ermöglicht wird, kontrahierte Kapazität zu verpachten oder weiter zu verkaufen, und auf der Verpflichtung der Fernleitungsnetzbetreiber, dem Markt ungenutzte Kapazität zumindest für den folgenden Gastag (auf „Day-ahead"-Basis) und als unterbrechbare Kapazität anzubieten. Angesichts des hohen Anteils von Altverträgen und der Notwendigkeit, gleiche Wettbewerbsbedingungen für die Nutzer neuer Kapazitäten und für die Nutzer vorhandener Kapazitäten zu schaffen, sollten jene Grundsätze auf

die gesamte kontrahierte Kapazität, auch auf Altverträge, Anwendung finden.

(22) Although physical congestion of networks is, at present, rarely a problem in the Community, it may become one in the future. It is important, therefore, to provide the basic principle for the allocation of congested capacity in such circumstances.

(22) Wenngleich physische Netzengpässe in der Gemeinschaft derzeit selten ein Problem sind, könnten sie in der Zukunft zu einem solchen werden. Daher müssen Grundprinzipien dafür festgelegt werden, wie in solchen Fällen die Kapazitäten auf überlasteten Netzen zugewiesen werden.

(23) Market monitoring undertaken over recent years by the national regulatory authorities and by the Commission has shown that current transparency requirements and rules on access to infrastructure are not sufficient to secure a genuine, well-functioning, open and efficient internal market in gas.

(23) Die Marktbeobachtung, die die nationalen Regulierungsbehörden und die Kommission in den letzten Jahren durchgeführt haben, hat gezeigt, dass die derzeit geltenden Transparenzanforderungen und Regeln für den Infrastrukturzugang nicht ausreichen, um einen echten, gut funktionierenden, offenen und effizienten Erdgasbinnenmarkt sicherzustellen.

(24) Equal access to information on the physical status and efficiency of the system is necessary to enable all market participants to assess the overall demand and supply situation and to identify the reasons for movements in the wholesale price. This includes more precise information on supply and demand, network capacity, flows and maintenance, balancing and availability and usage of storage. The importance of that information for the functioning of the market requires alleviating existing limitations to publication for confidentiality reasons.

(24) Damit alle Marktteilnehmer die gesamte Angebots- und Nachfragesituation bewerten und die Gründe für Änderungen des Großhandelspreises nachvollziehen können, ist ein gleicher Zugang zu Informationen über den physischen Zustand und die Effizienz des Netzes erforderlich. Dieser umfasst genauere Informationen über Angebot und Nachfrage, Netzkapazität, Lastflüsse und Wartungsarbeiten, Ausgleich von Mengenabweichungen und Verfügbarkeit und Zugang zu Speicheranlagen. Die Bedeutung dieser Informationen für das Funktionieren des

Marktes setzt voraus, dass die aus Gründen der Vertraulichkeit für die Veröffentlichung bestehenden Einschränkungen abgeschwächt werden.

(25) Confidentiality requirements for commercially sensitive information are, however, particularly relevant where data of a commercially strategic nature for the company are concerned, where there is only one single user for a storage facility, or where data are concerned regarding exit points within a system or subsystem that is not connected to another transmission or distribution system but to a single industrial final customer, where the publication of such data would reveal confidential information as to the production process of that customer.

(25) Die Vertraulichkeitserfordernisse für wirtschaftlich sensible Informationen sind jedoch besonders wichtig, wenn geschäftsstrategische Daten des Unternehmens betroffen sind, wenn es nur einen Nutzer einer Speicheranlage gibt oder wenn Daten zu Ausspeisepunkten innerhalb eines Netzes oder Teilnetzes betroffen sind, die nicht mit einem anderen Fernleitungs- oder Verteilernetz, sondern mit einem einzigen Industriekunden verbunden sind, so dass durch die Veröffentlichung dieser Daten vertrauliche Informationen über den Produktionsprozess dieses Kunden offenbart würden.

(26) To enhance trust in the market, its participants need to be sure that those engaging in abusive behaviour can be subjected to effective, proportionate and dissuasive penalties. The competent authorities should be given the competence to investigate effectively allegations of market abuse. To that end, it is necessary that competent authorities have access to data that provides information on operational decisions made by supply undertakings. In the gas market, all those decisions are communicated to the system operators in the form of capacity reservations, nominations and realised flows. System operators should keep information

(26) Zur Stärkung des Vertrauens in den Markt müssen die Marktteilnehmer sicher sein, dass missbräuchliches Verhalten mit wirksamen, verhältnismäßigen und abschreckenden Sanktionen belegt werden kann. Die zuständigen Behörden sollten die Befugnis erhalten, Fälle von behauptetem Marktmissbrauch wirksam zu untersuchen. Hierzu ist es erforderlich, dass die zuständigen Behörden Zugang zu Daten haben, die Aufschluss über betriebliche Entscheidungen der Versorgungsunternehmen geben. Auf dem Gasmarkt werden alle diese Entscheidungen den Netzbetreibern in Form von Kapazitätsreservierungen, Kapazitäts-

in relation thereto available to and easily accessible by the competent authorities for a fixed period of time. The competent authorities should, furthermore, regularly monitor the compliance of the transmission system operators with the rules.

nominierungen und erfolgten Lastflüssen mitgeteilt. Die Netzbetreiber sollten solche Informationen den zuständigen Behörden in leicht zugänglicher Weise eine bestimmte Zeit lang zur Verfügung halten. Die zuständigen Behörden sollten zudem die Einhaltung der Regeln durch die Fernleitungsnetzbetreiber regelmäßig beobachten.

(27) Access to gas storage facilities and liquefied natural gas (LNG) facilities is insufficient in some Member States, and therefore the implementation of the existing rules needs to be improved. Monitoring by the European Regulators' Group for Electricity and Gas concluded that the voluntary guidelines for good third-party access practice for storage system operators, agreed by all stakeholders at the Madrid Forum, are being insufficiently applied and therefore need to be made binding.

(27) Der Zugang zu Gasspeicheranlagen und zu Anlagen für verflüssigtes Erdgas („LNG-Anlagen") ist in einigen Mitgliedstaaten unzureichend, weshalb die Umsetzung der geltenden Regelungen verbessert werden muss. Die Gruppe der europäischen Regulierungsbehörden für Elektrizität und Erdgas kam nach ihrer Marktbeobachtung zu dem Schluss, dass die freiwilligen Leitlinien für die gute Praxis in Bezug auf den Zugang Dritter für Betreiber von Speicheranlagen, die von allen Interessengruppen im Rahmen des Madrider Forums vereinbart wurden, unzureichend angewandt werden und daher verbindlich gemacht werden müssen.

(28) Non-discriminatory and transparent balancing systems for gas, operated by transmission system operators, are important mechanisms, particularly for new market entrants which may have more difficulty balancing their overall sales portfolio than companies already established within a relevant market. It is therefore necessary to lay

(28) Von den Fernleitungsnetzbetreibern betriebene, nichtdiskriminierende und transparente Ausgleichssysteme für Erdgas sind wichtige Mechanismen, insbesondere für neue Marktteilnehmer, die möglicherweise größere Schwierigkeiten als bereits in einem relevanten Markt etablierte Unternehmen haben, ihr gesamtes Verkaufs-

down rules to ensure that transmission system operators operate such mechanisms in a manner compatible with non-discriminatory, transparent and effective access conditions to the network.

portfolio auszugleichen. Daher müssen Regeln festgelegt werden, die gewährleisten, dass die Fernleitungsnetzbetreiber solche Mechanismen in einer Weise handhaben, die mit nichtdiskriminierenden, transparenten und effektiven Netzzugangsbedingungen vereinbar ist.

(29) The trading of primary capacity rights is an important part of developing a competitive market and creating liquidity. This Regulation should therefore lay down basic rules relating to such trading.

(29) Der Handel mit primären Kapazitätsrechten spielt bei der Entwicklung eines wettbewerbsoffenen Marktes und für die Entstehung von Liquidität eine wichtige Rolle. Diese Verordnung sollte daher Grundregeln hierfür festlegen.

(30) National regulatory authorities should ensure compliance with the rules contained in this Regulation and the Guidelines adopted pursuant thereto.

(30) Die nationalen Regulierungsbehörden sollten die Einhaltung dieser Verordnung und der gemäß dieser Verordnung erlassenen Leitlinien gewährleisten.

(31) In the Guidelines annexed to this Regulation, specific detailed implementing rules are defined on the basis of the Second Guidelines for Good Practice. Where appropriate, those rules will evolve over time, taking into account the differences of national gas systems.

(31) In den Leitlinien im Anhang dieser Verordnung sind spezielle, ausführliche Umsetzungsregeln festgelegt, die auf den Zweiten Leitlinien für die gute Praxis beruhen. Diese Regeln werden im Laufe der Zeit unter Berücksichtigung der Besonderheiten der nationalen Erdgasnetze gegebenenfalls weiterzuentwickeln sein.

(32) When proposing to amend the Guidelines annexed to this Regulation, the Commission should ensure prior consultation of all relevant parties concerned with the Guidelines, represented by the professional organisa-

(32) Wenn die Kommission Änderungen der Leitlinien im Anhang dieser Verordnung vorschlägt, sollte sie sicherstellen, dass alle von diesen Leitlinien betroffenen und durch Fachverbände vertretenen einschlägigen Krei-

tions, and of the Member States within the Madrid Forum.

(33) The Member States and the competent national authorities should be required to provide relevant information to the Commission. Such information should be treated confidentially by the Commission.

(34) This Regulation and the Guidelines adopted in accordance with it are without prejudice to the application of the Community rules on competition.

(35) The measures necessary for the implementation of this Regulation should be adopted in accordance with Council Decision 1999/468/EC of 28 June 1999 laying down the procedures for the exercise of implementing powers conferred on the Commission.[33]

(36) In particular, the Commission should be empowered to establish or adopt the Guidelines necessary for providing the minimum degree of harmonisation required to achieve the aims of this Regulation. Since those measures are of general scope and are designed to amend non-essential elements of this Regulation, inter alia by supplementing it with new non-essen-

[33] OJ L 184, 17.7.1999, p. 23.

se und die Mitgliedstaaten zuvor im Rahmen des Madrider Forums angehört werden.

(33) Die Mitgliedstaaten und die zuständigen nationalen Behörden sollten dazu verpflichtet sein, der Kommission einschlägige Informationen zur Verfügung zu stellen. Informationen dieser Art sollten von der Kommission vertraulich behandelt werden.

(34) Diese Verordnung und die gemäß dieser Verordnung erlassenen Leitlinien berühren nicht die Anwendung der Wettbewerbsvorschriften der Gemeinschaft.

(35) Die zur Durchführung dieser Verordnung erforderlichen Maßnahmen sollten gemäß dem Beschluss 1999/468/EG des Rates vom 28. Juni 1999 zur Festlegung der Modalitäten für die Ausübung der der Kommission übertragenen Durchführungsbefugnisse[33] erlassen werden.

(36) Insbesondere sollte die Kommission die Befugnis erhalten, Leitlinien festzulegen oder zu erlassen, die notwendig sind, um das zur Verwirklichung des Ziels dieser Verordnung erforderliche Mindestmaß an Harmonisierung zu gewährleisten. Da es sich hierbei um Maßnahmen von allgemeiner Tragweite handelt, die eine Änderung nicht wesentlicher Bestimmungen

[33] ABl. L 184 vom 17.7.1999, S. 23.

tial elements, they must be adopted in accordance with the regulatory procedure with scrutiny provided for in Article 5a of Decision 1999/468/EC.

dieser Verordnung durch Hinzufügung neuer nicht wesentlicher Bestimmungen bewirken, sind diese Maßnahmen nach dem Regelungsverfahren mit Kontrolle gemäß Artikel 5a des Beschlusses 1999/468/EG zu erlassen.

(37) Since the objective of this Regulation, namely the setting of fair rules for access conditions to natural gas transmission networks, storage and LNG facilities cannot be sufficiently achieved by the Member States and can therefore be better achieved at Community level, the Community may adopt measures, in accordance with the principle of subsidiarity, as set out in Article 5 of the Treaty. In accordance with the principle of proportionality, as set out in that Article, this Regulation does not go beyond what is necessary in order to achieve that objective.

(37) Da das Ziel dieser Verordnung, nämlich die Festlegung gerechter Regeln für die Bedingungen für den Zugang zu Erdgasfernleitungsnetzen, Speicheranlagen und LNG-Anlagen auf Ebene der Mitgliedstaaten nicht ausreichend verwirklicht werden kann und daher besser auf Gemeinschaftsebene zu verwirklichen ist, kann die Gemeinschaft im Einklang mit dem in Artikel 5 des Vertrags niedergelegten Subsidiaritätsprinzip tätig werden. Entsprechend dem in demselben Artikel genannten Grundsatz der Verhältnismäßigkeit geht diese Verordnung nicht über das zur Erreichung dieses Ziels erforderliche Maß hinaus.

(38) Given the scope of the amendments that are being made herein to Regulation (EC) No 1775/2005, it is desirable, for reasons of clarity and rationalisation, that the provisions in question should be recast by bringing them all together in a single text in a new Regulation,

(38) Wegen des Umfangs der durch den vorliegenden Rechtsakt an der Verordnung (EG) Nr. 1775/2005 vorgenommenen Änderungen sollten die betreffenden Bestimmungen aus Gründen der Klarheit und der Vereinfachung in einem einzigen Text in einer neuen Verordnung neu gefasst werden –

HAVE ADOPTED THIS REGULATION:

HABEN FOLGENDE VERORDNUNG ERLASSEN:

Article 1
Subject matter and scope

This Regulation aims at:

(a) setting non-discriminatory rules for access conditions to natural gas transmission systems taking into account the special characteristics of national and regional markets with a view to ensuring the proper functioning of the internal market in gas;

(b) setting non-discriminatory rules for access conditions to LNG facilities and storage facilities taking into account the special characteristics of national and regional markets; and

(c) facilitating the emergence of a well-functioning and transparent wholesale market with a high level of security of supply in gas and providing mechanisms to harmonise the network access rules for cross-border exchanges in gas.

The objectives referred to in the first subparagraph shall include the setting of harmonised principles for tariffs, or the methodologies underlying their calculation, for access to the network, but not to storage facilities, the establishment of third-party access services and harmonised principles for capacity-allocation and congestion-manage-

Artikel 1
Gegenstand und Anwendungsbereich

Ziel dieser Verordnung ist

a) die Festlegung nichtdiskriminierender Regeln für die Bedingungen für den Zugang zu Erdgasfernleitungsnetzen unter Berücksichtigung der besonderen Merkmale nationaler und regionaler Märkte, um das reibungslose Funktionieren des Erdgasbinnenmarkts sicherzustellen;

b) die Festlegung nichtdiskriminierender Regeln für die Bedingungen für den Zugang zu LNG-Anlagen und Speicheranlagen unter Berücksichtigung der besonderen Merkmale der nationalen und regionalen Märkte; und

c) die Förderung des Entstehens eines reibungslos funktionierenden und transparenten Großhandelsmarkts mit einem hohen Grad an Gasversorgungssicherheit und die Schaffung von Mechanismen zur Harmonisierung der Regeln über den Netzzugang für den grenzüberschreitenden Gashandel.

Das in Unterabsatz 1 genannte Ziel umfasst die Festlegung von harmonisierten Grundsätzen für die Tarife oder für die bei ihrer Berechnung zugrunde gelegten Methoden, für den Zugang zum Netz, jedoch nicht zu Speicheranlagen, die Einrichtung von Dienstleistungen für den Zugang Dritter und harmonisierte Grundsätze für die

ment, the determination of transparency requirements, balancing rules and imbalance charges, and the facilitation of capacity trading.

Kapazitätszuweisung und das Engpassmanagement, die Festlegung der Transparenzanforderungen, Regeln für den Ausgleich von Mengenabweichungen und Ausgleichsentgelte sowie die Erleichterung des Kapazitätshandels.

This Regulation, with the exception of Article 19(4), shall apply only to storage facilities falling under Article 33(3) or (4) of Directive 2009/73/EC.

Diese Verordnung gilt mit Ausnahme des Artikels 19 Absatz 4 nur für Speicheranlagen, die unter Artikel 33 Absatz 3 oder Absatz 4 der Richtlinie 2009/73/EG fallen.

The Member States may establish an entity or body set up in compliance with Directive 2009/73/EC for the purpose of carrying out one or more functions typically attributed to the transmission system operator, which shall be subject to the requirements of this Regulation. That entity or body shall be subject to certification in accordance with Article 3 of this Regulation and shall be subject to designation in accordance with Article 10 of Directive 2009/73/EC.

Die Mitgliedstaaten können in Einklang mit der Richtlinie 2009/73/EG eine Rechtspersönlichkeit oder Stelle einrichten, die eine oder mehrere der normalerweise dem Fernleitungsnetzbetreiber zugewiesenen Funktionen übernimmt, der die Anforderungen dieser Verordnung zu erfüllen hat. Diese Rechtspersönlichkeit oder Stelle unterliegt der Zertifizierung gemäß Artikel 3 dieser Verordnung sowie der Benennung gemäß Artikel 10 der Richtlinie 2009/73/EG.

Article 2
Definitions

Artikel 2
Begriffsbestimmungen

1. For the purpose of this Regulation, the following definitions apply:

(1) Im Sinne dieser Verordnung bezeichnet der Ausdruck

1) 'transmission' means the transport of natural gas through a network, which mainly contains high-pressure pipelines, other than an upstream pipeline network and other than the part of

1. „Fernleitung“ den Transport von Erdgas durch ein hauptsächlich Hochdruckfernleitungen umfassendes Netz, mit Ausnahme von vorgelagerten Rohrleitungsnetzen und des in erster

high-pressure pipelines primarily used in the context of local distribution of natural gas, with a view to its delivery to customers, but not including supply;

Linie im Zusammenhang mit der lokalen Erdgasverteilung benutzten Teils von Hochdruckfernleitungen, zum Zweck der Belieferung von Kunden, jedoch mit Ausnahme der Versorgung;

2) 'transport contract' means a contract which the transmission system operator has concluded with a network user with a view to carrying out transmission;

2. „Transportvertrag" einen Vertrag, den der Fernleitungsnetzbetreiber mit einem Netznutzer im Hinblick auf die Durchführung der Fernleitung geschlossen hat;

3) 'capacity' means the maximum flow, expressed in normal cubic meters per time unit or in energy unit per time unit, to which the network user is entitled in accordance with the provisions of the transport contract;

3. „Kapazität" den maximalen Lastfluss, der in Norm-Kubikmetern pro Zeiteinheit oder in Energieeinheiten pro Zeiteinheit ausgedrückt wird, auf den der Netznutzer gemäß den Bestimmungen des Transportvertrags Anspruch hat;

4) 'unused capacity' means firm capacity which a network user has acquired under a transport contract but which that user has not nominated by the deadline specified in the contract;

4. „nicht genutzte Kapazität" eine verbindliche Kapazität, die ein Netznutzer im Rahmen eines Transportvertrags zwar erworben, aber zum Zeitpunkt des vertraglich festgelegten Fristablaufs nicht nominiert hat;

5) 'congestion management' means management of the capacity portfolio of the transmission system operator with a view to optimal and maximum use of the technical capacity and the timely detection of future congestion and saturation points;

5. „Engpassmanagement" das Management des Kapazitätsportfolios des Fernleitungsnetzbetreibers zur optimalen und maximalen Nutzung der technischen Kapazität und zur rechtzeitigen Feststellung künftiger Engpass- und Sättigungsstellen;

6) 'secondary market' means the market of the capacity traded otherwise than on the primary market;

6. „Sekundärmarkt" den Markt für die auf andere Weise als auf dem Primärmarkt gehandelte Kapazität;

7) 'nomination' means the prior reporting by the network user to the transmission system operator of the actual flow that the network user wishes to inject into or withdraw from the system;

7. „Nominierung“ die vorherige Meldung des tatsächlichen Lastflusses, den der Netznutzer in das Netz ein- oder aus diesem ausspeisen will, an den Fernleitungsnetzbetreiber;

8) 're-nomination' means the subsequent reporting of a corrected nomination;

8. „Renominierung“ die nachträgliche Meldung einer korrigierten Nominierung;

9) 'system integrity' means any situation in respect of a transmission network including necessary transmission facilities in which the pressure and the quality of the natural gas remain within the minimum and maximum limits laid down by the transmission system operator, so that the transmission of natural gas is guaranteed from a technical standpoint;

9. „Netzintegrität“ jedwede auf ein Fernleitungsnetz, einschließlich der erforderlichen Fernleitungsanlagen, bezogene Situation, in der Erdgasdruck und Erdgasqualität innerhalb der von dem Fernleitungsnetzbetreiber festgelegten Mindest- und Höchstgrenzen bleiben, so dass der Erdgasferntransport technisch gewährleistet ist;

10) 'balancing period' means the period within which the off-take of an amount of natural gas, expressed in units of energy, must be offset by every network user by means of the injection of the same amount of natural gas into the transmission network in accordance with the transport contract or the network code;

10. „Ausgleichsperiode“ den Zeitraum, innerhalb dessen jeder Netznutzer die Entnahme einer in Energieeinheiten ausgedrückten Erdgasmenge durch die Einspeisung der gleichen Erdgasmenge in das Fernleitungsnetz gemäß dem Transportvertrag oder dem Netzcode ausgleichen muss;

11) 'network user' means a customer or a potential customer of a transmission system operator, and transmission system operators themselves in so far as it is necessary for them to carry out their functions in relation to transmission;

11. „Netznutzer“ einen Kunden oder einen potenziellen Kunden eines Fernleitungsnetzbetreibers und Fernleitungsnetzbetreiber selbst, sofern diese ihre Funktionen im Zusammenhang mit der Fernleitung wahrnehmen müssen;

12) 'interruptible services' means services offered by the transmission system operator in relation to interruptible capacity;

12. „unterbrechbare Dienstleistungen" Dienstleistungen, die der Fernleitungsnetzbetreiber in Bezug auf unterbrechbare Kapazität anbietet;

13) 'interruptible capacity' means gas transmission capacity that may be interrupted by the transmission system operator in accordance with the conditions stipulated in the transport contract;

13. „unterbrechbare Kapazität" die Erdgasfernleitungskapazität, die von dem Fernleitungsnetzbetreiber gemäß den im Transportvertrag festgelegten Bedingungen unterbrochen werden kann;

14) 'long-term services' means services offered by the transmission system operator with a duration of one year or more;

14. „langfristige Dienstleistungen" Dienstleistungen, die der Fernleitungsnetzbetreiber für eine Dauer von einem Jahr oder mehr anbietet;

15) 'short-term services' means services offered by the transmission system operator with a duration of less than one year;

15. „kurzfristige Dienstleistungen" Dienstleistungen, die der Fernleitungsnetzbetreiber für eine Dauer von weniger als einem Jahr anbietet;

16) 'firm capacity' means gas transmission capacity contractually guaranteed as uninterruptible by the transmission system operator;

16. „verbindliche Kapazität" Erdgasfernleitungskapazität, die von dem Fernleitungsnetzbetreiber vertraglich als nicht unterbrechbare Kapazität zugesichert wurde;

17) 'firm services' mean services offered by the transmission system operator in relation to firm capacity;

17. „verbindliche Dienstleistungen" Dienstleistungen, die der Fernleitungsnetzbetreiber in Bezug auf verbindliche Kapazität anbietet;

18) 'technical capacity' means the maximum firm capacity that the transmission system operator can offer to the network users, taking account of system integrity and the operational

18. „technische Kapazität" die verbindliche Höchstkapazität, die der Fernleitungsnetzbetreiber den Netznutzern unter Berücksichtigung der Netzintegrität und der betrieblichen

requirements of the transmission network;

Anforderungen des Fernleitungsnetzes anbieten kann;

19) 'contracted capacity' means capacity that the transmission system operator has allocated to a network user by means of a transport contract;

19. „kontrahierte Kapazität" die Kapazität, die der Fernleitungsnetzbetreiber einem Netznutzer durch einen Transportvertrag zugewiesen hat;

20) 'available capacity' means the part of the technical capacity that is not allocated and is still available to the system at that moment;

20. „verfügbare Kapazität" den Teil der technischen Kapazität, die nicht zugewiesen wurde und dem Netz aktuell noch zur Verfügung steht;

21) 'contractual congestion' means a situation where the level of firm capacity demand exceeds the technical capacity;

21. „vertraglich bedingter Engpass" eine Situation, in der das Ausmaß der Nachfrage nach verbindlicher Kapazität die technische Kapazität übersteigt;

22) 'primary market' means the market of the capacity traded directly by the transmission system operator;

22. „Primärmarkt" den Markt für die vom Fernleitungsnetzbetreiber direkt gehandelte Kapazität;

23) 'physical congestion' means a situation where the level of demand for actual deliveries exceeds the technical capacity at some point in time;

23. „physischer Engpass" eine Situation, in der das Ausmaß der Nachfrage nach tatsächlichen Lieferungen die technische Kapazität zu einem bestimmten Zeitpunkt übersteigt;

24) 'LNG facility capacity' means capacity at an LNG terminal for the liquefaction of natural gas or the importation, offloading, ancillary services, temporary storage and re-gasification of LNG;

24. „Kapazität einer LNG-Anlage" die Kapazität einer LNG-Kopfstation zur Verflüssigung von Erdgas oder zur Einfuhr, Entladung, vorübergehenden Speicherung und Wiederverdampfung von verflüssigtem Erdgas und entsprechende Hilfsdienste;

25) 'space' means the volume of gas which a user of a storage facility is entitled to use for the storage of gas;

25. „Volumen" die Gasmenge, zu deren Speicherung der Nutzer einer Speicheranlage berechtigt ist;

26) 'deliverability' means the rate at which the storage facility user is entitled to withdraw gas from the storage facility;

26. „Ausspeicherleistung" die Rate, mit der der Speichernutzer zur Ausspeisung von Gas aus der Speicheranlage berechtigt ist;

27) 'injectability' means the rate at which the storage facility user is entitled to inject gas into the storage facility;

27. „Einspeicherleistung" die Rate, mit der der Speichernutzer zur Einspeisung von Gas in die Speicheranlage berechtigt ist;

28) 'storage capacity' means any combination of space, injectability and deliverability.

28. „Speicherkapazität" eine beliebige Kombination von Volumen, Einspeicherleistung und Ausspeicherleistung.

2. Without prejudice to the definitions in paragraph 1 of this Article, the definitions contained in Article 2 of Directive 2009/73/EC, which are relevant for the application of this Regulation, also apply, with the exception of the definition of transmission in point 3 of that Article.

(2) Unbeschadet der Begriffsbestimmungen des Absatzes 1 dieses Artikels gelten auch die Begriffsbestimmungen des Artikels 2 der Richtlinie 2009/73/EG, die für die Anwendung dieser Verordnung relevant sind, mit Ausnahme der Bestimmung des Begriffs „Fernleitung" in Nummer 3 jenes Artikels.

The definitions in points 3 to 23 of paragraph 1 of this Article in relation to transmission apply by analogy in relation to storage and LNG facilities.

Die die Fernleitung betreffenden Begriffsbestimmungen in Absatz 1 Nummern 3 bis 23 gelten analog für Speicheranlagen und LNG-Anlagen.

Article 3
Certification of transmission system operators

Artikel 3
Zertifizierung von Fernleitungsnetzbetreibern

1. The Commission shall examine any notification of a decision on the certification of a transmission system operator as laid down in Article 10(6) of Directive 2009/73/EC as soon as it is received. Within two months of the

(1) Wenn die Kommission die Mitteilung über die Zertifizierung eines Fernleitungsnetzbetreibers nach Artikel 10 Absatz 6 der Richtlinie 2009/73/EG erhalten hat, prüft sie diese Mitteilung unmittelbar nach ihrem

day of receipt of such notification, the Commission shall deliver its opinion to the relevant national regulatory authority in regard to its compatibility with Article 10(2) or Article 11, and Article 9 of Directive 2009/73/EC.

Eingang. Die Kommission übermittelt der zuständigen nationalen Regulierungsbehörde innerhalb von zwei Monaten nach dem Tag das Eingangs der Mitteilung ihre Stellungnahme bezüglich der Vereinbarkeit mit Artikel 10 Absatz 2 oder Artikel 11 sowie mit Artikel 9 der Richtlinie 2009/73/EG.

When preparing the opinion referred to in the first subparagraph, the Commission may request the Agency to provide its opinion on the nationnal regulatory authority's decision. In such a case, the two-month period referred to in the first subparagraph shall be extended by two further months.

Für die Erarbeitung der in Unterabsatz 1 genannten Stellungnahme kann die Kommission die Stellungnahme der Agentur zur Entscheidung der nationalen Regulierungsbehörde beantragen. In diesem Fall wird die in Unterabsatz 1 genannte Zweimonatsfrist um weitere zwei Monate verlängert.

In the absence of an opinion by the Commission within the periods referred to in the first and second subparagraphs, the Commission shall be deemed not to raise objections against the regulatory authority's decision.

Legt die Kommission innerhalb der in den Unterabsätzen 1 und 2 genannten Fristen keine Stellungnahme vor, so wird davon ausgegangen, dass sie keine Einwände gegen die Entscheidung der Regulierungsbehörde erhebt.

2. Within two months of receiving an opinion of the Commission, the national regulatory authority shall adopt its final decision regarding the certification of the transmission system operator, taking the utmost account of that opinion. The regulatory authority's decision and the Commission's opinion shall be published together.

(2) Innerhalb von zwei Monaten nach Eingang der Stellungnahme der Kommission trifft die Regulierungsbehörde ihre endgültige Entscheidung bezüglich der Zertifizierung des Fernleitungsnetzbetreibers, wobei sie die Stellungnahme der Kommission so weit wie möglich berücksichtigt. Die Entscheidung wird zusammen mit der Stellungnahme der Kommission veröffentlicht.

3. At any time during the procedure regulatory authorities and/or the Com-

(3) Die Regulierungsbehörden und/oder die Kommission können zu je-

mission may request from a transmission system operator and/or an undertaking performing any of the functions of production or supply any information relevant to the fulfilment of their tasks under this Article.

dem Zeitpunkt des Verfahrens von Fernleitungsnetzbetreibern und/oder Unternehmen, die eine der Funktionen Gewinnung oder Versorgung wahrnehmen, die Vorlage sämtlicher für die Erfüllung ihrer Aufgaben gemäß diesem Artikel relevanten Informationen verlangen.

4. Regulatory authorities and the Commission shall preserve the confidentiality of commercially sensitive information.

(4) Die Regulierungsbehörden und die Kommission behandeln wirtschaftlich sensible Informationen vertraulich.

5. The Commission may adopt Guidelines setting out the details of the procedure to be followed for the application of paragraphs 1 and 2 of this Article. Those measures, designed to amend non-essential elements of this Regulation by supplementing it, shall be adopted in accordance with the regulatory procedure with scrutiny referred to in Article 28(2).

(5) Die Kommission kann Leitlinien erlassen, in denen die Einzelheiten des Verfahrens für die Anwendung der Absätze 1 bis 2 des vorliegenden Artikels festgelegt werden. Diese Maßnahme, durch die nicht wesentli che Bestimmungen dieser Verordnung durch ihre Ergänzung geändert werden sollen, wird nach dem Regelungsverfahren mit Kontrolle gemäß Artikel 28 Absatz 2 erlassen.

6. Where the Commission has received notification of the certification of a transmission system operator under Article 9(10) of Directive 2009/73/EC, the Commission shall take a decision relating to certification. The regulatory authority shall comply with the Commission decision.

(6) Wenn die Kommission eine Meldung über die Zertifizierung eines Fernleitungsnetzbetreibers gemäß Artikel 9 Absatz 10 der Richtlinie 2009/73/EG erhalten hat, trifft sie eine Entscheidung nach diesem Absatz. Die Regulierungsbehörde kommt der Entscheidung der Kommission nach.

Article 4
European network of transmission system operators for gas

All transmission system operators shall cooperate at Community level through the ENTSO for Gas, in order to promote the completion and functioning of the internal market in natural gas and cross-border trade and to ensure the optimal management, coordinated operation and sound technical evolution of the natural gas transmission network.

Artikel 4
Europäisches Netz der Fernleitungsnetzbetreiber (Gas)

Alle Fernleitungsnetzbetreiber arbeiten auf Gemeinschaftsebene im Rahmen des ENTSO (Gas) zusammen, um die Vollendung und das Funktionieren des Erdgasbinnenmarkts sowie den grenzüberschreitenden Handel zu fördern und die optimale Verwaltung, den koordinierten Betrieb und die sachgerechte technische Weiterentwicklung des Erdgasfernleitungsnetzes zu gewährleisten.

Article 5
Establishment of the ENTSO for Gas

1. By 3 March 2011, the transmission system operators for gas shall submit to the Commission and to the Agency the draft statutes, a list of members and draft rules of procedure, including the rules of procedures on the consultation of other stakeholders, of the ENTSO for Gas to be established.

2. Within two months of the day of the receipt, the Agency, after formally consulting the organisations representing all stakeholders, in particular the system users including customers, shall provide an opinion to the Commission on the draft statutes, list of members and draft rules of procedure.

Artikel 5
Gründung des ENTSO (Gas)

(1) Spätestens bis zum 3. März 2011 legen die Gasfernleitungsnetzbetreiber der Kommission und der Agentur den Entwurf der Satzung, eine Liste der Mitglieder und den Entwurf der Geschäftsordnung – einschließlich der Verfahrensregeln für die Konsultation anderer Akteure – des zu gründenden ENTSO (Gas) vor.

(2) Binnen zwei Monaten ab dem Tag des Eingangs der Unterlagen übermittelt die Agentur nach einer förmlichen Konsultation der alle Akteure, insbesondere die Netznutzer und Kunden, vertretenden Organisationen der Kommission eine Stellungnahme zum Entwurf der Satzung, zur Mitgliederliste und zum Entwurf der Geschäftsordnung.

3. The Commission shall deliver an opinion on the draft statutes, list of members and draft rules of procedures taking into account the opinion of the Agency provided for in paragraph 2 and within three months of the day of the receipt of the opinion of the Agency.

(3) Binnen drei Monaten nach dem Tag des Eingangs der Stellungnahme der Agentur gibt die Kommission eine Stellungnahme zum Entwurf der Satzung, zur Mitgliederliste und zum Entwurf der Geschäftsordnung ab, wobei sie die Stellungnahme der Agentur gemäß Absatz 2 berücksichtigt.

4. Within three months of the day of receipt of the Commission's opinion, the transmission system operators shall establish the ENTSO for Gas, adopt and publish its statutes and rules of procedure.

(4) Binnen drei Monaten ab dem Tag des Eingangs der Stellungnahme der Kommission gründen die Fernleitungsnetzbetreiber den ENTSO (Gas) und verabschieden und veröffentlichen dessen Satzung und Geschäftsordnung.

Article 6
Establishment of network codes

Artikel 6
Festlegung der Netzkodizes

1. The Commission shall, after consulting the Agency, the ENTSO for Gas and the other relevant stakeholders establish an annual priority list identifying the areas set out in Article 8(6) to be included in the development of network codes.

(1) Die Kommission stellt nach Konsultation der Agentur, des ENTSO (Gas) und der anderen betroffenen Akteure eine jährliche Prioritätenliste auf, in der die in Artikel 8 Absatz 6 genannten Bereiche aufgeführt werden; die Liste ist in die Entwicklung der Netzkodizes einzubeziehen.

2. The Commission shall request the Agency to submit to it within a reasonable period of time not exceeding six months a non-binding framework guideline (framework guideline) setting out clear and objective principles, in accordance with Article 8(7), for the development of network codes relating to the areas identified in the priority list. Each framework guideline shall

(2) Die Kommission beantragt bei der Agentur, ihr innerhalb einer angemessenen Frist von höchstens sechs Monaten eine nicht bindende Rahmenleitlinie („Rahmenleitlinie") vorzulegen, die entsprechend Artikel 8 Absatz 7 präzise und objektive Grundsätze für die Ausarbeitung von Netzkodizes für die in der Prioritätenliste aufgeführten Bereiche enthält. Jede Rahmenleitlinie

contribute to non-discrimination, effective competition and the efficient functioning of the market. Upon a reasoned request from the Agency, the Commission may extend that period.

muss zur Nichtdiskriminierung, zu einem echten Wettbewerb und zum effizienten Funktionieren des Marktes beitragen. Auf einen mit Gründen versehenen Antrag der Agentur hin kann die Kommission diese Frist verlängern.

3. The Agency shall formally consult the ENTSO for Gas and the other relevant stakeholders in regard to the framework guideline, during a period of no less than two months, in an open and transparent manner.

(3) Die Agentur führt über einen Zeitraum von mindestens zwei Monaten eine offene und transparente förmliche Konsultation des ENTSO (Gas) und anderer betroffener Akteure zu der Rahmenleitlinie durch.

4. If the Commission considers that the framework guideline does not contribute to non-discrimination, effective competition and the efficient functioning of the market, it may request the Agency to review the framework guideline within a reasonable period of time and re-submit it to the Commission.

(4) Trägt die Rahmenleitlinie nach Auffassung der Kommission nicht zur Nichtdiskriminierung, zu einem echten Wettbewerb und zum effizienten Funktionieren des Marktes bei, so kann sie die Agentur auffordern, die Rahmenleitlinie innerhalb einer angemessenen Frist zu überarbeiten und erneut der Kommission vorzulegen.

5. If the Agency fails to submit or resubmit a framework guideline within the period set by the Commission under paragraphs 2 or 4, the Commission shall elaborate the framework guideline in question.

(5) Legt die Agentur nicht innerhalb der von der Kommission nach Absatz 2 bzw. Absatz 4 gesetzten Frist eine Rahmenleitlinie erstmalig oder erneut vor, so arbeitet die Kommission die betreffende Rahmenleitlinie aus.

6. The Commission shall request the ENTSO for Gas to submit a network code which is in line with the relevant framework guideline, to the Agency within a reasonable period of time not exceeding 12 months.

(6) Die Kommission fordert den ENTSO (Gas) auf, der Agentur innerhalb einer angemessenen Frist von höchstens 12 Monaten einen Netzkodex vorzulegen, der der einschlägigen Rahmenleitlinie entspricht.

7. Within a period of three months after the day of receipt of a network code, during which the Agency may formally consult the relevant stakeholders, the Agency shall provide a reasoned opinion to the ENTSO for Gas on the network code.

(7) Die Agentur übermittelt dem ENTSO (Gas) innerhalb von drei Monaten nach Eingang des Netzkodex eine mit Gründen versehene Stellungnahme zu dem Netzkodex; innerhalb dieses Zeitraums kann die Agentur eine förmliche Konsultation der betroffenen Akteure durchführen.

8. The ENTSO for Gas may amend the network code in the light of the opinion of the Agency and re-submit it to the Agency.

(8) Der ENTSO (Gas) kann den Netzkodex unter Berücksichtigung der Stellungnahme der Agentur ändern und erneut der Agentur vorlegen.

9. Once the Agency is satisfied that the network code is in line with the relevant framework guideline, the Agency shall submit the network code to the Commission and may recommend that it be adopted within a reasonable time period. The Commission shall provide reasons in the event that it does not adopt that network code.

(9) Sobald sich die Agentur davon überzeugt hat, dass der Netzkodex den einschlägigen Rahmenleitlinien entspricht, legt sie den Netzkodex der Kommission vor und kann ihr dessen Annahme innerhalb einer angemessenen Frist empfehlen. Nimmt die Kommission diesen Netzkodex nicht an, so gibt sie die Gründe dafür an.

10. Where the ENTSO for Gas has failed to develop a network code within the period of time set by the Commission under paragraph 6, the Commission may request the Agency to prepare a draft network code on the basis of the relevant framework guideline. The Agency may launch a further consultation in the course of preparing a draft network code under this paragraph. The Agency shall submit a draft network code prepared under this paragraph to the Commission and may recommend that it be adopted.

(10) Arbeitet der ENTSO (Gas) nicht innerhalb der von der Kommission nach Absatz 6 gesetzten Frist einen Netzkodex aus, so kann die Kommission die Agentur auffordern, auf der Grundlage der einschlägigen Rahmenleitlinie den Entwurf eines Netzkodex auszuarbeiten. Die Agentur kann, während sie diesen Entwurf ausarbeitet, eine weitere Konsultation einleiten. Die Agentur legt den nach diesem Absatz ausgearbeiteten Entwurf eines Netzkodex der Kommission vor und kann ihr dessen Erlass empfehlen.

11. The Commission may adopt, on its own initiative where the ENTSO for Gas has failed to develop a network code, or the Agency has failed to develop a draft network code as referred to in paragraph 10 of this Article, or upon recommendation of the Agency under paragraph 9 of this Article, one or more network codes in the areas listed in Article 8(6).

(11) Die Kommission kann von sich aus, wenn der ENTSO (Gas) oder die Agentur keinen Netzkodex gemäß Absatz 10 des vorliegenden Artikels ausgearbeitet hat, oder auf Empfehlung der Agentur gemäß Absatz 9 des vorliegenden Artikels einen oder mehrere Netzkodizes für die in Artikel 8 Absatz 6 aufgeführten Bereiche erlassen.

Where the Commission proposes to adopt a network code on its own initiative, the Commission shall consult the Agency, the ENTSO for Gas and all relevant stakeholders in regard to the draft network code during a period of no less than two months. Those measures, designed to amend non-essential elements of this Regulation by supplementing it, shall be adopted in accordance with the regulatory procedure with scrutiny referred to in Article 28(2).

Plant die Kommission, von sich aus einen Kodex zu erlassen, so konsultiert sie die Agentur, den ENTSO (Gas) und alle einschlägigen Akteure innerhalb eines Zeitraums von mindestens zwei Monaten zu dem Entwurf eines Kodex. Diese Maßnahmen zur Änderung nicht wesentlicher Bestimmungen dieser Verordnung durch Ergänzung werden nach dem in Artikel 28 Absatz 2 genannten Regelungsverfahren mit Kontrolle erlassen.

12. This Article shall be without prejudice to the Commission's right to adopt and amend the Guidelines as laid down in Article 23.

(12) Dieser Artikel berührt nicht das Recht der Kommission, die Leitlinien gemäß Artikel 23 zu erlassen und zu ändern.

Article 7
Amendments of network codes

Artikel 7
Änderung von Netzkodizes

1. Draft amendments to any network code adopted under Article 6 may be proposed to the Agency by persons who are likely to have an interest in that network code, including the ENTSO for Gas, transmission system

(1) Entwürfe zur Änderung eines gemäß Artikel 6 angenommenen Netzkodex können der Agentur von Personen vorgeschlagen werden, die ein Interesse an diesem Netzkodex haben können, unter anderem den ENTSO

operators, network users and consumers. The Agency may also propose amendments of its own initiative.

(Gas), Fernleitungsnetzbetreiber, Netznutzer und Verbraucher. Auch die Agentur kann von sich aus Änderungen vorschlagen.

2. The Agency shall consult all stakeholders in accordance with Article 10 of Regulation (EC) No 713/2009. Following this process, the Agency may make reasoned proposals for amendments to the Commission, explaining how such proposals are consistent with the objectives of the network codes set out in Article 6(2) of this Regulation.

(2) Die Agentur konsultiert alle Interessengruppen gemäß Artikel 10 der Verordnung (EG) Nr. 713/2009. Im Anschluss an dieses Verfahren kann die Agentur der Kommission mit Gründen versehene Änderungsvorschläge unterbreiten, wobei zu erläutern ist, inwieweit die Vorschläge mit den Zielen der Netzkodizes nach Artikel 6 Absatz 2 der vorliegenden Verordnung übereinstimmen.

3. The Commission may adopt, taking account of the Agency's proposals, amendments to any network code adopted under Article 6. Those measures, designed to amend non-essential elements of this Regulation by supplementing it, shall be adopted in accordance with the regulatory procedure with scrutiny referred to in Article 28(2).

(3) Die Kommission kann Änderungen der nach Artikel 6 angenommenen Netzkodizes vornehmen, wobei sie den Vorschlägen der Agentur Rechnung trägt. Diese Maßnahmen zur Änderung nicht wesentlicher Bestimmungen dieser Verordnung durch Ergänzung werden nach dem in Artikel 28 Absatz 2 genannten Regelungsverfahren mit Kontrolle erlassen.

4. Consideration of proposed amendments under the procedure set out in Article 28(2) shall be limited to consideration of the aspects related to the proposed amendment. Those proposed amendments are without prejudice to other amendments which the Commission may propose.

(4) Die Prüfung der vorgeschlagenen Änderungen nach dem Verfahren des Artikels 28 Absatz 2 beschränkt sich auf die Aspekte, die mit der vorgeschlagenen Änderung im Zusammenhang stehen. Diese vorgeschlagenen Änderungen erfolgen unbeschadet anderer Änderungen, die die Kommission gegebenenfalls vorschlägt.

Article 8 *Tasks of the ENTSO for Gas*	*Artikel 8* *Aufgaben des ENTSO (Gas)*
1. The ENTSO for Gas shall elaborate network codes in the areas referred to in paragraph 6 of this Article upon a request addressed to it by the Commission in accordance with Article 6(6).	(1) Der ENTSO (Gas) arbeitet auf Aufforderung durch die Kommission gemäß Artikel 6 Absatz 6 Netzkodizes für die in Absatz 6 des vorliegenden Artikels genannten Bereiche aus.
2. The ENTSO for Gas may elaborate network codes in the areas set out in paragraph 6 with a view to achieving the objectives set out in Article 4 where those network codes do not relate to areas covered by a request addressed to it by the Commission. Those network codes shall be submitted to the Agency for an opinion. That opinion shall be duly taken into account by the ENTSO for Gas.	(2) Der ENTSO (Gas) kann für die in Absatz 6 genannten Bereiche Netzkodizes ausarbeiten, um die in Artikel 4 genannten Ziele zu erreichen, soweit diese Netzkodizes nicht die Bereiche betreffen, für die die Kommission eine Aufforderung an das Netz gerichtet hat. Diese Netzkodizes werden der Agentur zur Stellungnahme zugeleitet. Die Stellungnahme wird durch den ENTSO (Gas) gebührend berücksichtigt.
3. The ENTSO for Gas shall adopt:	(3) Der ENTSO verabschiedet Folgendes:
(a) common network operation tools to ensure coordination of network operation in normal and emergency conditions, including a common incidents classification scale, and research plans;	a) gemeinsame netztechnische Instrumente zur Sicherstellung der Koordinierung des Netzbetriebs unter normalen Bedingungen und im Notfall, einschließlich eines gemeinsamen Systems zur Einstufung von Störfällen, und Forschungspläne;
(b) a non-binding Community-wide ten-year network development plan (Community-wide network development plan), including a European supply adequacy outlook, every two years;	b) alle zwei Jahre einen nicht bindenden gemeinschaftsweiten zehnjährigen Netzentwicklungsplan („gemeischaftsweiter Netzentwicklungsplan“); dieser enthält eine Europäische Prognose zur Angemessenheit des Angebots;

(c) recommendations relating to the coordination of technical cooperation between Community and third-country transmission system operators;

(d) an annual work programme;

(e) an annual report;

(f) annual summer and winter supply outlooks.

4. The European supply adequacy outlook referred to in point (b) of paragraph 3 shall cover the overall adequacy of the gas system to supply current and projected demands for gas for the next five-year period as well as for the period between five and 10 years from the date of that outlook. The European supply adequacy outlook shall build on national supply outlooks prepared by each individual transmission system operator.

5. The annual work programme referred to in point (d) of paragraph 3 shall contain a list and description of the network codes to be prepared, a plan on coordination of operation of the network, and research and development activities, to be realised in that year, and an indicative calendar.

c) Empfehlungen zur Koordinierung der technischen Zusammenarbeit zwischen Fernleitungsnetzbetreibern in der Gemeinschaft und in Drittstaaten;

d) ein Jahresarbeitsprogramm;

e) einen Jahresbericht;

f) jährliche Sommer- und Winterversorgungsprognosen.

(4) Die Europäische Prognose zur Angemessenheit des Angebots gemäß Absatz 3 Buchstabe b erstreckt sich auf die Gesamtangemessenheit des Gasnetzes zur Deckung des bestehenden und des für den nächsten Fünfjahreszeitraum sowie des für den Zeitraum zwischen 5 und 10 Jahren nach dem Berichtsdatum zu erwartenden Bedarfs. Diese Europäische Prognose zur Angemessenheit des Angebots beruht auf den von den einzelnen Fernleitungsnetzbetreibern aufgestellten Prognosen für die Angemessenheit der jeweiligen nationalen Gasversorgung.

(5) Das in Absatz 3 Buchstabe d genannte Jahresarbeitsprogramm enthält eine Auflistung und eine Beschreibung der auszuarbeitenden Netzkodizes, einen Plan für die Koordinierung des Netzbetriebs und für Forschungs- und Entwicklungstätigkeiten, die in dem jeweiligen Jahr zu erfolgen haben, und einen vorläufigen Zeitplan.

6. The network codes referred to in paragraphs 1 and 2 shall cover the following areas, taking into account, if appropriate, regional special characteristics:

(6) Die Netzkodizes gemäß den Absätzen 1 und 2 erstrecken sich auf die folgenden Bereiche, wobei gegebenenfalls regionale besondere Merkmale zu berücksichtigen sind:

(a) network security and reliability rules;

a) Regeln für Netzsicherheit und -zuverlässigkeit;

(b) network connection rules;

b) Regeln für Netzanschluss;

(c) third-party access rules;

c) Regeln für den Zugang Dritter;

(d) data exchange and settlement rules;

d) Regeln für Datenaustausch und Abrechnung;

(e) interoperability rules;

e) Regeln für die Interoperabilität;

(f) operational procedures in an emergency;

f) betriebliche Verfahren bei Notfällen;

(g) capacity-allocation and congestion-management rules;

g) Regeln für Kapazitätszuweisung und Engpassmanagement;

(h) rules for trading related to technical and operational provision of network access services and system balancing;

h) Regeln für den Handel in Bezug auf die technische und operative Bereitstellung der Netzzugangsdienste und den Austausch von Ausgleichsgas zwischen Netzen;

(i) transparency rules;

i) Transparenzregeln;

(j) balancing rules including network-related rules on nominations procedure, rules for imbalance charges and rules for operational balancing between transmission system operators' systems;

j) Regeln für den Ausgleich von Mengenabweichungen, einschließlich netzbezogener Regeln für Nominierungsverfahren, Regeln für Ausgleichsentgelte und Regeln für den netztechnischen Ausgleich von Mengenabweichungen zwischen den Netzen der Fernleitungsnetzbetreiber;

(k) rules regarding harmonised transmission tariff structures; and

(l) energy efficiency regarding gas networks.

7. The network codes shall be developed for cross-border network issues and market integration issues and shall be without prejudice to the Member States' right to establish national network codes which do not affect cross-border trade.

8. The ENTSO for Gas shall monitor and analyse the implementation of the network codes and the Guidelines adopted by the Commission in accordance with Article 6(11), and their effect on the harmonisation of applicable rules aimed at facilitating market integration. The ENTSO for Gas shall report its findings to the Agency and shall include the results of the analysis in the annual report referred to in point (e) of paragraph 3 of this Article.

9. The ENTSO for Gas shall make available all information required by the Agency to fulfil its tasks under Article 9(1).

10. The ENTSO for Gas shall adopt and publish a Community-wide network development plan referred to in point (b) of paragraph 3 every two years. The Community-wide network development plan shall include the modelling of the integrated network,

k) Regeln für harmonisierte Fernleitungsentgeltstrukturen;

l) Energieeffizienz bei Gasnetzen.

(7) Die Netzkodizes gelten für grenzüberschreitende Netzangelegenheiten und Angelegenheiten der Marktintegration und berühren nicht das Recht der Mitgliedstaaten, nationale Netzkodizes aufzustellen, die den grenzüberschreitenden Handel nicht betreffen.

(8) Der ENTSO (Gas) beobachtet und analysiert die Umsetzung der Kodizes und der von der Kommission nach Artikel 6 Absatz 11 angenommenen Leitlinien und deren Wirkung auf die Harmonisierung der geltenden Regeln zur Förderung der Marktintegration. Der ENTSO (Gas) meldet seine Erkenntnisse der Agentur und nimmt die Ergebnisse der Analyse in den in Absatz 3 Buchstabe e des vorliegenden Artikels genannten Jahresbericht auf.

(9) Der ENTSO (Gas) stellt alle Informationen zur Verfügung, die die Agentur benötigt, um ihre Aufgaben gemäß Artikel 9 Absatz 1 zu erfüllen.

(10) Der ENTSO (Gas) verabschiedet alle zwei Jahre einen gemeinschaftsweiten Netzentwicklungsplan nach Absatz 3 Buchstabe b und veröffentlicht diesen. Der gemeinschaftsweite Netzentwicklungsplan beinhaltet die Modellierung des integrierten Netzes,

scenario development, a European supply adequacy outlook and an assessment of the resilience of the system.

The Community-wide network development plan shall, in particular:

(a) build on national investment plans, taking into account regional investment plans as referred to in Article 12(1), and, if appropriate, Community aspects of network planning, including the guidelines for trans-European energy networks in accordance with Decision No 1364/2006/EC of the European Parliament and of the Council[34]

(b) regarding cross-border interconnections, also build on the reasonable needs of different network users and integrate long-term commitments from investors referred to in Articles 14 and 22 of Directive 2009/73/EC; and

(c) identify investment gaps, notably with respect to cross-border capacities.

In regard to point (c) of the second subparagraph, a review of barriers to the increase of cross-border capacity of the network arising from different approval procedures or practices may

die Entwicklung von Szenarien, eine Europäische Prognose zur Angemessenheit des Angebots und eine Bewertung der Belastbarkeit des Netzes.

Der gemeinschaftsweite Netzentwicklungsplan muss insbesondere

a) auf den nationalen Investitionsplänen unter Berücksichtigung der in Artikel 12 Absatz 1 genannten regionalen Investitionspläne und gegebenenfalls der gemeinschaftlichen Aspekte der Netzplanung einschließlich der Leitlinien für die transeuropäischen Energienetze gemäß der Entscheidung Nr. 1364/2006/EG des Europäischen Parlaments und des Rates[34] aufbauen;

b) hinsichtlich der grenzüberschreitenden Verbindungsleitungen auch auf den angemessenen Bedürfnissen verschiedener Netznutzer beruhen und langfristige Verpflichtungen von Investoren gemäß den Artikeln 14 und 22 der Richtlinie 2009/73/EG einschließen; und

c) Investitionslücken – insbesondere in Bezug auf grenzüberschreitende Kapazitäten – aufzeigen.

Hinsichtlich Unterabsatz 2 Buchstabe c kann dem gemeinschaftsweiten Netzentwicklungsplan als Anlage eine Übersicht über die Hemmnisse, die den Ausbau der grenzüberschreitenden

[34] OJ L 262, 22.9.2006, p. 1.

[34] ABl. L 262 vom 22.9.2006, S. 1.

be annexed to the Community-wide network development plan.

Kapazitäten des Netzes aufgrund unterschiedlicher Genehmigungsverfahren oder einer unterschiedlichen Genehmigungspraxis erschweren, beigefügt werden.

11. The Agency shall review national ten-year network development plans to assess their consistency with the Community-wide network development plan. If the Agency identifies inconsistencies between a national ten-year network development plan and the Community-wide network development plan, it shall recommend amending the national ten-year network development plan or the Community-wide network development plan as appropriate. If such national ten-year network development plan is elaborated in accordance with Article 22 of Directive 2009/73/EC, the Agency shall recommend that the competent national regulatory authority amend the national ten-year network development plan in accordance with Article 22(7) of that Directive and inform the Commission thereof.

(11) Die Agentur überprüft die nationalen zehnjährigen Netzentwicklungspläne unter dem Gesichtspunkt ihrer Kohärenz mit dem gemeinschaftsweiten Netzentwicklungsplan. Stellt sie Widersprüche zwischen einem nationalen zehnjährigen Netzentwicklungsplan und dem gemeinschaftsweiten zehnjährigen Netzentwicklungsplan fest, empfiehlt sie je nach Sachlage eine Änderung des nationalen zehn jährigen Netzentwicklungsplans oder des gemeinschaftsweiten Netzentwicklungsplans. Wird ein solcher nationaler zehnjähriger Netzentwicklungsplan gemäß Artikel 22 der Richtlinie 2009/73/EG ausgearbeitet, empfiehlt die Agentur der zuständigen nationalen Regulierungsbehörde, den nationalen zehnjährigen Netzentwicklungsplan gemäß Artikel 22 Absatz 7 der genannten Richtlinie zu ändern und setzt die Kommission hiervon in Kenntnis.

12. Upon request of the Commission, the ENTSO for Gas shall give its views to the Commission on the adoption of the Guidelines as laid down in Article 23.

(12) Auf Antrag der Kommission übermittelt der ENTSO (Gas) der Kommission seine Stellungnahme zu dem Erlass von Leitlinien nach Artikel 23.

Article 9
Monitoring by the Agency

1. The Agency shall monitor the execution of the tasks referred to in Article 8(1), (2) and (3) of the ENTSO for Gas and report to the Commission.

The Agency shall monitor the implementation by the ENTSO for Gas of network codes elaborated under Article 8(2) and network codes which have been developed in accordance with Article 6(1) to (10) but which have not been adopted by the Commission under Article 6(11). Where the ENTSO for Gas has failed to implement such network codes, the Agency shall request the ENTSO for Gas to provide a duly reasoned explanation as to why it has failed to do so. The Agency shall inform the Commission of that explanation and provide its opinion thereon.

The Agency shall monitor and analyse the implementation of the network codes and the Guidelines adopted by the Commission as laid down in Article 6(11), and their effect on the harmonisation of applicable rules aimed at facilitating market integration as well as on non-discrimination, effective competition and the efficient functioning of the market, and report to the Commission.

Artikel 9
Beobachtung durch die Agentur

(1) Die Agentur beobachtet die Durchführung der in Artikel 8 Absätze 1, 2 und 3 genannten Aufgaben des ENTSO (Gas) und erstattet der Kommission Bericht.

Die Agentur beobachtet die Umsetzung folgender Netzkodizes durch den ENTSO (Gas): der Netzkodizes, die gemäß Artikel 8 Absatz 2 entwickelt wurden, und der Netzkodizes, die gemäß Artikel 6 Absätze 1 bis 10 festgelegt, aber von der Kommission nicht gemäß Artikel 6 Absatz 11 angenommen wurden. Falls der ENTSO (Gas) keinen solchen Netzkodex umgesetzt hat, fordert die Agentur den ENTSO (Gas) auf, eine ordnungsgemäß begründete Erklärung vorzulegen, warum es dies nicht getan hat. Die Agentur setzt die Kommission von dieser Erklärung in Kenntnis und gibt eine Stellungnahme dazu ab.

Die Agentur beobachtet und analysiert die Umsetzung der Netzkodizes und der von der Kommission nach Artikel 6 Absatz 11 erlassenen Leitlinien und ihre Auswirkungen auf die Harmonisierung der geltenden Regeln zur Förderung der Marktintegration sowie auf Nichtdiskriminierung, echten Wettbewerb und effizientes Funktionieren des Marktes und erstattet der Kommission Bericht.

2. The ENTSO for Gas shall submit the draft Community-wide network development plan, the draft annual work programme, including the information regarding the consultation process and the other documents referred to in Article 8(3), to the Agency for its opinion.

Within two months from the day of receipt, the Agency shall provide a duly reasoned opinion as well as recommendations to the ENTSO for Gas and to the Commission where it considers that the draft annual work programme or the draft Community-wide network development plan submitted by the ENTSO for Gas do not contribute to non-discrimination, effective competition, the efficient functioning of the market or a sufficient level of cross-border interconnection open to third-party access.

Article 10
Consultations

1. While preparing the network codes, the draft Community-wide network development plan and the annual work programme referred to in Article 8(1), (2) and (3), the ENTSO for Gas shall conduct an extensive consultation process, at an early stage and in an open and transparent manner, involv-

(2) Der ENTSO (Gas) unterbreitet der Agentur den Entwurf des gemeinschaftsweiten Netzentwicklungsplans, den Entwurf des Jahresarbeitsprogramms einschließlich der Informationen zum Konsultationsverfahren und der anderen in Artikel 8 Absatz 3 genannten Dokumente zur Stellungnahme.

Innerhalb von zwei Monaten ab dem Tag des Eingangs der Unterlagen gibt die Agentur eine ordnungsgemäß begründete Stellungnahme ab und richtet Empfehlungen an den ENTSO (Gas) und an die Kommission, falls ihres Erachtens der Entwurf des Jahresarbeitsprogramms oder der Entwurf des gemeinschaftsweiten Netzentwicklungsplans , die vom ENTSO (Gas) vorgelegt wurden, nicht zur Nichtdiskriminierung, zum echten Wettbewerb, zum effizienten Funktionieren des Marktes oder zu einem ausreichenden Maß an grenzüberschreitenden Verbindungsleitungen, die Dritten offen stehen, beiträgt.

Artikel 10
Konsultationen

(1) Der ENTSO (Gas) konsultiert im Rahmen der Ausarbeitung der Netzkodizes, des Entwurfs des gemeinschaftsweiten Netzentwicklungsplans und des Jahresarbeitsprogramms nach Artikel 8 Absätze 1, 2 und 3 umfassend, frühzeitig und auf offene und transparente Weise alle einschlägigen

ing all relevant market participants, and, in particular, the organisations representing all stakeholders, in accordance with the rules of procedure referred to in Article 5(1). That consultation shall also involve national regulatory authorities and other national authorities, supply and production undertakings, network users including customers, distribution system operators, including relevant industry associations, technical bodies and stakeholder platforms. It shall aim at identifying the views and proposals of all relevant parties during the decision-making process.

2. All documents and minutes of meetings related to the consultations referred to in paragraph 1 shall be made public.

3. Before adopting the annual work programme and the network codes referred to in Article 8(1), (2) and (3), the ENTSO for Gas shall indicate how the observations received during the consultation have been taken into consideration. It shall provide reasons where observations have not been taken into account.

Article 11
Costs

The costs related with the activities of the ENTSO for Gas referred to in Articles 4 to 12 shall be borne by the

Marktteilnehmer, insbesondere die Organisationen, die alle Akteure vertreten gemäß der in Artikel 5 Absatz 1 genannten Geschäftsordnung. Bei den Konsultationen werden die nationalen Regulierungsbehörden und andere nationale Behörden, Versorgungs- und Gewinnungsunternehmen, Netznutzer einschließlich der Kunden, Verteilernetzbetreiber sowie die relevanten (Branchen-)Verbände, technischen Gremien und Foren der Interessengruppen einbezogen. Dabei verfolgt sie das Ziel, die Standpunkte und Vorschläge aller für den Entscheidungsprozess relevanten Kreise einzuholen.

(2) Alle Unterlagen und Sitzungsprotokolle zu den in Absatz 1 genannten Aspekten werden veröffentlicht.

(3) Vor der Verabschiedung des Jahresarbeitsprogramms sowie der in Artikel 8 Absätze 1, 2 und 3 genannten Netzkodizes teilt dem ENTSO (Gas) mit, welche Stellungnahmen im Rahmen der Konsultation eingegangen sind und berücksichtigt wurden. Wurden Stellungnahmen nicht berücksichtigt, so gibt der ENTSO (Gas) eine Begründung ab.

Artikel 11
Kosten

Die Kosten im Zusammenhang mit den in den Artikeln 4 bis 12 genannten Tätigkeiten des ENTSO (Gas) wer-

transmission system operators and shall be taken into account in the calculation of tariffs. Regulatory authorities shall approve those costs only if they are reasonable and proportionate.

den von den Fernleitungsnetzbetreibern getragen und bei der Tarifberechnung berücksichtigt. Die Regulierungsbehörden stimmen diesen Kosten nur dann zu, wenn sie angemessen und verhältnismäßig sind.

Article 12
Regional cooperation of transmission system operators

1. Transmission system operators shall establish regional cooperation within the ENTSO for Gas to contribute to the tasks referred to in Article 8(1), (2) and (3). In particular, they shall publish a regional investment plan every two years, and may take investment decisions based on that regional investment plan.

2. Transmission system operators shall promote operational arrangements in order to ensure the optimum management of the network and shall promote the development of energy exchanges, the coordinated allocation of cross-border capacity through non-discriminatory market-based solutions, paying due attention to the specific merits of implicit auctions for short-term allocations and the integration of balancing mechanisms.

3. For the purposes of achieving the goals set in paragraphs 1 and 2, the

Artikel 12
Regionale Zusammenarbeit der Fernleitungsnetzbetreiber

(1) Die Fernleitungsnetzbetreiber etablieren innerhalb des ENTSO (Gas) eine regionale Zusammenarbeit, um zu den in Artikel 8 Absätzen 1, 2 und 3 genannten Aufgaben beizutragen. Sie veröffentlichen insbesondere alle zwei Jahre einen regionalen Investitionsplan und können auf der Grundlage des regionalen Investitionsplans Investitionsentscheidungen treffen.

(2) Die Fernleitungsnetzbetreiber fördern netztechnische Vereinbarungen, um ein optimales Netzmanagement zu gewährleisten, und fördern die Entwicklung von Energiebörsen, die koordinierte grenzüberschreitende Kapazitätszuweisung durch nichtdiskriminierende marktorientierte Lösungen, wobei sie die spezifischen Vorteile von impliziten Auktionen für kurzfristige Zuweisungen gebührend berücksichtigen, und die Einbeziehung von Mechanismen für den Ausgleich von Mengenabweichungen.

(3) Um die in den Absätzen 1 und 2 genannten Ziele zu erreichen, kann das

geographical area covered by each regional cooperation structure may be defined by the Commission, taking into account existing regional cooperation structures. Each Member State shall be allowed to promote cooperation in more than one geographical area. The measure referred to in the first sentence, designed to amend non-essential elements of this Regulation by supplementing it, shall be adopted in accordance with the regulatory procedure with scrutiny referred to in Article 28(2).

For that purpose, the Commission shall consult the Agency and the ENTSO for Gas.

Article 13
Tariffs for access to networks

1. Tariffs, or the methodologies used to calculate them, applied by the transmission system operators and approved by the regulatory authorities pursuant to Article 41(6) of Directive 2009/73/EC, as well as tariffs published pursuant to Article 32(1) of that Directive, shall be transparent, take into account the need for system integrity and its improvement and reflect the actual costs incurred, insofar as such costs correspond to those of an efficient and structurally comparable network operator and are transparent, whilst including an appropriate return on investments, and, where appropri-

geografische Gebiet, auf das sich die einzelnen Strukturen der regionalen Zusammenarbeit erstrecken, von der Kommission festgelegt werden, wobei bestehenden Strukturen der regionalen Zusammenarbeit Rechnung getragen wird. Jeder Mitgliedstaat kann die Zusammenarbeit in mehr als einem geografischen Gebiet fördern. Die Maßnahme nach Satz 1 zur Änderung nicht wesentlicher Bestimmungen dieser Verordnung durch Ergänzung wird nach dem in Artikel 28 Absatz 2 genannten Regelungsverfahren mit Kontrolle erlassen.

Hierzu konsultiert die Kommission die Agentur und den ENTSO (Gas).

Artikel 13
Tarife für den Netzzugang

(1) Die von den Regulierungsbehörden gemäß Artikel 41 Absatz 6 der Richtlinie 2009/73/EG genehmigten Tarife oder Methoden zu ihrer Berechnung, die die Fernleitungsnetzbetreiber anwenden, sowie die gemäß Artikel 32 Absatz 1 der genannten Richtlinie veröffentlichten Tarife müssen transparent sein, der Notwendigkeit der Netzintegrität und deren Verbesserung Rechnung tragen, die Ist-Kosten widerspiegeln, soweit diese Kosten denen eines effizienten und strukturell vergleichbaren Netzbetreibers entsprechen, transparent sind und gleichzeitig eine angemessene Kapitalrendite

ate, taking account of the benchmarking of tariffs by the regulatory authorities. Tariffs, or the methodologies used to calculate them, shall be applied in a non-discriminatory manner.

umfassen, sowie gegebenenfalls die Tarifvergleiche der Regulierungsbehörden berücksichtigen. Die Tarife oder die Methoden zu ihrer Berechnung müssen auf nichtdiskriminierende Wiese angewandt werden.

Member States may decide that tariffs may also be determined through market-based arrangements, such as auctions, provided that such arrangements and the revenues arising therefrom are approved by the regulatory authority.

Die Mitgliedstaaten können beschließen, dass die Tarife auch mittels marktorientierter Verfahren wie Versteigerungen festgelegt werden können, vorausgesetzt, dass diese Verfahren und die damit verbundenen Einkünfte von der Regulierungsbehörde genehmigt werden.

Tariffs, or the methodologies used to calculate them, shall facilitate efficient gas trade and competition, while at the same time avoiding cross-subsidies between network users and providing incentives for investment and maintaining or creating interoperability for transmission networks.

Die Tarife oder die Methoden zu ihrer Berechnung müssen den effizienten Gashandel und Wettbewerb erleichtern, während sie gleichzeitig Quersubventionen zwischen den Netznutzern vermeiden und Anreize für Investitionen und zur Aufrechterhaltung oder Herstellung der Interoperabilität der Fernleitungsnetze bieten.

Tariffs for network users shall be non-discriminatory and set separately for every entry point into or exit point out of the transmission system. Cost-allocation mechanisms and rate setting methodology regarding entry points and exit points shall be approved by the national regulatory authorities. By 3 September 2011, the Member States shall ensure that, after a transitional period, network charges shall not be calculated on the basis of contract paths.

Die Tarife für die Netznutzer müssen nichtdiskriminierend sein und werden pro Einspeisepunkt in das Fernleitungsnetz oder pro Ausspeisepunkt aus dem Fernleitungsnetz getrennt voneinander festgelegt. Kostenaufteilungsmechanismen und Ratenfestlegungsmethoden bezüglich der Ein- und Ausspeisepunkte werden von den nationalen Regulierungsbehörden gebilligt. Ab dem 3. September 2011 stellen die Mitgliedstaaten sicher, dass nach einer Übergangsfrist keine Netzentgelte auf der Grundlage von Vertragspfaden erhoben werden.

2. Tariffs for network access shall neither restrict market liquidity nor distort trade across borders of different transmission systems. Where differences in tariff structures or balancing mechanisms would hamper trade across transmission systems, and notwithstanding Article 41(6) of Directive 2009/73/EC, transmission system operators shall, in close cooperation with the relevant national authorities, actively pursue convergence of tariff structures and charging principles, including in relation to balancing.

(2) Durch die Tarife für den Netzzugang darf weder die Marktliquidität eingeschränkt noch der Handel über die Grenzen verschiedener Fernleitungsnetze hinweg verzerrt werden. Hemmen Unterschiede der Tarifstrukturen oder der Ausgleichsmechanismen den Handel zwischen Fernleitungsnetzen, so arbeiten die Fernleitungsnetzbetreiber unbeschadet des Artikels 41 Absatz 6 der Richtlinie 2009/73/EG in enger Zusammenarbeit mit den einschlägigen nationalen Behörden aktiv auf die Konvergenz der Tarifstrukturen und der Entgelterhebungsgrundsätze hin, auch im Zusammenhang mit Ausgleichsregelungen.

Article 14
Third-party access services concerning transmission system operators

Artikel 14
Fernleitungsnetzbetreiber betreffende Dienstleistungen für den Zugang Dritter

1. Transmission system operators shall:

(1) Die Fernleitungsnetzbetreiber

(a) ensure that they offer services on a non-discriminatory basis to all network users;

a) stellen sicher, dass sie allen Netznutzern Dienstleistungen ohne Diskriminierung anbieten;

(b) provide both firm and interruptible third-party access services. The price of interruptible capacity shall reflect the probability of interruption;

b) stellen sowohl verbindliche als auch unterbrechbare Dienstleistungen für den Zugang Dritter bereit. Der Preis der unterbrechbaren Kapazität spiegelt die Wahrscheinlichkeit einer Unterbrechung wider;

(c) offer to network users both long and short-term services.

c) bieten den Netznutzern sowohl lang-als auch kurzfristige Dienstleistungen an.

In regard to point (a) of the first subparagraph, where a transmission system operator offers the same service to different customers, it shall do so under equivalent contractual terms and conditions, either using harmonised transport contracts or a common network code approved by the competent authority in accordance with the procedure laid down in Article 41 of Directive 2009/73/EC.

Hinsichtlich Unterabsatz 1 Buchstabe a legt ein Fernleitungsnetzbetreiber, der verschiedenen Kunden dieselbe Dienstleistung anbietet, dabei gleichwertige vertragliche Bedingungen zugrunde, indem er entweder harmonisierte Transportverträge oder einen gemeinsamen Netzcode benutzt, die von der zuständigen Behörde nach dem in Artikel 41 der Richtlinie 2009/73/EG genannten Verfahren genehmigt worden sind.

2. Transport contracts signed with non-standard start dates or with a shorter duration than a standard annual transport contract shall not result in arbitrarily higher or lower tariffs that do not reflect the market value of the service, in accordance with the principles laid down in Article 13(1).

(2) Transportverträge, die mit unüblichen Anfangsterminen oder mit einer kürzeren Laufzeit als der eines Jahresstandardtransportvertrags unterzeichnet werden, dürfen nicht zu willkürlich höheren oder niedrigeren Tarifen führen, die nicht gemäß den Grundsätzen des Artikels 13 Absatz 1 den Marktwert der Dienstleistung widerspiegeln.

3. Where appropriate, third-party access services may be granted subject to appropriate guarantees from network users with respect to the creditworthiness of such users. Such guarantees shall not constitute undue market-entry barriers and shall be non-discriminatory, transparent and proportionate.

(3) Gegebenenfalls können Dienstleistungen für den Zugang Dritter unter dem Vorbehalt angemessener Garantien der Netznutzer bezüglich ihrer Kreditwürdigkeit erbracht werden. Diese Garantien dürfen keine ungerechtfertigten Marktzugangshemmnisse darstellen und müssen nichtdiskriminierend, transparent und verhältnismäßig sein.

Article 15
Third-party access services concerning storage and LNG facilities

1. LNG and storage system operators shall:

(a) offer services on a non-discriminatory basis to all network users that accommodate market demand; in particular, where an LNG or storage system operator offers the same service to different customers, it shall do so under equivalent contractual terms and conditions;

(b) offer services that are compatible with the use of the interconnected gas transport systems and facilitate access through cooperation with the transmission system operator; and

(c) make relevant information public, in particular data on the use and availability of services, in a time-frame compatible with the LNG or storage facility users' reasonable commercial needs, subject to the monitoring of such publication by the national regulatory authority.

Artikel 15
Speicheranlagen und LNG-Anlagen betreffende Dienstleistungen für den Zugang Dritter

(1) Die Betreiber von LNG-Anlagen und von Speicheranlagen

a) stellen sicher, dass sie allen Netznutzern Dienstleistungen, die die Marktnachfrage befriedigen, diskriminierungsfrei anbieten; bieten Betreiber von LNG-Anlagen oder von Speicheranlagen verschiedenen Kunden dieselbe Dienstleistung an, so legen sie dabei gleichwertige vertragliche Bedingungen zugrunde;

b) bieten Dienstleistungen an, die mit der Nutzung der verbundenen Gastransportnetze kompatibel sind, und erleichtern den Zugang durch die Zusammenarbeit mit dem Fernleitungsnetzbetreiber;

c) veröffentlichen innerhalb eines zeitlichen Rahmens, der mit den vertretbaren kommerziellen Erfordernissen der Nutzer der Speicheranlagen und der LNG-Anlagen vereinbar ist, relevante Informationen, insbesondere Daten über die Nutzung und die Verfügbarkeit der Dienstleistungen, wobei diese Veröffentlichung von der nationalen Regulierungsbehörde beobachtet wird.

2. Each storage system operator shall:

(a) provide both firm and interruptible third-party access services; the price of interruptible capacity shall reflect the probability of interruption;

(b) offer to storage facility users both long and short-term services; and

(c) offer to storage facility users both bundled and unbundled services of storage space, injectability and deliverability.

3. LNG and storage facility contracts shall not result in arbitrarily higher tariffs in cases in which they are signed:

(a) outside a natural gas year with non-standard start dates; or

(b) with a shorter duration than a standard LNG and storage facility contract on an annual basis.

4. Where appropriate, third-party access services may be granted subject to appropriate guarantees from network users with respect to the creditworthiness of such users. Such guarantees shall not constitute undue market-entry

(2) Die Betreiber von Speicheranlagen

a) stellen sowohl verbindliche als auch unterbrechbare Dienstleistungen für den Zugang Dritter bereit; der Preis der unterbrechbaren Kapazität spiegelt die Wahrscheinlichkeit einer Unterbrechung wider;

b) bieten den Speicheranlagennutzern sowohl lang- als auch kurzfristige Dienstleistungen an; und

c) bieten den Speicheranlagennutzern hinsichtlich Speichervolumen, Einspeicherleistung und Ausspeicherleistung sowohl kombinierte als auch einzelne Dienstleistungen an.

(3) Verträge für LNG-Anlagen und Speicheranlagen dürfen nicht zu willkürlich höheren Tarifen führen, wenn sie

a) mit unüblichen Anfangsterminen außerhalb eines Erdgasjahres unterzeichnet werden oder

b) mit einer kürzeren Laufzeit als der eines Standardvertrags für LNG-Anlagen und Speicheranlagen auf Jahresbasis unterzeichnet werden.

(4) Gegebenenfalls können Dienstleistungen für den Zugang Dritter unter dem Vorbehalt angemessener Garantien der Netznutzer bezüglich ihrer Kreditwürdigkeit erbracht werden. Diese Garantien dürfen keine unge-

barriers and shall be non-discriminatory, transparent and proportionate.

rechtfertigten Marktzugangshemmnisse darstellen und müssen nichtdiskriminierend, transparent und verhältnismäßig sein.

5. Contractual limits on the required minimum size of LNG facility capacity and storage capacity shall be justified on the basis of technical constrains and shall permit smaller storage users to gain access to storage services.

(5) Vertragliche Begrenzungen der erforderlichen Mindestkapazität von LNG-Anlagen und Speicheranlagen müssen durch technische Sachzwänge begründet sein und kleineren Speichernutzern den Zugang zu Speicherdienstleistungen ermöglichen.

Article 16
Principles of capacity-allocation mechanisms and congestion-management procedures concerning transmission system operators

Artikel 16
Fernleitungsnetzbetreiber betreffende Grundsätze der Kapazitätszuweisungsmechanismen und der Verfahren für das Engpassmanagement

1. The maximum capacity at all relevant points referred to in Article 18(3) shall be made available to market participants, taking into account system integrity and efficient network operation.

(1) Den Marktteilnehmern wird in allen in Artikel 18 Absatz 3 genannten maßgeblichen Punkten die größtmögliche Kapazität zur Verfügung gestellt, wobei auf die Netzintegrität und einen effizienten Netzbetrieb geachtet wird.

2. The transmission system operator shall implement and publish non-discriminatory and transparent capacity-allocation mechanisms, which shall:

(2) Die Fernleitungsnetzbetreiber veröffentlichen nichtdiskriminierende und transparente Kapazitätszuweisungsmechanismen und setzen diese um; diese müssen

(a) provide appropriate economic signals for the efficient and maximum use of technical capacity, facilitate investment in new infrastructure and facilitate cross-border exchanges in natural gas;

a) angemessene ökonomische Signale für die effiziente und maximale Nutzung der technischen Kapazität liefern, Investitionen in neue Infrastruktur erleichtern und den grenzüberschreitenden Erdgashandel erleichtern;

(b) be compatible with the market mechanisms including spot markets and trading hubs, while being flexible and capable of adapting to evolving market circumstances; and

b) kompatibel mit den Marktmechanismen einschließlich Spotmärkten und „Trading Hubs" sein und gleichzeitig flexibel und in der Lage sein, sich einem geänderten Marktumfeld anzupassen; und

(c) be compatible with the network access systems of the Member States.

c) mit den Netzzugangsregelungen der Mitgliedstaaten kompatibel sein.

3. The transmission system operator shall implement and publish non-discriminatory and transparent congestion-management procedures which facilitate cross-border exchanges in natural gas on a non-discriminatory basis and which shall be based on the following principles:

(3) Die Fernleitungsnetzbetreiber wenden nichtdiskriminierende, transparente Verfahren für das Engpassmanagement an, die den grenzüberschreitenden Erdgashandel ohne Diskriminierung erleichtern, und veröffentlichen diese; die Verfahren beruhen auf folgenden Grundsätzen:

(a) in the event of contractual congestion, the transmission system operator shall offer unused capacity on the primary market at least on a day-ahead and interruptible basis; and

a) Im Falle vertraglich bedingter Engpässe bietet der Fernleitungsnetzbetreiber ungenutzte Kapazität auf dem Primärmarkt zumindest auf „Day-ahead"-Basis (für den folgenden Gastag) und als unterbrechbare Kapazität an; und

(b) network users who wish to re-sell or sublet their unused contracted capacity on the secondary market shall be entitled to do so.

b) Netznutzer, die ihre ungenutzte, kontrahierte Kapazität auf dem Sekundärmarkt weiterverkaufen oder verpachten wollen, sind hierzu berechtigt.

In regard to point (b) of the first subparagraph, a Member State may require notification or information of the transmission system operator by network users.

Hinsichtlich Unterabsatz 1 Buchstabe b können die Mitgliedstaaten eine Benachrichtigung oder Unterrichtung des Fernleitungsnetzbetreibers durch die Netznutzer verlangen.

4. In the event that physical congestion exists, non-discriminatory, transparent capacity-allocation mechanisms shall be applied by the transmission system operator or, as appropriate, by the regulatory authorities.

(4) Im Falle physischer Engpässe wenden die Fernleitungsnetzbetreiber oder gegebenenfalls die Regulierungsbehörden nichtdiskriminierende, transparente Kapazitätszuweisungsmechanismen an.

5. Transmission system operators shall regularly assess market demand for new investment. When planning new investments, transmission system operators shall assess market demand and take into account security of supply.

(5) Fernleitungsnetzbetreiber bewerten regelmäßig die Marktnachfrage nach neuen Investitionen. Bei der Planung neuer Investitionen bewerten die Fernleitungsnetzbetreiber die Marktnachfrage und berücksichtigen die Versorgungssicherheit.

Article 17
Principles of capacity-allocation mechanisms and congestion-management procedures concerning storage and LNG facilities

Artikel 17
Speicheranlagen und LNG-Anlagen betreffende Grundsätze der Kapazitätszuweisungsmechanismen und Verfahren für das Engpassmanagement

1. The maximum storage and LNG facility capacity shall be made available to market participants, taking into account system integrity and operation.

(1) Den Marktteilnehmern wird die größtmögliche Speicheranlagen- und LNG-Anlagenkapazität zur Verfügung gestellt, wobei auf die Netzintegrität und einen effizienten Netzbetrieb geachtet wird.

2. LNG and storage system operators shall implement and publish non-discriminatory and transparent capacity-allocation mechanisms which shall:

(2) Die Betreiber von LNG-Anlagen und von Speicheranlagen veröffentlichen nichtdiskriminierende, transparente Kapazitätszuweisungsmechanismen und setzen diese um; diese müssen

(a) provide appropriate economic signals for the efficient and maximum use of capacity and facilitate investment in

a) angemessene ökonomische Signale für die effiziente und maximale Nutzung der Kapazität geben und Investi-

new infrastructure;

tionen in neue Infrastruktur erleichtern;

(b) be compatible with the market mechanism including spot markets and trading hubs, while being flexible and capable of adapting to evolving market circumstances; and

b) die Kompatibilität mit den Marktmechanismen einschließlich Spotmärkten und „Trading Hubs" sicherstellen und gleichzeitig flexibel und in der Lage sein, sich einem geänderten Marktumfeld anzupassen; und

(c) be compatible with the connected network access systems.

c) mit den angeschlossenen Netzzugangssystemen kompatibel sein.

3. LNG and storage facility contracts shall include measures to prevent capacity-hoarding, by taking into account the following principles, which shall apply in cases of contractual congestion:

(3) LNG-Anlagen- und Speicheranlagenverträge enthalten Maßnahmen zur Vermeidung des Hortens von Kapazität, wobei in Fällen vertraglich bedingter Engpässe folgende Grundsätze zu beachten sind:

(a) the system operator must offer unused LNG facility and storage capacity on the primary market without delay; for storage facilities this must be at least on a day-ahead and interruptible basis;

a) Der Anlagenbetreiber bietet ungenutzte LNG-Anlagenkapazität und ungenutzte Speicherkapazität unverzüglich auf dem Primärmarkt an; im Falle von Speicheranlagen erfolgt dies zumindest auf „Day-ahead"-Basis (für den folgenden Gastag) und als unterbrechbare Kapazität;

(b) LNG and storage facility users who wish to re-sell their contracted capacity on the secondary market must be entitled to do so.

b) LNG-Anlagen- und Speicheranlagennutzer, die ihre ungenutzte kontrahierte Kapazität auf dem Sekundärmarkt weiterverkaufen wollen, sind hierzu berechtigt.

Article 18
Transparency requirements concerning transmission system operators

1. The transmission system operator shall make public detailed information regarding the services it offers and the relevant conditions applied, together with the technical information necessary for network users to gain effective network access.

2. In order to ensure transparent, objective and non-discriminatory tariffs and facilitate efficient utilisation of the gas network, transmission system operators or relevant national authorities shall publish reasonably and sufficiently detailed information on tariff derivation, methodology and structure.

3. For the services provided, each transmission system operator shall make public information on technical, contracted and available capacities on a numerical basis for all relevant points including entry and exit points on a regular and rolling basis and in a user-friendly and standardised manner.

4. The relevant points of a transmission system on which the information is to be made public shall be approved by the competent authorities after con-

Artikel 18
Fernleitungsnetzbetreiber betreffende Transparenzanforderungen

(1) Die Fernleitungsnetzbetreiber veröffentlichen ausführliche Informationen über die von ihnen angebotenen Dienstleistungen und die einschlägigen Bedingungen sowie die technischen Informationen, die die Netznutzer für den tatsächlichen Netzzugang benötigen.

(2) Zur Sicherstellung transparenter, objektiver, nichtdiskriminierender Tarife und zur Erleichterung einer effizienten Nutzung des Erdgasnetzes veröffentlichen die Fernleitungsnetzbetreiber oder die zuständigen nationalen Behörden angemessen und ausreichend detaillierte Informationen über die Tarifbildung, die entsprechenden Methoden und die Tarifstruktur.

(3) Hinsichtlich der angebotenen Dienstleistungen veröffentlicht jeder Fernleitungsnetzbetreiber für alle maßgeblichen Punkte, einschließlich Ein- und Ausspeisepunkte, regelmäßig und kontinuierlich und in einer nutzerfreundlichen, standardisierten Weise numerische Informationen über die technischen, kontrahierten und verfügbaren Kapazitäten.

(4) Die maßgeblichen Punkte eines Fernleitungsnetzes, zu denen Informationen zu veröffentlichen sind, sind von den zuständigen Behörden nach

sultation with network users.

Konsultation der Netznutzer zu genehmigen.

5. The transmission system operator shall always disclose the information required by this Regulation in a meaningful, quantifiably clear and easily accessible manner and on a non-discriminatory basis.

(5) Die Fernleitungsnetzbetreiber machen die durch diese Verordnung vorgeschriebenen Informationen in sinnvoller, quantifizierbar deutlicher und leicht zugänglicher Weise ohne Diskriminierung bekannt.

6. The transmission system operator shall make public ex-ante and ex-post supply and demand information, based on nominations, forecasts and realised flows in and out of the system. The national regulatory authority shall ensure that all such information is made public. The level of detail of the information that is made public shall reflect the information available to the transmission system operator.

(6) Die Fernleitungsnetzbetreiber veröffentlichen ex ante und ex post Informationen über Angebot und Nachfrage auf der Grundlage von Nominierungen, Prognosen und tatsächlichen Lastflüssen in das und aus dem Netz. Die nationale Regulierungsbehörde stellt sicher, dass alle diese Informationen veröffentlicht werden. Der Detaillierungsgrad der veröffentlichten Informationen spiegelt die dem Fernleitungsnetzbetreiber vorliegenden Informationen wider.

The transmission system operator shall make public measures taken as well as costs incurred and revenue generated to balance the system.

Die Fernleitungsnetzbetreiber veröffentlichen die für den Netzausgleich getroffenen Maßnahmen, die dadurch entstandenen Kosten und erzielten Erlöse.

The market participants concerned shall provide the transmission system operator with the data referred to in this Article.

Die betroffenen Marktteilnehmer stellen den Fernleitungsnetzbetreibern die in diesem Artikel genannten Daten zur Verfügung.

Article 19
Transparency requirements concerning storage facilities and LNG facilities

1. LNG and storage system operators shall make public detailed information regarding the services it offers and the relevant conditions applied, together with the technical information necessary for LNG and storage facility users to gain effective access to the LNG and storage facilities.

2. For the services provided, LNG and storage system operators shall make public information on contracted and available storage and LNG facility capacities on a numerical basis on a regular and rolling basis and in a user-friendly standardised manner.

3. LNG and storage system operators shall always disclose the information required by this Regulation in a meaningful, quantifiably clear and easily accessible way and on a non-discriminatory basis.

4. LNG and storage system operators shall make public the amount of gas in each storage or LNG facility, or group of storage facilities if that corresponds to the way in which the access is of-

Artikel 19
Speicheranlagen und LNG-Anlagen betreffende Transparenzanforderungen

1) Die Betreiber von LNG-Anlagen und von Speicheranlagen veröffentlichen ausführliche Informationen über die von ihnen angebotenen Dienstleistungen und die einschlägigen Bedingungen sowie die technischen Informationen, die die Nutzer von LNG-Anlagen und von Speicheranlagen für den tatsächlichen Zugang zu den LNG-Anlagen und Speicheranlagen benötigen.

(2) Hinsichtlich der angebotenen Dienstleistungen veröffentlichen die LNG-Anlagen- und Speicheranlagenbetreiber regelmäßig und kontinuierlich und in einer nutzerfreundlichen, standardisierten Weise numerische Informationen über die kontrahierten und verfügbaren LNG-Anlagen- und Speicheranlagenkapazitäten.

3) Die LNG-Anlagen- und Speicheranlagenbetreiber machen die durch diese Verordnung vorgeschriebenen Informationen in sinnvoller, quantifizierbar deutlicher und leicht zugänglicher Weise ohne Diskriminierung bekannt.

(4) Die LNG-Anlagen- und Speicheranlagenbetreiber veröffentlichen Folgendes: die Gasmengen in den einzelnen LNG-Anlagen oder Speicheranlagen oder Gruppen von Speicheranla-

fered to system users, inflows and outflows, and the available storage and LNG facility capacities, including for those facilities exempted from third-party access. That information shall also be communicated to the transmission system operator, which shall make it public on an aggregated level per system or subsystem defined by the relevant points. The information shall be updated at least daily.

In cases in which a storage system user is the only user of a storage facility, the storage system user may submit to the national regulatory authority a reasoned request for confidential treatment of the data referred to in the first subparagraph. Where the national regulatory authority comes to the conclusion that such a request is justified, taking into account, in particular, the need to balance the interest of legitimate protection of business secrets, the disclosure of which would negatively affect the overall commercial strategy of the storage user, with the objective of creating a competitive internal gas market, it may allow the storage system operator not to make public the data referred to in the first subparagraph, for a duration of up to one year.

gen, falls dies der Art entspricht, in der Anlagennutzern der Zugang angeboten wird, die ein- und ausgespeisten Mengen und die verfügbare Kapazität der LNG-Anlagen und Speicheranlagen, und zwar auch für die Anlagen, die vom Zugang Dritter ausgenommen sind. Die Informationen werden auch dem Fernleitungsnetzbetreiber mitgeteilt, der sie pro Netz oder Teilnetz, die durch die maßgeblichen Punkte bestimmt werden, in zusammengefasster Form veröffentlicht. Die Informationen werden mindestens einmal täglich aktualisiert.

In Fällen, in denen ein Speicheranlagennutzer der einzige Nutzer einer Speicheranlage ist, kann der Speicheranlagennutzer bei der nationalen Regulierungsbehörde einen begründeten Antrag auf vertrauliche Behandlung der in Unterabsatz 1 genannten Daten stellen. Gelangt die nationale Regulierungsbehörde unter Berücksichtigung insbesondere der Notwendigkeit, die legitimen Interessen des Schutzes von Geschäftsgeheimnissen, deren Offenlegung der wirtschaftlichen Gesamtstrategie des Speicheranlagennutzers schaden würde, und das Ziel der Schaffung eines wettbewerbsbestimmten Erdgasbinnenmarktes gegeneinander abzuwägen, zu dem Schluss, dass der Antrag gerechtfertigt ist, kann sie dem Speicheranlagenbetreiber gestatten, die in Unterabsatz 1 genannten Daten für die Dauer von bis zu einem Jahr nicht zu veröffentlichen.

The second subparagraph shall apply without prejudice to the obligations of communication to and publication by the transmission system operator referred to in the first subparagraph, unless the aggregated data are identical to the individual storage system data for which the national regulatory authority has approved non-publication.

Unterabsatz 2 gilt unbeschadet der in Unterabsatz 1 genannten Pflicht des Fernleitungsnetzbetreibers zur Mitteilung und Veröffentlichung, außer wenn die aggregierten Daten mit den individuellen Speicheranlagendaten, deren Nichtveröffentlichung die nationale Regulierungsbehörde gestattet hat, identisch sind.

5. In order to ensure transparent, objective and non-discriminatory tariffs and facilitate efficient utilisation of the infrastructures, the LNG and storage facility operators or relevant regulatory authorities shall make public sufficiently detailed information on tariff derivation, the methodologies and the structure of tariffs for infrastructure under regulated third-party access.

(5) Um für transparente, objektive und nichtdiskriminierende Tarife zu sorgen und die effiziente Nutzung der Infrastrukturen zu erleichtern, veröffentlichen die LNG-Anlagenbetreiber und Speicheranlagenbetreiber oder die zuständigen Regulierungsbehörden ausreichend detaillierte Informationen über die Tarifbildung, die Methoden der Tariffestlegung und die Tarifstruktur für Infrastrukturen, für die der regulierte Zugang Dritter vorgesehen ist.

Article 20
Record keeping by system operators

Artikel 20
Aufbewahrungspflichten für Netz- und Anlagenbetreiber

Transmission system operators, storage system operators and LNG system operators shall keep at the disposal of the national authorities, including the national regulatory authority, the national competition authority and the Commission, all information referred to in Articles 18 and 19, and in Part 3 of Annex I for a period of five years.

Fernleitungsnetz-, Speicheranlagen- und LNG-Anlagenbetreiber bewahren alle Informationen, auf die in den Artikeln 18 und 19 und in Teil 3 des Anhangs I Bezug genommen wird, für die Dauer von fünf Jahren auf und stellen sie den nationalen Behörden, einschließlich der nationalen Regulierungsbehörde, der nationalen Wettbewerbsbehörde und der Kommission bei Bedarf zur Verfügung.

Article 21
Balancing rules and imbalance charges

1. Balancing rules shall be designed in a fair, non-discriminatory and transparent manner and shall be based on objective criteria. Balancing rules shall reflect genuine system needs taking into account the resources available to the transmission system operator. Balancing rules shall be market-based.

2. In order to enable network users to take timely corrective action, the transmission system operator shall provide sufficient, well-timed and reliable on-line based information on the balancing status of network users.

The information provided shall reflect the level of information available to the transmission system operator and the settlement period for which imbalance charges are calculated.

No charge shall be made for the provision of information under this paragraph.

3. Imbalance charges shall be cost-reflective to the extent possible, whilst providing appropriate incentives on network users to balance their input and off-take of gas. They shall avoid cross-subsidisation between network

Artikel 21
Ausgleichsregeln und Ausgleichsentgelte

(1) Die Ausgleichsregeln werden auf gerechte, nichtdiskriminierende und transparente Weise konzipiert und beruhen auf objektiven Kriterien. Die Ausgleichsregeln spiegeln die tatsächlichen Netzerfordernisse unter Berücksichtigung der dem Fernleitungsnetzbetreiber zur Verfügung stehenden Ressourcen wider. Die Ausgleichsregeln sind marktorientiert.

(2) Damit die Netznutzer rechtzeitig Abhilfemaßnahmen ergreifen können, stellen die Fernleitungsnetzbetreiber ausreichende, rechtzeitige und zuverlässige Online-Informationen über den Ausgleichsstatus der Netznutzer bereit.

Die bereitgestellten Informationen spiegeln den Informationsstand, über den die Fernleitungsnetzbetreiber verfügen, und den Abrechnungszeitraum, für den Ausgleichsentgelte berechnet werden, wider.

Die Bereitstellung von Informationen gemäß diesem Absatz erfolgt unentgeltlich.

(3) Die Ausgleichsentgelte sind nach Möglichkeit kostenorientiert und bieten angemessene Anreize für die Netznutzer, ihre Ein- und Ausspeisung von Erdgas auszugleichen. Sie vermeiden Quersubventionen zwischen den Netz-

users and shall not hamper the entry of new market entrants.

nutzern und behindern nicht den Markteintritt neuer Marktteilnehmer.

Any calculation methodology for imbalance charges as well as the final tariffs shall be made public by the competent authorities or the transmission system operator, as appropriate.

Die Methoden zur Berechnung der Ausgleichsentgelte sowie die endgültigen Tarife werden von den zuständigen Behörden oder gegebenenfalls vom Fernleitungsnetzbetreiber veröffentlicht.

4. Member States shall ensure that transmission system operators endeavour to harmonise balancing regimes and streamline structures and levels of balancing charges in order to facilitate gas trade.

(4) Die Mitgliedstaaten stellen sicher, dass sich die Fernleitungsnetzbetreiber bemühen, die Ausgleichssysteme zu harmonisieren und die Struktur und Staffelung der Ausgleichsentgelte zu vereinfachen, um den Erdgashandel zu erleichtern.

Article 22
Trading of capacity rights

Artikel 22
Handel mit Kapazitätsrechten

Each transmission, storage and LNG system operator shall take reasonable steps to allow capacity rights to be freely tradable and to facilitate such trade in a transparent and non-discriminatory manner. Every such operator shall develop harmonised transport, LNG facility and storage contracts and procedures on the primary market to facilitate secondary trade of capacity and shall recognise the transfer of primary capacity rights where notified by system users.

Jeder Fernleitungsnetz-, Speicheranlagen- und LNG-Anlagenbetreiber ergreift angemessene Maßnahmen, damit Kapazitätsrechte frei gehandelt werden können und dieser Handel auf transparente und nichtdiskriminierende Weise erleichtert wird. Jeder dieser Betreiber entwickelt auf dem Primärmarkt harmonisierte Transport-, LNG-Anlagen- und Speicherverträge und entsprechende Verfahren, um den sekundären Kapazitätshandel zu erleichtern, und anerkennt den Transfer primärer Kapazitätsrechte, sofern dieser durch die Netznutzer mitgeteilt wurde.

The harmonised transport, LNG facility and storage contracts and proce-

Die harmonisierten Transport-, LNG-Anlagen- und Speicherverträge und

dures shall be notified to the regulatory authorities.

Article 23
Guidelines

1. Where appropriate, Guidelines providing the minimum degree of harmonisation required to achieve the aims of this Regulation shall specify:

(a) details of third-party access services, including the character, duration and other requirements of those services, in accordance with Articles 14 and 15;

(b) details of the principles underlying capacity-allocation mechanisms and on the application of congestion-management procedures in the event of contractual congestion, in accordance with Articles 16 and 17;

(c) details of the provision of information, definition of the technical information necessary for network users to gain effective access to the system and the definition of all relevant points for transparency requirements, including the information to be published at all relevant points and the time schedule for the publication of that information, in accordance with Articles 18 and 19;

die entsprechenden Verfahren werden den Regulierungsbehörden mitgeteilt.

Artikel 23
Leitlinien

(1) Gegebenenfalls regeln Leitlinien, die für das zur Erreichung des Ziels dieser Verordnung erforderliche Mindestmaß an Harmonisierung sorgen, Folgendes:

a) Einzelheiten zu den Dienstleistungen für den Zugang Dritter gemäß den Artikeln 14 und 15, einschließlich der Art und Dauer der Dienstleistungen und anderer Anforderungen an diese;

b) Einzelheiten zu den Grundsätzen der Kapazitätszuweisungsmechanismen und der Anwendung von Engpassmanagementverfahren bei vertraglich bedingten Engpässen gemäß den Artikeln 16 und 17;

c) Einzelheiten zur Übermittlung von Informationen, zur Festlegung der technischen Informationen, die die Netznutzer für den tatsächlichen Netzzugang benötigen, und zur Bestimmung aller für die Transparenzanforderungen maßgeblichen Punkte gemäß den Artikeln 18 und 19, einschließlich der für alle maßgeblichen Punkte zu veröffentlichenden Informationen und des Zeitplans für die Veröffentlichung dieser Informationen;

(d) details of tariff methodology related to cross-border trade of natural gas, in accordance with Article 13;

d) Einzelheiten zu den Tarifberechnungsmethoden im Zusammenhang mit dem grenzüberschreitenden Erdgashandel gemäß Artikel 13;

(e) details relating to the areas listed in Article 8(6).

e) Einzelheiten zu den in Artikel 8 Absatz 6 aufgeführten Bereichen.

For that purpose, the Commission shall consult the Agency and the ENTSO for Gas.

Hierzu konsultiert die Kommission die Agentur und den ENTSO (Gas).

2. Guidelines on the issues listed in points (a), (b) and (c) of paragraph 1 are laid down in Annex I with respect to transmission system operators.

(2) Leitlinien zu den in Absatz 1 Buchstaben a, b und c aufgeführten Punkten sind, was die Fernleitungsnetzbetreiber betrifft, im Anhang enthalten.

The Commission may adopt Guidelines on the issues listed in paragraph 1 of this Article and amend the Guidelines referred to in points (a), (b) and (c) thereof. Those measures, designed to amend non-essential elements of this Regulation, inter alia by supplementing it, shall be adopted in accordance with the regulatory procedure with scrutiny referred to in Article 28(2).

Die Kommission kann Leitlinien zu den in Absatz 1 des vorliegenden Artikels aufgeführten Punkten erlassen und die in Absatz 1 Buchstaben a, b, und c genannten Leitlinien ändern. Diese Maßnahmen zur Änderung nicht wesentlicher Bestimmungen dieser Verordnung, auch durch Ergänzung, werden nach dem in Artikel 28 Absatz 2 genannten Regelungsverfahren mit Kontrolle erlassen.

3. The application and amendment of Guidelines adopted pursuant to this Regulation shall reflect differences between national gas systems, and shall, therefore, not require uniform detailed terms and conditions of third-party access at Community level. They may, however, set minimum requirements to be met to achieve non-discrimina-

(3) Die Anwendung und Änderung von Leitlinien, die gemäß dieser Verordnung angenommen wurden, spiegelt die Unterschiede zwischen den nationalen Erdgasnetzen wider und erfordert daher keine einheitlichen detaillierten Bedingungen für den Zugang Dritter auf Gemeinschaftsebene. Es können jedoch Mindestanforderun-

tory and transparent network access conditions necessary for an internal market in natural gas, which may then be applied in the light of differences between national gas systems.

gen festgelegt werden, um nichtdiskriminierende und transparente Netzzugangsbedingungen zu erreichen, die für einen Erdgasbinnenmarkt erforderlich sind und die dann unter Berücksichtigung der Unterschiede zwischen den nationalen Erdgasnetzen entsprechend angewandt werden können.

Article 24
Regulatory authorities

When carrying out their responsibilities under this Regulation, the regulatory authorities shall ensure compliance with this Regulation and the Guidelines adopted pursuant to Article 23.

Where appropriate, they shall cooperate with each other, with the Commission and the Agency in compliance with Chapter VIII of Directive 2009/73/EC.

Artikel 24
Regulierungsbehörden

Bei der Wahrnehmung ihrer Aufgaben aufgrund dieser Verordnung gewährleisten die Regulierungsbehörden die Einhaltung dieser Verordnung und der gemäß Artikel 23 angenommenen Leitlinien.

Gegebenenfalls arbeiten sie untereinander, mit der Kommission und mit der Agentur gemäß Kapitel VIII der Richtlinie 2009/73/EG zusammen.

Article 25
Provision of information

Member States and the regulatory authorities shall, on request, provide to the Commission all information necessary for the purposes of Article 23.

The Commission shall set a reasonable time limit within which the information is to be provided, taking into account the complexity of the information required and the urgency with

Artikel 25
Übermittlung von Informationen

Die Mitgliedstaaten und die Regulierungsbehörden übermitteln der Kommission auf Anforderung alle für die Zwecke des Artikels 23 erforderlichen Informationen.

Unter Berücksichtigung der Komplexität der angeforderten Informationen und der Dringlichkeit, mit der sie benötigt werden, setzt die Kommission eine angemessene Frist für die Über-

which the information is needed.

mittlung der Informationen.

Article 26
Right of Member States to provide for more detailed measures

This Regulation shall be without prejudice to the rights of Member States to maintain or introduce measures that contain more detailed provisions than those set out herein or in the Guidelines referred to in Article 23.

Artikel 26
Recht der Mitgliedstaaten, detailliertere Maßnahmen vorzusehen

Diese Verordnung berührt nicht die Rechte der Mitgliedstaaten, Maßnahmen beizubehalten oder einzuführen, die detailliertere Bestimmungen als diese Verordnung oder die in Artikel 23 genannten Leitlinien enthalten.

Article 27
Penalties

1. The Member States shall lay down rules on penalties applicable to infringements of the provisions of this Regulation and shall take all measures necessary to ensure that those provisions are implemented. The penalties provided for must be effective, proportionate and dissuasive. The Member States shall notify the Commission by 1 July 2006 of those rules corresponding to the provisions laid down in Regulation (EC) No 1775/2005 and shall notify the Commission without delay of any subsequent amendment affecting them. They shall notify the Commission of those rules not corresponding to the provisions laid down in Regulation (EC) No 1775/2005 by 3 September 2009 and shall notify the Commission without delay of any subsequent amendment affecting them.

2. Penalties provided for pursuant to

Artikel 27
Sanktionen

(1) Die Mitgliedstaaten legen die Regeln für Sanktionen bei Verstößen gegen diese Verordnung fest und treffen die erforderlichen Maßnahmen für deren Anwendung. Die Sanktionen müssen wirksam, verhältnismäßig und abschreckend sein. Die Mitgliedstaaten teilen der Kommission bis zum 1. Juli 2006 die Bestimmungen in Bezug auf die Vorschriften der Verordnung (EG) Nr. 1775/2005 mit und teilen der Kommission unverzüglich spätere Änderungen mit, die diese betreffen. Sie teilen der Kommission die Bestimmungen ohne Bezug auf die Vorschriften der Verordnung (EG) Nr. 1775/2005 bis zum 3. September 2009 mit und teilen der Kommission unverzüglich spätere Änderungen mit, die diese betreffen.

(2) Sanktionen nach Absatz 1 sind

paragraph 1 shall not be of a criminal law nature.

nicht strafrechtlicher Art.

Article 28
Committee procedure

1. The Commission shall be assisted by the committee set up by Article 51 of Directive 2009/73/EC.

2. Where reference is made to this paragraph, Article 5a(1) to (4) and Article 7 of Decision 1999/468/EC shall apply, having regard to the provisions of Article 8 thereof.

Artikel 28
Ausschussverfahren

(1) Die Kommission wird von dem durch Artikel 51 der Richtlinie 2009/73/EG eingesetzten Ausschuss unterstützt.

(2) Wird auf diesen Absatz Bezug genommen, so gelten Artikel 5a Absätze 1 bis 4 und Artikel 7 des Beschlusses 1999/468/EG unter Beachtung von dessen Artikel 8.

Article 29
Commission report

The Commission shall monitor the implementation of this Regulation. In its report under Article 52(6) of Directive 2009/73/EC, the Commission shall also report on the experience gained in the application of this Regulation. In particular, the report shall examine to what extent this Regulation has been successful in ensuring non-discriminatory and cost-reflective network access conditions for gas transmission networks in order to contribute to customer choice in a well-functioning internal market and to long-term security of supply. If necessary, the report shall be accompanied by appropriate proposals and/or recommendations.

Artikel 29
Bericht der Kommission

Die Kommission beobachtet die Anwendung dieser Verordnung. In ihrem Bericht nach Artikel 52 Absatz 6 der Richtlinie 2009/73/EG berichtet die Kommission auch über die Erfahrungen bei der Anwendung dieser Verordnung. In dem Bericht wird insbesondere geprüft, in welchem Umfang die Verordnung nichtdiskriminierende und kostenorientierte Bedingungen für den Zugang zu Erdgasfernleitungsnetzen gewährleistet, um einen Beitrag zur Angebotsvielfalt für die Kunden in einem gut funktionierenden Binnenmarkt und zur langfristigen Versorgungssicherheit zu leisten. Der Bericht kann erforderlichenfalls geeignete Vorschläge und/oder Empfehlungen enthalten.

Article 30
Derogations and exemptions

This Regulation shall not apply to:

(a) natural gas transmission systems situated in Member States for the duration of derogations granted under Article 49 of Directive 2009/73/EC;

(b) major new infrastructure, i.e. interconnectors, LNG and storage facilities, and significant increases of capacity in existing infrastructure and modifications of such infrastructure which enable the development of new sources of gas supply referred to in Article 36(1) and (2) of Directive 2009/73/EC which are exempt from the provisions of Articles 9, 14, 32, 33, 34 or Article 41(6), (8) and (10) of that Directive as long as they are exempt from the provisions referred to in this subparagraph, with the exception of Article 19(4) of this Regulation; or

(c) natural gas transmission systems which have been granted derogations under Article 48 of Directive 2009/73/EC.

Artikel 30
Ausnahmeregelungen

Diese Verordnung gilt nicht für

a) in den Mitgliedstaaten liegende Erdgasfernleitungsnetze für die Dauer der gemäß Artikel 49 der Richtlinie 2009/73/EG gewährten Ausnahmen;

b) die in Artikel 36 Absätze 1 und 2 der Richtlinie 2009/73/EG genannten größeren neuen Infrastrukturen, nämlich Verbindungsleitungen, LNG-Anlagen und Speicheranlagen und erhebliche Kapazitätsaufstockungen bei vorhandenen Infrastrukturen und Änderungen dieser Infrastrukturen, die die Erschließung neuer Gasversorgungsquellen ermöglichen, die von den Bestimmungen der Artikel 9, 14, 32, 33, 34 oder Artikel 41 Absätze 6, 8 und 10 der genannten Richtlinie ausgenommen sind, solange sie von den in diesem Absatz genannten Bestimmungen ausgenommen bleiben, mit Ausnahme des Artikels 19 Absatz 4 dieser Verordnung, oder

c) Erdgasfernleitungsnetze, für die Ausnahmen gemäß Artikel 48 der Richtlinie 2009/73/EG gewährt worden sind.

As regards point (a) of the first subparagraph, Member States that have been granted derogations under Article 49 of Directive 2009/73/EC may apply to the Commission for a temporary derogation from the application of this Regulation, for a period of up to two years from the date on which the derogation referred to in that point expires.

Hinsichtlich 1 Buchstabe a können Mitgliedstaaten, denen gemäß Artikel 49 der Richtlinie 2009/73/EG Ausnahmen gewährt wurden, bei der Kommission eine zeitweilige Ausnahmeregelung in Bezug auf die Anwendung dieser Verordnung beantragen, und zwar für einen Zeitraum von bis zu zwei Jahren, beginnend ab dem Zeitpunkt, zu dem die Ausnahme gemäß dem genannten Buchstaben ausläuft.

Article 31
Repeal

Regulation (EC) No 1775/2005 shall be repealed from 3 March 2011. References made to the repealed Regulation shall be construed as references to this Regulation and shall be read in accordance with the correlation table in Annex II.

Artikel 31
Aufhebung

Die Verordnung (EG) Nr. 1775/2005 wird zum 3. März 2011 aufgehoben. Verweisungen auf die aufgehobene Verordnung gelten als Verweisungen auf die vorliegende Verordnung und sind nach Maßgabe der Entsprechungstabelle in Anhang II zu lesen.

Article 32
Entry into force

This Regulation shall enter into force on the twentieth day following that of its publication in the Official Journal of the European Union.

It shall apply from 3 September 2009.

This Regulation shall be binding in its entirety and directly applicable in all Member States.

Artikel 32
Inkrafttreten

Diese Verordnung tritt am zwanzigsten Tag nach ihrer Veröffentlichung im Amtsblatt der Europäischen Union in Kraft.

Sie gilt ab dem 3. September 2009.

Diese Verordnung ist in allen ihren Teilen verbindlich und gilt unmittelbar in jedem Mitgliedstaat.

ANHANG 1

GUIDELINES ON

1. Third-party access services concerning transmission system operators

1. Transmission system operators shall offer firm and interruptible services down to a minimum period of one day.

2. Harmonised transport contracts and common network codes shall be designed in a manner that facilitates trading and re-utilisation of capacity contracted by network users without hampering capacity release.

3. Transmission system operators shall develop network codes and harmonised contracts following proper consultation with network users.

4. Transmission system operators shall implement standardised nomination and re-nomination procedures. They shall develop information systems and electronic communication means to provide adequate data to network users and to simplify transactions, such as nominations, capacity contracting and transfer of capacity rights between network users.

LEITLINIEN FÜR

1. Fernleitungsnetzbetreiber betreffende Dienstleistungen für den Zugang Dritter

1. Die Fernleitungsnetzbetreiber bieten verbindliche und unterbrechbare Dienstleistungen bis hin zu einer Mindestperiode von einem Tag an.

2. Harmonisierte Transportverträge und gemeinsame Netzkodizes werden so konzipiert, dass der Handel und die Wiederverwendung von Kapazitäten, die von den Netznutzern kontrahiert wurden, erleichtert werden, ohne dass die Kapazitätsfreigabe behindert wird.

3. Die Fernleitungsnetzbetreiber konzipieren Netzkodizes und harmonisierte Verträge im Anschluss an eine angemessene Konsultation der Netznutzer.

4. Die Fernleitungsnetzbetreiber führen standardisierte Verfahren für die Nominierung und Renominierung ein. Sie entwickeln Informationssysteme und elektronische Kommunikationsmittel, um den Netznutzern geeignete Daten bereitzustellen und Transaktionen, wie z.B. Nominierungen, die Kapazitätskontrahierung und die Übertragung von Kapazitätsrechten zwischen Netznutzern, zu vereinfachen.

5. Transmission system operators shall harmonise formalised request procedures and response times according to best industry practice with the aim of minimising response times. They shall provide for online screen-based capacity booking and confirmation systems and nomination and re-nomination procedures no later than 1 July 2006 after consultation with the relevant network users.

5. Die Fernleitungsnetzbetreiber harmonisieren formalisierte Anfrageverfahren und Antwortzeiten gemäß der besten Branchenpraxis, um die Antwortzeiten zu minimieren. Sie stellen spätestens ab dem 1. Juli 2006 nach Konsultation der maßgeblichen Netznutzer bildschirmgestützte Online-Kapazitätsbuchungs- und -bestätigungssysteme sowie Nominierungs- und Renominierungsverfahren bereit.

6. Transmission system operators shall not separately charge network users for information requests and transactions associated with their transport contracts and which are carried out according to standard rules and procedures.

6. Die Fernleitungsnetzbetreiber stellen den Netznutzern keine separaten Gebühren für Informationsanfragen und für Transaktionen in Rechnung, die mit ihren Transportverträgen zusammenhängen und gemäß Standardregeln und -verfahren durchgeführt werden.

7. Information requests that require extraordinary or excessive expenses such as feasibility studies may be charged separately, provided the charges can be duly substantiated.

7. Informationsanfragen, bei denen außergewöhnliche oder übermäßige Kosten anfallen, etwa für Durchführbarkeitsstudien, können separat in Rechnung gestellt werden, sofern die Aufwendungen ordnungsgemäß nachgewiesen werden können.

8. Transmission system operators shall cooperate with other transmission system operators in coordinating the maintenance of their respective networks in order to minimise any disruption of transmission services to network users and transmission system operators in other areas and in order to ensure equal benefits with respect to security of supply including in relation

8. Die Fernleitungsnetzbetreiber arbeiten mit anderen Fernleitungsnetzbetreibern bei der Koordinierung der Wartung ihrer jeweiligen Netze zusammen, um Unterbrechungen der Fernleitungsdienstleistungen für die Netznutzer und die Fernleitungsnetzbetreiber in anderen Gebieten möglichst gering zu halten und um hinsichtlich der Versorgungssicherheit, ein-

to transit.

schließlich des Transits, gleiche Nutzeffekte zu gewährleisten.

9. Transmission system operators shall publish at least annually, by a predetermined deadline, all planned maintenance periods that might affect network users' rights from transport contracts and corresponding operational information with adequate advance notice. This shall include publishing on a prompt and non-discriminatory basis any changes to planned maintenance periods and notification of unplanned maintenance, as soon as that information becomes available to the transmission system operator. During maintenance periods, transmission system operators shall publish regularly updated information on the details of and expected duration and effect of the maintenance.

9. Die Fernleitungsnetzbetreiber veröffentlichen mindestens einmal jährlich bis zu einem vorher festgelegten Termin alle geplanten Wartungszeiträume, die sich auf die aus den Transportverträgen resultierenden Rechte der Netznutzer auswirken könnten, und die entsprechenden betriebsbezogenen Informationen mit einer angemessener Vorlaufzeit. Dazu gehört die zügige und diskriminierungsfreie Veröffentlichung von Änderungen der geplanten Wartungszeiträume und die Bekanntgabe ungeplanter Wartungsarbeiten, sobald der Fernleitungsnetzbetreiber von diesen Kenntnis hat. Während der Wartungszeiträume veröffentlichen die Fernleitungsnetzbetreiber regelmäßig aktualisierte Informationen über die Einzelheiten der Wartungsarbeiten, ihre voraussichtliche Dauer und Auswirkung.

10. Transmission system operators shall maintain and make available to the competent authority upon request a daily log of the actual maintenance and flow disruptions that have occurred. Information shall also be made available on request to those affected by any disruption.

10. Die Fernleitungsnetzbetreiber führen ein Tagesprotokoll über die tatsächlichen Wartungsarbeiten und die eingetretenen Lastflussunterbrechungen, das sie der zuständigen Behörde auf Anfrage zur Verfügung stellen. Auf Anfrage werden Informationen auch den von einer Unterbrechung Betroffenen zur Verfügung gestellt.

2. Principles of capacity-allocation mechanisms and congestion-management procedures concerning transmission system operators and their application in the event of contractual congestion

2. Fernleitungsnetzbetreiber betreffende Grundsätze der Kapazitätszuweisungsmechanismen und Engpassmanagementverfahren und ihre Anwendung bei vertraglich bedingten Engpässen

2.1. Principles of capacity-allocation mechanisms and congestion-management procedures concerning transmission system operators

2.1. Fernleitungsnetzbetreiber betreffende Grundsätze der Kapazitätszuweisungsmechanismen und der Engpassmanagementverfahren

1. Capacity-allocation mechanisms and congestion-management procedures shall facilitate the development of competition and liquid trading of capacity and shall be compatible with market mechanisms including spot markets and trading hubs. They shall be flexible and capable of adapting to evolving market circumstances.

1. Kapazitätszuweisungsmechanismen und Engpassmanagementverfahren erleichtern die Entwicklung des Wettbewerbs und den liquiden Kapazitätshandel und sind mit Marktmechanismen, einschließlich der Spotmärkte und Trading Hubs, vereinbar. Sie sind flexibel und können sich an sich verändernde Marktgegebenheiten anpassen.

2. Those mechanisms and procedures shall take into account the integrity of the system concerned as well as security of supply.

2. Diese Mechanismen und Verfahren berücksichtigen die Integrität des jeweiligen Netzes und die Versorgungssicherheit.

3. Those mechanisms and procedures shall neither hamper the entry of new market participants nor create undue barriers to market entry. They shall not prevent market participants, including new market entrants and companies with a small market share, from competing effectively.

3. Diese Mechanismen und Verfahren dürfen weder den Markteintritt neuer Marktteilnehmer behindern noch übermäßige Markteintrittshindernisse schaffen. Sie hindern Marktteilnehmer, einschließlich neuer Marktteilnehmer und Unternehmen mit kleinem Marktanteil, nicht am wirksamen Wettbewerb.

4. Those mechanisms and procedures shall provide appropriate economic signals for efficient and maximum use of technical capacity and facilitate investment in new infrastructure.

4. Von den Mechanismen und Verfahren gehen geeignete ökonomische Signale im Hinblick auf die effiziente Nutzung technischer Kapazitäten in möglichst großem Umfang aus, und sie erleichtern Investitionen in neue Infrastruktur.

5. Network users shall be advised about the type of circumstance that could affect the availability of contracted capacity. Information on interruption should reflect the level of information available to the transmission system operator.

5. Die Netznutzer werden darauf hingewiesen, welche Art von Umständen die Verfügbarkeit kontrahierter Kapazität beeinträchtigen könnte. Die Unterrichtung über Unterbrechungen sollte dem Informationsstand entsprechen, den die Fernleitungsnetzbetreiber haben.

6. Should difficulties in meeting contractual delivery obligations arise due to system integrity reasons, transmission system operators should notify network users and seek a non-discriminatory solution without delay.

6. Ergeben sich aus Gründen der Netzintegrität Schwierigkeiten bei der Erfüllung vertraglicher Lieferverpflichtungen, so sollten die Fernleitungsnetzbetreiber unverzüglich die Netznutzer unterrichten und eine nichtdiskriminierende Lösung anstreben.

Transmission system operators shall consult network users regarding procedures prior to their implementation and agree them with the regulatory authority.

Die Fernleitungsnetzbetreiber konsultieren die Netznutzer zu den Verfahren vor deren Anwendung und vereinbaren die Verfahren mit der Regulierungsbehörde.

2.2. Congestion-management procedures in the event of contractual congestion

2.2. Engpassmanagementverfahren bei vertraglich bedingten Engpässen

1. In the event that contracted capacity goes unused, transmission system operators shall make that capacity available on the primary market on an inter-

1. Falls die kontrahierte Kapazität nicht genutzt wird, stellen die Fernleitungsnetzbetreiber diese Kapazität auf dem Primärmarkt auf unterbrechbarer

ruptible basis via contracts of differing duration, as long as that capacity is not offered by the relevant network user on the secondary market at a reasonable price.

2. Revenues from released interruptible capacity shall be split according to rules laid down or approved by the relevant regulatory authority. Those rules shall be compatible with the requirement of an effective and efficient use of the system.

3. A reasonable price for released interruptible capacity may be determined by the relevant regulatory authorities taking into account the specific circumstances prevailing.

4. Where appropriate, transmission system operators shall make reasonable endeavours to offer at least parts of the unused capacity to the market as firm capacity.

Basis durch Verträge mit unterschiedlicher Laufzeit zur Verfügung, sofern sie nicht vom jeweiligen Netznutzer zu einem angemessenen Preis auf dem Sekundärmarkt angeboten wird.

2. Die Einnahmen aus der freigegebenen, unterbrechbaren Kapazität werden nach Regeln aufgeteilt, die von der jeweiligen Regulierungsbehörde festgelegt oder genehmigt worden sind. Diese Regeln sind mit dem Erfordernis einer effektiven und effizienten Netznutzung vereinbar.

3. Die Regulierungsbehörden können unter Berücksichtigung der vorherrschenden speziellen Gegebenheiten einen angemessenen Preis für die freigegebene unterbrechbare Kapazität festlegen.

4. Die Fernleitungsnetzbetreiber bemühen sich gegebenenfalls in angemessener Weise, dem Markt zumindest Teile der nicht genutzten Kapazität als verbindliche Kapazität anzubieten.

3. Definition of the technical information necessary for network users to gain effective access to the system, the definition of all relevant points for transparency requirements and the information to be published at all relevant points and the time schedule according to which that information shall be published

3. Festlegung der technischen Informationen, die die Netznutzer für den tatsächlichen Netzzugang benötigen, und Bestimmung aller für die Transparenzanforderungen maßgeblichen Punkte und der für alle maßgeblichen Punkte zu veröffentlichenden Informationen sowie des Zeitplans für die Veröffentlichung dieser Informationen

3.1. Definition of the technical information necessary for network users to gain effective access to the system

3.1. Festlegung der technischen Informationen, die die Netznutzer für den tatsächlichen Netzzugang benötigen

Transmission system operators shall publish at least the following information about their systems and services:

Die Fernleitungsnetzbetreiber veröffentlichen mindestens die folgenden Informationen über ihre Netze und Dienstleistungen:

(a) a detailed and comprehensive description of the different services offered and their charges;

a) eine ausführliche und umfassende Beschreibung der verschiedenen angebotenen Dienstleistungen und der entsprechenden Entgelte;

(b) the different types of transport contracts available for those services and, as applicable, the network code and/or the standard conditions outlining the rights and responsibilities of all network users including harmonised transport contracts and other relevant documents;

b) die verschiedenen Arten von Transportverträgen für diese Dienstleistungen und gegebenenfalls den Netzkodex und/oder die Standardbedingungen, in denen die Rechte und Pflichten aller Netznutzer umrissen werden, einschließlich harmonisierter Transportverträge und anderer maßgeblicher Unterlagen;

(c) the harmonised procedures applied when using the transmission system, including the definition of key terms;

c) die harmonisierten Verfahren, die bei der Nutzung des Fernleitungsnetzes angewandt werden, einschließlich der Definition von Schlüsselbegriffen;

(d) provisions on capacity alloca-tion, congestion management, and anti-hoarding and re-utilisation procedures;

d) Bestimmungen über die Verfahren für die Kapazitätszuweisung, das Engpassmanagement, die Verhütung des Hortens von Kapazität und für die Wiederverwendung;

(e) the rules applicable to capacity trade on the secondary market as regards the transmission system operator;

e) die Regeln für den Kapazitätshandel auf dem Sekundärmarkt im Hinblick auf den Fernleitungsnetzbetreiber;

(f) if applicable, the flexibility and tolerance levels included in transport and other services without separate charge, as well as any flexibility offered in addition thereto and the corresponding charges;

f) gegebenenfalls die Flexibilitäts-und Toleranzwerte, die im Transport und in den anderen Dienstleistungen ohne separates Entgelt enthalten sind, und die darüber hinaus angebotene Flexibilität mit den entsprechenden Entgelten;

(g) a detailed description of the gas system of the transmission system operator indicating all relevant points interconnecting its system with that of other transmission system operators and/or gas infrastructure such as liquefied natural gas (LNG) and infrastructure necessary for providing ancillary services as defined by Article 2 point 14 of Directive 2009/73/EC;

g) eine ausführliche Beschreibung des Gasnetzes des Fernleitungsnetzbetreibers mit Angabe aller maßgeblichen Punkte, die sein Netz mit dem anderer Fernleitungsnetzbetreiber und/oder mit der Erdgasinfrastruktur wie Flüssigerdgas (LNG)-Anlagen und Infrastruktureinrichtungen, die für die Bereitstellung von Hilfsdiensten im Sinne des Artikels 2 Nummer 14 der Richtlinie 2009/73/EG erforderlich sind, verbinden;

(h) information on gas quality and pressure requirements;

h) Informationen über die Erdgasqualität und Druckanforderungen;

(i) the rules applicable for connection to the system operated by the transmission system operator;

i) die Regeln für den Anschluss an das vom Fernleitungsnetzbetreiber betriebene Netz;

(j) any information, in a timely manner, as regards proposed and/or actual changes to the services or conditions, including the items listed in points (a) to (i).

j) fristgerechte Informationen über vorgeschlagene und/oder tatsächliche Änderungen der Dienstleistungen oder Bedingungen, einschließlich der in den Buchstaben a bis i aufgeführten Punkte.

3.2. Definition of all relevant points for transparency requirements

3.2. Bestimmung aller für die Transparenzanforderungen maßgeblichen Punkte

Relevant points shall include at least:

Zu den maßgeblichen Punkten gehören mindestens:

(a) all entry points to a network operated by a transmission system operator;

a) alle Einspeisepunkte eines von einem Fernleitungsnetzbetreiber betriebenen Netzes;

(b) the most important exit points and exit zones covering at least 50% of total exit capacity of the network of a given transmission system operator, including all exit points or exit zones covering more than 2% of total exit capacity of the network;

b) die wichtigsten Ausspeisepunkte und -bereiche, die mindestens 50% der gesamten Ausspeisekapazität des Netzes eines bestimmten Fernleitungsnetzbetreibers ausmachen, einschließlich aller Ausspeisepunkte und -bereiche, die mehr als 2% der gesamten Ausspeisekapazität des Netzes ausmachen;

(c) all points connecting different networks of transmission system operators;

c) alle Punkte, die verschiedene Netze von Fernleitungsnetzbetreibern verbinden;

(d) all points connecting the network of a transmission system operator with an LNG terminal;

d) alle Punkte, die das Netz eines Fernleitungsnetzbetreibers mit einer LNG-Kopfstation verbinden;

(e) all essential points within the network of a given transmission system operator including points connecting

e) alle wesentlichen Punkte des Netzes eines bestimmten Fernleitungsnetzbetreibers, einschließlich der Verbin-

to gas hubs. All points are considered essential which, based on experience, are likely to experience physical congestion;

(f) all points connecting the network of a given transmission system operator to infrastructure necessary for providing ancillary services as defined by Article 2, point 14 of Directive 2009 /73/EC.

3.3. Information to be published at all relevant points and the time schedule according to which that information should be published

1. At all relevant points, transmission system operators shall publish the following information about the capacity situation down to daily periods on the Internet on a regular/rolling basis and in a user-friendly standardised manner:

(a) the maximum technical capacity for flows in both directions;

(b) the total contracted and interruptible capacity; and

(c) the available capacity.

2. For all relevant points, transmission system operators shall publish available capacities for a period of at least 18 months ahead and shall update that information at least every month or

dungspunkte zu Erdgashubs. Als wesentlich gelten alle Punkte, an denen erfahrungsgemäß physische Engpässe auftreten können;

f) alle Punkte, die das Netz eines bestimmten Fernleitungsnetzbetreibers mit der Infrastruktur verbinden, die für die Erbringung von Hilfsdiensten im Sinne des Artikels 2 Nummer 14 der Richtlinie 2009/73/EG erforderlich ist.

3.3. Für die maßgeblichen Punkte zu veröffentlichende Informationen und Zeitplan für die Veröffentlichung dieser Informationen

1. Für alle maßgeblichen Punkte veröffentlichen die Fernleitungsnetzbetreiber regelmäßig/kontinuierlich und in einer nutzerfreundlichen, standardisierten Weise im Internet die folgenden Informationen über die Kapazitätslage bis hin zu den täglichen Perioden:

a) die maximale technische Kapazität für Lastflüsse in beide Richtungen;

b) die gesamte kontrahierte und unterbrechbare Kapazität; und

c) die verfügbare Kapazität.

2. Für alle maßgeblichen Punkte veröffentlichen die Fernleitungsnetzbetreiber die verfügbaren Kapazitäten für einen Zeitraum von mindestens 18 Monaten im Voraus und aktualisieren

more frequently, if new information becomes available.

diese Informationen mindestens monatlich oder, falls neue Informationen vorliegen, häufiger.

3. Transmission system operators shall publish daily updates of availability of short-term services (day-ahead and week-ahead) based, inter alia, on ominations, prevailing contractual commitments and regular long-term forecasts of available capacities on an annual basis for up to ten years for all relevant points.

3. Die Fernleitungsnetzbetreiber veröffentlichen für alle maßgeblichen Punkte tägliche Aktualisierungen der Verfügbarkeit kurzfristiger Dienstleistungen (einen Tag und eine Woche im Voraus), die u.a. auf Nominierungen, den vorherrschenden vertraglichen Verpflichtungen und regelmäßigen langfristigen Prognosen der verfügbaren Kapazität auf jährlicher Basis für bis zu zehn Jahre beruhen.

4. Transmission system operators shall publish historical maximum and minimum monthly capacity utilisation rates and annual average flows at all relevant points for the past three years on a rolling basis.

4. Die Fernleitungsnetzbetreiber veröffentlichen historische monatliche Höchst- und Mindestkapazitätsauslastungsraten und die jährlichen durchschnittlichen Lastflüsse für alle maßgeblichen Punkte für die letzten drei Jahre auf einer kontinuierlichen Basis.

5. Transmission system operators shall keep a daily log of actual aggregated flows for at least three months.

5. Die Fernleitungsnetzbetreiber führen ein sich über mindestens drei Monate erstreckendes Tagesprotokoll der tatsächlichen aggregierten Lastflüsse.

6. Transmission system operators shall keep effective records of all capacity contracts and all other relevant information in relation to calculating and providing access to available capacities, to which relevant national authorities shall have access to fulfil their duties.

6. Die Fernleitungsnetzbetreiber führen ordnungsgemäße Aufzeichnungen über alle Kapazitätsverträge und alle sonstigen relevanten Informationen im Zusammenhang mit der Berechnung und der Bereitstellung des Zugangs zu verfügbaren Kapazitäten, auf die die maßgeblichen nationalen Behörden bei der Wahrnehmung ihrer Aufgaben zugreifen können.

7. Transmission system operators shall provide user-friendly instruments for calculating tariffs for the services available and for verifying on-line the capacity available.

7. Die Fernleitungsnetzbetreiber stellen nutzerfreundliche Instrumente für die Berechnung der Entgelte für die verfügbaren Dienstleistungen und für die Online-Überprüfung der verfügbaren Kapazität bereit.

8. Where transmission system operators are unable to publish information in accordance with points 1, 3 and 7, they shall consult their relevant national authorities and set up an action plan for implementation as soon as possible, but no later than 31 December 2006.

8. Sind die Fernleitungsnetzbetreiber außerstande, Informationen gemäß den Nummern 1, 3 und 7 zu veröffentlichen, so konsultieren sie ihre zuständigen nationalen Behörden und erstellen so schnell wie möglich, jedoch spätestens bis zum 31. Dezember 2006, einen Aktionsplan für die Umsetzung.

ANHANG 2

CORRELATION TABLE

(nicht abgedruckt)

ENTSPRECHUNGSTABELLE

(nicht abgedruckt)

Veröffentlichungen des Instituts für deutsches und europäisches Wirtschafts-, Wettbewerbs- und Regulierungsrecht der Freien Universität Berlin

Herausgegeben von Franz Jürgen Säcker

Band 1 Franz Jürgen Säcker (Hrsg.): Deutsch-russisches Energie- und Bergrecht im Vergleich. Ergebnisse einer Arbeitstagung vom 31. März / 1. April 2006. 2007.

Band 2 Franz Jürgen Säcker / Walther Busse von Colbe (Hrsg.): Wettbewerbsfördernde Anreizregulierung. Zum Anreizregulierungsbericht der Bundesnetzagentur vom 30. Juni 2006. 2007.

Band 3 Dirk Zschenderlein: Die Gleichbehandlung der Aktionäre bei der Auskunftserteilung in der Aktiengesellschaft. Zum Problem der Zulässigkeit der Weitergabe von Informationen an einzelne Aktionäre und Dritte. 2007.

Band 4 Simone Kirchhain: Die Anwendung der Vertikal-GVO auf innerstaatliche Wettbewerbsbeschränkungen nach der 7. GWB-Novelle. 2007.

Band 5 Franz Jürgen Säcker: Der Independent System Operator. Ein neues institutionelles Design für Netzbetreiber? 2007.

Band 6 Stefanie Otto: Allgemeininteressen im neuen UWG. § 1 S. 2 UWG und die wettbewerbsfunktionale Auslegung. 2007.

Band 7 Jochen Eichler: Vertragliche Dritthaftung. Eine Auseinandersetzung mit der Frage der Dritthaftung von sogenannten Experten und anderen Auskunftspersonen im Rahmen des § 311 Abs. 3 BGB. 2007.

Band 8 Markela Stamati: Die Anforderungen der operationellen Entflechtung nach den Beschleunigungsrichtlinien der Europäischen Kommission. Umsetzung in Deutschland und Griechenland. 2008.

Band 9 Franz Jürgen Säcker: The Concept of the Relevant Product Market. Between Demand-Side Substitutability and Supply-Side - Substitutability in Competition Law. 2008.

Band 10 Renate Rabensdorf: Die Durchgriffshaftung im deutschen und russischen Recht der Kapitalgesellschaften. Eine rechtsvergleichende Untersuchung. 2009.

Band 11 Franz Jürgen Säcker: Der beschleunigte Ausbau der Höchstspannungsnetze als Rechtsproblem. Erläutert am Beispiel der 380-kV-Höchstspannungsleitung Lauchstädt – Redwitz – Grafenrheinfeld mit Querung des Rennsteigs im Naturpark Thüringer Wald. 2009.

Band 12 Helen Mahne: Eigentum an Versorgungsleitungen. 2009.

Band 13 Franz Jürgen Säcker (Hrsg.): Russisches Energierecht - Gesetzessammlung. 2009.

Band 14 Franz Jürgen Säcker / Maik Wolf: Integrierte Energieversorgung in geschlossenen Verteilernetzen. Zum Gestaltungsspielraum des Gesetzgebers zur Neuregelung des § 110 EnWG im Lichte des Dritten EG-Energiepakets. 2009.

Band 15 Franz Jürgen Säcker (Hrsg.): Das Dritte Energiepaket für den Gasbereich. Deutsch-Englische Textausgabe mit einer Einführung. 2009.

Band 16 Franz Jürgen Säcker (Hrsg.): Das Dritte Energiepaket für den Elektrizitätsbereich. Deutsch-Englische Textausgabe mit einer Einführung. 2009.

www.peterlang.de